Knigge
2000

**Franziska von Au**

Sichere
Umgangsformen
für alle
Gelegenheiten

# Knigge 2000

*Illustriert von*
*Beate Brömse*

*Recherche und*
*redaktionelle*
*Bearbeitung:*
*Ralf Zahn*

**Ludwig**

# INHALT

# VORWORT

## Welchen Sinn hat heute noch ein Buch über den guten Ton, über richtiges Benehmen?

*Adolph Freiherr von Knigge (1751 – 1796) war es, der den guten Ton und höfliches Benehmen als Grundlage für ethisch und sozial richtiges Verhalten zu Papier brachte. Sein Bestseller »Über den Umgang mit Menschen« (1788) gilt noch heute als klassisches Regelwerk für jeden, der sich zu benehmen weiß und für den ein »Guten Tag« zur Begrüßung und ein »Auf Wiedersehen« zum Abschied keine Fremdwörter oder unnütze, antiquierte Formeln sind.*
*Sicher mag Höflichkeit heutzutage so manchem überholt vorkommen, mögen gewisse Anstandsregeln für den einen oder anderen nichts weiter als Unehrlichkeit und Heuchelei bedeuten. Trotzdem aber erleben in jüngster Zeit guter Ton und Benimm eine Renaissance; Tanzschulen und »Etikettenlehrer« verzeichnen einen ungewöhnlichen Zuwachs gerade bei jüngeren Menschen, die wieder lernen wollen, wie man sich benimmt.*
*Was aber ist das eigentlich, Höflichkeit und gutes Benehmen?*

Jeder hat schon oft gehört, wie Eltern zu ihren Kindern sagen: »Benimm dich anständig und sei artig!«
Durch unsere Erziehung und das Beispiel unserer Eltern haben wir ganz automatisch einige Benimmregeln angenommen, die wir im täglichen Umgang mit anderen inzwischen wie selbstverständlich beachten.

*»Höflichkeit ist wie ein Luftkissen: es mag wohl nichts drin sein, aber sie mildert die Stöße des Lebens.«*
(Arthur Schopenhauer)

### Höflicher Umgang

Von sich aus wird kein Kind »danke« oder »bitte« sagen, für die meisten Erwachsenen aber ist dies ganz natürlich. Das Kind hört die Mutter »danke« sagen, wenn sie beim Bäcker die Tüte mit den Brötchen bekommt, und ahmt dieses Verhalten nach – der erste Schritt zum Erlernen von Höflichkeit ist fast wie von selbst getan.
Europäische Diplomaten entwarfen auf Geheiß des österreichischen Staatskanzlers Fürst Metternich (1773 – 1859) ein Zeremoniell, dessen Regeln im offiziellen gesellschaftlichen Umgang zum größten Teil noch heute gelten und im Laufe der Zeit auch auf unser Privatleben Einfluß genommen haben. Noch immer ist es schicklich, der Dame die Tür aufzuhalten, und ER fordert SIE zum Tanz auf (wenn nicht Damenwahl ansteht). Benimmregeln sind immer dann sinnvoll, wenn Menschen zusammentreffen und unterschiedliche Interessen gewahrt werden müssen. Ganz bestimmt wird unsere Gesellschaft nicht zugrunde gehen, wenn

sich z.B. jemand am Tisch eine Zigarette anzündet, während andere noch essen. Ebenso bestimmt aber gehört es sich einfach nicht, den feinen Geschmack eines guten Menüs durch übelriechenden Qualm zu verderben.

**Benimmregeln – Ausdruck unserer Kultur**

Nicht zuletzt sind gewisse Anstandsregeln auch ein Ausdruck unserer Kultur. Sie sind im Laufe der Jahrhunderte aus der Notwendigkeit entstanden, andere zu respektieren und zu achten. So zogen z.B. die Ritter des Mittelalters den Helm ihrer Rüstung vom Kopf, um ihrem Gegenüber zu zeigen, daß sie ihm vertrauten – ein Ritual, das sich bis heute gehalten hat. Man(n) zieht eben seinen Hut zur Begrüßung.

Eine kulturgeschichtlich noch weiter zurückreichende Geste der Höflichkeit ist das Händeschütteln. Schon unsere Urahnen in der Steinzeit reichten einander die Hände zur Begrüßung – eine Verhaltensweise übrigens, die weltweit üblich ist. Der ursprüngliche Grund dafür ist einfach: Durch das Offenlegen der Handfläche und das Greifen der angebotenen Hand wurde demonstriert, daß man keine bösen Absichten hegte. Keine Waffe lag versteckt in der Hand, man kam in friedlicher Mission.

Bestimmte Umgangsformen haben neben ihrer Tradition meist noch einen echten Sinn, sie sind nützlich. Man stelle sich nur einmal die Situation vor, wenn man einander auf einer Feier nicht vorgestellt würde (oder sich selbst vorstellt). Vielleicht käme man trotzdem miteinander ins Gespräch – aber niemand wüßte, mit wem er es eigentlich zu tun hat...

**Aktualisierter Knigge**

Natürlich müssen die Benimmregeln des Freiherrn von Knigge auf die heutige Zeit übertragen, eben modernisiert werden. Die Menschen und die Lokalitäten haben sich geändert, gesellschaftliche Grenzen verschwimmen oder verschwinden teilweise sogar völlig. Trotzdem aber gibt es auch heute noch einige Regeln, ungeschriebene Gesetze fast, die das alltägliche Leben einfacher machen und so manchen Ärger gar nicht erst aufkommen lassen.

Viele davon beachten wir ganz selbstverständlich: Wir drängeln uns an der Kinokasse nicht vor, oder wir reichen einander die Hand zur Begrüßung.

Diese und viele andere Benimmregeln und Gesten der Höflichkeit behandelt und erklärt dieses Buch. Es soll ein Ratgeber auf dem Weg zu einem respektvollen Miteinander sein, eine Hilfe in allen Lebenslagen, in denen wir mit unseren Mitmenschen zusammenkommen.

**Wider die »Ellenbogengesellschaft«**

Unser Zusammenleben ist heute vielfach durch Rücksichtslosigkeit und Egoismus geprägt. Wie wohltuend ist es da doch, wenn Grenzen durch ein wenig Aufmerksamkeit, durch gutes Benehmen und Höflichkeit überwunden werden! Gutes Benehmen ist in unserer modernen »Ellenbogengesellschaft« wichtiger denn je. Höflichkeit ist erlernbar, und wohl niemand kann einen Fall nennen, bei dem Anstand geschadet hat. Wohl aber gibt es zahllose Beispiele, wie unhöfliches Benehmen und Respektlosigkeit so manchen Weg verbaut haben...

*»Wer einsam ist, der hat es gut,*
*weil keiner da, der ihm was tut.*
*Ihn stört in seinem Lustrevier*
*kein Tier, kein Mensch und kein Klavier,*
*und niemand gibt ihm weise Lehren,*
*die gut gemeint und bös zu hören…«*

(Wilhelm Busch)

# Kapitel 1

# Miteinander leben

**Auf einen Blick**
Welche Formen sind zu wahren und zu beachten?

**Eindruck und Respekt**
Was ist Protokoll?

**Adel, Management und Rendezvous**
Takt und Höflichkeit

**Missgeschicke, Feingefühl und Nonchalance**
Kleiderordnung

**Schlips und blanker Busen**
Duzen und Siezen

**Wie sage ich es meinem Chef?**

# Die Form hält alles zusammen

## Der erste Eindruck ist entscheidend

Wer nicht gerade als Eremit in der Einsiedelei lebt, wird zwangsläufig täglich mit anderen Menschen konfrontiert: Sei es im Supermarkt, im Theater, auf Partys oder bei offiziellen Anlässen – stets begegnen wir einander, stets erwartet jeder von uns (wenn vielleicht auch eher unbewußt) gewisse Gesten und Äußerlichkeiten, die Achtung und Respekt demonstrieren.

*Gut durchdachte Formalitäten sind das Öl im Getriebe des menschlichen Miteinanders.*

Egal, zu welchem Anlaß und in welcher Umgebung wir anderen Menschen begegnen, noch immer gilt: Der erste Eindruck ist entscheidend! Es gab eine Zeit (die Gott sei Dank vorbei ist!), da galt es als schick, sich flegelhaft zu benehmen und seine »gute Kinderstube« zu verleugnen. Wer Manieren an den Tag legte, war ein Spießer, wer sich höflich benahm, ein Heuchler. Bis in die achtziger Jahre hinein hielt sich hartnäckig die Meinung, gewisse Spielregeln der Höflichkeit anderen gegenüber seien längst überholt und dienten nur der Unterdrükkung eigener Persönlichkeitsmerkmale. Wie viele mögen sich aufgrund dieser Lebenseinstellung ihren Weg verbaut haben, wie viele Chancen mögen ungenutzt an jungen Menschen vorbeigegangen sein, weil sie die goldene Regel des ersten Eindrucks nicht beachten wollten!?

*Gibt es wirklich jemanden, dem es egal ist, was andere von ihm halten?*

Zum Glück gilt diese Meinung inzwischen weitestgehend als überholt,

### So stimmt der erste Eindruck

- Die Kleidung muß dem Anlaß entsprechend gewählt sein.
- Haare gehören geschnitten, gewaschen und frisiert.
- Der »Drei-Tage-Bart« ist out.
- Schmuck nur da, wo er angebracht ist, nichts Pompöses.
- Körpergeruch wie Schweiß, Knoblauch oder zu aufdringliches Parfüm oder Rasierwasser stört.
- Ein zu schrilles Lachen ist lästig.
- Allzu große Zurückhaltung kann falsch gedeutet werden.
- Interesse am Gegenüber und am Gespräch zeigen.
- Lügen haben kurze Beine…
- »Guten Tag«, »Danke«, »Bitte« und »Auf Wiedersehen« sind Pflicht.

man besinnt sich wieder auf Werte, die mehr sind als hohle Phrasen und leere Floskeln.

**Flexibilität ist gefragt**

Zunächst wird der erste Eindruck durch das persönliche Auftreten, durch die Kleidung und das äußerliche Gesamtbild geprägt. Sicherlich ist es äußerst unpassend, zu einer kirchlichen Trauung in Jeans und T-Shirt zu erscheinen. Ebenso unpassend aber wäre es, zum Vorstellungsgespräch bei seinen zukünftigen Schwiegereltern einen Smoking zu tragen.

Man sieht also: Höflichkeit erfordert auch ein gewisses Maß an Flexibilität. Jede Situation verlangt ein anderes Verhalten, einen anderen Umgang.

Der äußere Eindruck kann durchaus auch eine Form von »Politik« sein. Dadurch, daß man sich bestimmten Menschen auf eine gewisse Art »verkauft«, kann ein Ziel geplant und Erfolg in die Wege geleitet werden. Schon so mancher, der weder Talent noch Kompetenz aufweisen konnte, hat durch den richtigen Eindruck, durch seine Art aufzutreten, Karriere im Beruf gemacht, den Menschen gefunden, mit dem er allein aufgrund seines Wissens z. B. wahrscheinlich niemals in Kontakt gekommen wäre. Das bedeutet aber keinesfalls, daß man beim ersten Kennenlernen nur durch Prahlerei oder Lügen auffallen kann. Auch sollte man sein Licht nicht unter den Scheffel stellen. Das richtige Mittelmaß ist der beste Weg,

*Seine Kleidung sollte man immer der jeweiligen Situation anpassen. Eine gepflegte Erscheinung ist jedoch ein absolutes Muß!*

d. h. die Präsentation der eigenen Persönlichkeit von ihren besten Seiten – natürlich immer dem jeweiligen Anlaß entsprechend.
Ein erfolgreiches Vorstellungsgespräch bei einem potentiellen Arbeitgeber beispielsweise hängt ganz entscheidend davon ab, welchen Eindruck man hinterläßt. Dabei kommt es natürlich darauf an, welche Art von Tätigkeit angestrebt wird.
Als zukünftiger Manager muß das Auftreten dynamisch und kraftvoll sein. Kleidung und Frisur sollten eine moderne Aufgeschlossenheit demonstrieren, die jedoch nicht nachlässig oder zu »weich« wirken darf.
Ganz anders sieht es etwa bei der Bewerbung eines Steuergehilfen aus. Dezente Kleidung und ein eher konventioneller Haarschnitt zeigen Zuverlässigkeit an, vermitteln dem Personalchef die gewisse Art von Fachkompetenz, die ihn sich letztendlich für einen der Bewerber entscheiden läßt.

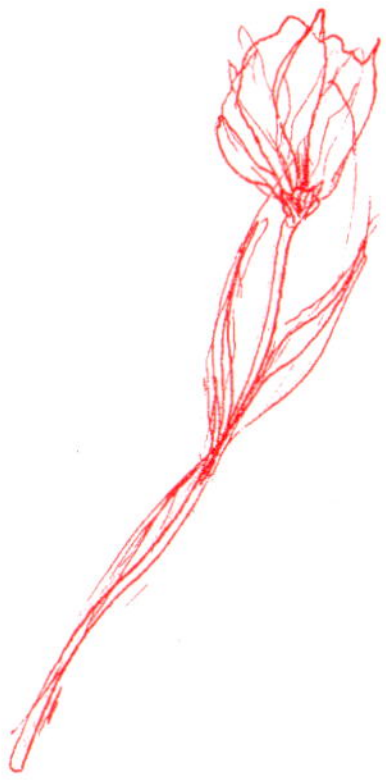

## Die Feinheiten

Abgesehen vom ersten Eindruck entscheiden natürlich auch Feinheiten. Dabei ist es wichtig, in welcher Umgebung man sich befindet, wer der Mensch ist, mit dem man spricht.
Aber ganz gleich, wo wir sind und wem wir begegnen, einige Dinge sollten immer selbstverständlich sein: saubere und geschnittene Fingernägel, gewaschene Haare, ordentliche Kleidung, kurz gesagt: ein gepflegtes Äußeres.
Dazu gehört auch ein Aspekt, der oftmals sträflich unterschätzt wird. Das

Thema ist vielleicht etwas delikat – es geht um den Geruch. Nicht umsonst sagt man des öfteren mal: »Den kann ich einfach nicht riechen!«
Daß wir unseren natürlichen Körperwinden nicht einfach freien Lauf lassen, dürfte wohl auch dem ungehobeltsten Menschen klar sein. Wie aber steht es mit Schweißgeruch oder allzu aufdringlichem Parfüm?

**Körper- und Mundgeruch**
Gegen die körpereigene Transpiration kann heute wirklich jeder etwas unternehmen. Es gehört sich nicht, in

dem nach Schweiß riechenden Hemd vom Vortag jemandem gegenüberzutreten. Achselschweiß läßt sich hervorragend mit Deodorant (auch für Allergiker!) bekämpfen. Dabei ist jedoch auf die richtige Dosierung zu achten. Manche Frau und mancher Mann neigt dazu, das Parfüm oder Rasierwasser dermaßen kräftig aufzutragen, daß auch dieser Geruch von anderen wieder als Belästigung empfunden wird. Auch hier gilt die Regel: Dezent wenig ist oft mehr als aufdringlich viel...

*Was hat Knoblauch mit dem »Duft der großen weiten Welt« zu tun?*

Aber nicht nur über Schweiß-, sondern leider auch über Mundgeruch muß man bisweilen die Nase rümpfen. Besonders Rauchern, deren Atem den Mitmenschen immer wieder unangenehm entgegenweht, sollte es daher ein Selbstverständliches sein, sich regelmäßig die Zähne zu putzen, Mundwasser zu verwenden und zwischendurch auch mal zu einem frischen Kaugummi (natürlich nicht vor den Augen anderer wiederkäuend wie eine Kuh!) zu greifen.
Ähnliches gilt natürlich auch für die Liebhaber von Knoblauch. Lästig für andere wird es immer dann, wenn die knoblauchgeschwängerten Ausdünstungen das bloße Luftholen zum puren Abenteuer werden lassen...

## Von Festen und Gästen

Ein weites Feld in punkto gutes Benehmen und Höflichkeit tut sich auch in bezug auf Gastlichkeit, Gastfreundschaft und Verhalten eines Gastes seinem Gastgeber gegenüber auf.
Als Gast muß man sich den Gepflogenheiten seines Gastgebers beugen. Auch wenn der Satz »Fühlen Sie sich ganz wie zu Hause« beinahe schon die Regel ist, so darf man ihn doch nie wortwörtlich nehmen.
Wie sähe es auch aus, wenn sich Herr Schmitz auf der Party seines Nachbarn die Schuhe ausziehen und sich mit einer Flasche Bier und einer Tüte Chips auf die Couch fläzen würde...?
Andererseits wären eine übertriebene Höflichkeit und eine allzu steife Kleidung auf der Party ebenfalls unpassend. Käme Herr Schmitz im le-

## So wird die Fete zum Fest

- Benehmen Sie sich ungezwungen, aber nicht flegelhaft.
- Fragen Sie, ob Sie irgendwie helfen können – und tun Sie es dann auch.
- Kommen Sie pünktlich. Nicht zu spät und keinesfalls zu früh.
- Ein Gastgeschenk schenkt Freude und macht Freunde.
- Alkohol darf nur in Maßen genossen werden.
- Der Sturm auf das kalte Buffet ist keine Schlacht um den besten Platz.
- Flache Witze und geistlose Gespräche machen einsam.
- Mitgebrachte Überraschungsgäste können zu Durcheinander führen.
- Auf einer Party sollen sich alle unterhalten – nicht nur Sie.
- Aufdringliche Alleinunterhalter verderben die schönste Stimmung.

geren Kreis seiner Nachbarn im Frack zur Party und würde er die Gastgeberin vielleicht auch noch mit einem formvollendeten Handkuß begrüßen, so würde er sich sicher lächerlich machen.

### Generationen finden zueinander

Ein weiterer Faktor, der zur Wahrung gewisser Formen Anlaß gibt, betrifft das Zusammentreffen von älteren und jüngeren Menschen.
Vielfach wird heutzutage die Meinung vertreten, daß alle Menschen gleichgestellt sind, daß Respekt Älteren gegenüber ein Überbleibsel aus längst vergangenen Tagen ist.
Sicher ist es so, daß viele junge Menschen heute einen Lebensweg beschreiten, der sie zu der Vermutung veranlaßt, mehr Wissen als die vorherige Generation angehäuft zu haben. Es ist ja auch eine Tatsache, daß es in unserer Zeit viel mehr Akademiker, Abiturienten und Studenten gibt als zur Zeit unserer Eltern und Großeltern. Aber ist die Jugend deshalb wirklich berechtigt, Älteren gegenüber hochnäsig und arrogant aufzutreten, sie beispielsweise schon beim ersten Treffen zu duzen?

*Bildung ersetzt keine Weisheit.*

Bessere Schulbildung und intellektueller Vorsprung werden niemals eine größere Lebenserfahrung übertrumpfen können. Diese Form der Unhöflichkeit und Respektlosigkeit ist heutzutage leider gang und gäbe.

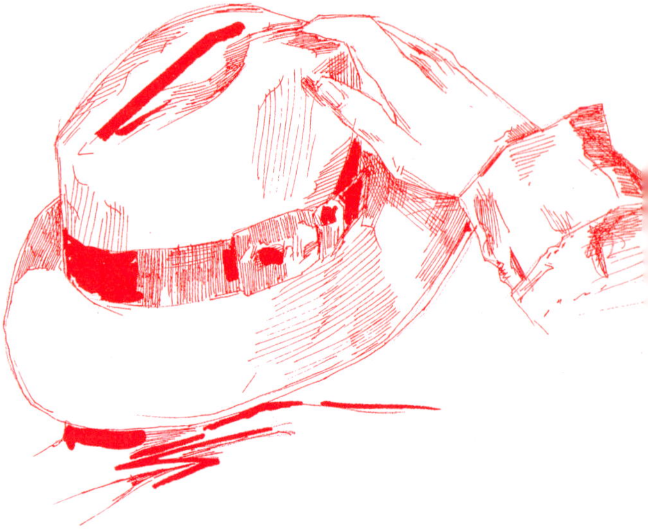

**Vorstellen und grüßen**

Haben Sie das auch schon einmal erlebt? Man geht mit einem Bekannten über die Straße und trifft plötzlich auf Freunde, die den Begleiter noch nicht kennen. Natürlich wird jetzt von jedem erwartet, daß man selbst als gemeinsamer Bekannter die anderen einander vorstellt. Aber – verflixt – wie macht man's richtig? Oft wird da gestottert, zu Boden gestarrt oder das Vorstellen übergangen, in der Hoffnung, die anderen würden das schon irgendwie selbst erledigen.

Dabei geht es im Grunde genommen so einfach. Da strenge Hierarchien und unüberwindbare Standesunterschiede heute größtenteils wegfallen dürften, gibt es eigentlich nur noch zwei »goldene« Regeln, die zu beachten sind: Der Name des Herrn ist vor dem der Dame zu nennen, die offensichtlich jüngere Person wird der älteren zuerst vorgestellt.

So altüberlieferte Floskeln wie »Darf ich vorstellen« oder »Sehr erfreut« darf man sich dabei in der heutigen Zeit getrost sparen.

Nicht ersparen hingegen sollte man sich den Händedruck, der zur Begrüßung noch immer dazugehört wie Romeo zu Julia. Hierbei jedoch ist es die Frau, die gewissermaßen die Initiative ergreift. SIE ist es, die IHM die Hand zuerst reicht, ältere Personen wiederum jüngeren. Wichtig dabei ist der Augenkontakt, am besten noch verbunden mit einem freundlichen Lächeln.

*Beim Vorstellen gilt der Grundsatz: Sachliche Namensnennung, ohne ins Lächerliche oder Lässige abzurutschen.*

Was man tunlichst vermeiden sollte, ist ein locker-lässig-leicht-legeres »Hallo, ich bin der Peter aus Köln!«. Das wirkt immer irgendwie peinlich und erinnert fatal an einen Song von Diether Krebs, in dem einer jener »Hallo-ich-bin-Typen« namens Martin vortrefflich beschrieben wird.

Ebenfalls lächerlich klingt ein »Mein Name ist Schmitz. Josef Schmitz!«. Das klingt so angestrengt nach »Bond. James Bond!«, daß man damit rechnen muß, als Doppel-Null (allerdings ohne die Lizenz zum Töten) verschrien zu sein.

Noch eine Variante gefällig? Bitte sehr: »Angenehm, ich heiße Müller. Wie der mit der Milch!« Oder: »Tach, Marjan. Aber nicht aus der Lindenstraße!« Beide Vorstellungen klingen lachhaft und angeberisch.

Am besten kommt noch immer der natürlich und deutlich ausgesprochene Vor- und Zuname an, bei dem sich dann jeder denken kann, was er will.

## Höflichkeit – Nähe und Distanz zugleich

*Höflichkeit sollte jedem ins Blut übergehen.*

Bei all diesen vielleicht verwirrenden Beispielen stellt sich noch einmal die Frage: »Was ist eigentlich Höflichkeit?«

**Merke**

Grundsätzlich läßt sich sagen: Höflichkeit ist eine Möglichkeit, durch die Wahrung gewisser Regeln und Formen Brücken zu schlagen. Sie kann Nähe durch gegenseitigen Respekt schaffen, mit ihr läßt sich aber auch Distanz wahren.

Höflichkeit zeigt sich vielfach in Dingen, die wir täglich ganz selbstverständlich tun – sei es der Anruf oder die Karte zum Geburtstag, die Gratu-

### Vorstellen und Bekanntmachen

- Der Name des Mannes wird vor dem der Frau genannt.
- Die jüngere Person wird der älteren vorgestellt.
- Der Händedruck gehört dazu.
- Die Frau reicht dem Mann zuerst die Hand.
- Die Vorstellung beschränkt sich auf die Nennung des Namens.
- Der Augenkontakt ist wichtig.

lation zur bestandenen Prüfung oder das Aufhalten der Wagentür, wenn eine Dame aus- oder einsteigen möchte.

Höflichkeit ist eine Art von Lebensstil, die sogar in Fleisch und Blut übergehen kann. Wer sich im privaten Bereich gehenläßt, wer im Kreise seiner Familie auf Anstand und Sitte keinen Wert legt, dem wird es schwerfallen, sich in Gesellschaft anderer so zu benehmen, daß man von ihm sagt, er sei höflich.

*Lebenskünstler mit Stil sind ganz automatisch höfliche Menschen.*

Höflichkeit im täglichen Leben hat so viele Facetten wie das Leben selbst. Am ehesten erkennt man, ob jemand höflich ist, wenn er sich unhöflich verhält.

Das Schnüffeln in der Privatsphäre anderer, das heimlich gelesene Notizbuch des Kollegen, der ungefragte Griff in den Kühlschrank der Freundin – all dies sind Beispiele für schlechtes Benehmen, für Unhöflichkeit. Kleinigkeiten vielleicht, die sich jedoch summieren. Unaufmerksamkeiten, die letztendlich den Eindruck hinterlassen, unzuverlässig und nicht vertrauenswürdig zu sein. Und kaum etwas trifft Menschen härter, als durch Stillosigkeit von anderen ausgegrenzt, mit Nichtbeachtung gestraft zu werden. Sich wieder in ein gutes Licht zu setzen ist dann schwer.

**Merke**

Ganz gleich, mit wem wir zusammenkommen und wie die äußeren Bedingungen sind, eines ist stets wichtig: Die jeweils passende Form muß gewahrt werden!

Das hat nichts mit Zwang und Unterdrückung eigentlicher Gefühle und Bedürfnisse zu tun. Die Form zu wahren heißt, höflich zu sein, anderen entgegenzukommen und Regeln zu beachten, die unser aller Leben leichter und respektvoller gestalten.

Wer die jeweiligen Formen zu wahren weiß, der gewinnt Freunde, die ihm mit Achtung und Liebe begegnen, weil sie wissen, daß auch ihnen der verdiente Respekt entgegengebracht wird. Dieser Respekt ist im Privatleben genauso wichtig wie im Beruf, bei Freunden, Bekannten und Verwandten ebenso unerläßlich wie Freunden gegenüber.

# Protokoll – gut geplant ist halb gewonnen

## Erwartungen und Erfüllungen

Nach all den theoretischen Beispielen wollen wir jetzt zur Sache kommen und die praktische Höflichkeit im Alltag durchleuchten.
Da tut sich zunächst einmal fast zwangsläufig die Frage auf, was ist eigentlich Protokoll, was wird verlangt und erwartet?
»Protokoll ist hartes Management und hat wenig mit Knigge zu tun«, meint z. B. Oberst Jan Freiherr von Recum, Leiter des Protokolls im Bundesministerium der Verteidigung.
Aber hat der werte Herr Oberst da auch recht?

*»Bei einem perfekten Protokoll merkt niemand, wie viele unsichtbare Hände im Hintergrund für einen reibungslosen Ablauf der Dinge sorgen.«*

**Alles wegen Fürst von Metternich…**
Tatsache ist, daß jedes offizielle Protokoll auch heute noch auf den Grundlagen des Fürsten von Metternich basiert. Was der Staatskanzler seinerzeit als notwendige Wahrung der Form erließ, hat sich bis in unsere Tage nicht wesentlich geändert, hat seine unumstößliche Gültigkeit behalten. Diese zeremoniellen Regeln wiederum finden ihre Grundlage im Benimmbuch des Freiherrn von Knigge, welches der Fürst ganz sicher auch zur Hand nahm, als er sein Protokoll zum korrekten Benehmen bei offiziellen Anlässen verfassen ließ…

Bei einem offiziellen Empfang politischer oder auch kultureller Natur ist ein Protokoll nach wie vor zwingend notwendig und von nicht zu unterschätzender Wichtigkeit. Von der Einladung bis zur Verabschiedung des hohen Gastes muß alles ganz exakt geplant und organisiert werden. Dabei ist natürlich auch

### So wird's offiziell gemacht

- Man stelle sich vor, unser Herr Bundeskanzler würde einen offiziellen Staatsgast in Jeans, Pantoffeln und Strickjacke bei sich zu Hause empfangen. Das wäre tatsächlich mal ein Skandal!
- Offizielle Empfänge unterliegen immer einer festgelegten Form, dem sogenannten Protokoll. Es ist auf der ganzen Welt gleich, und jeder Staatsgast kann sich darauf verlassen, in jedem Land der Erde mit den gleichen Ehren und Achtungserweisungen empfangen zu werden.

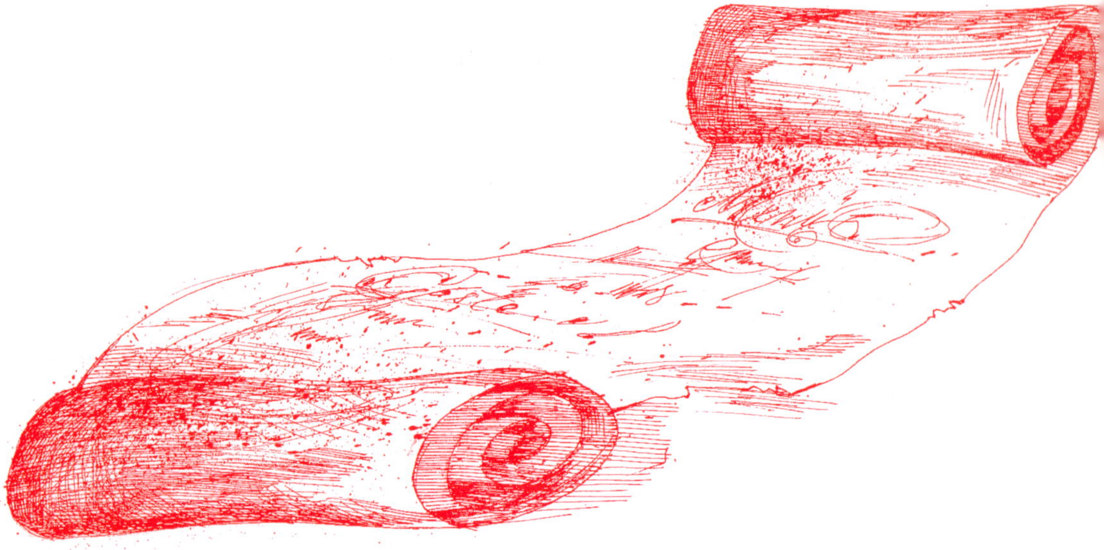

streng darauf zu achten, daß den individuellen Erwartungen des jeweiligen Gastes entsprochen wird – sei es in der Auswahl des Menüs, beim Besichtigen von Sehenswürdigkeiten oder auch bei der Liste der anderen geladenen Gäste.

*Ein Protokoll ist nicht nur bei Staatsbesuchen wichtig.*

Jedoch ist ein gut durchdachtes Protokoll nicht nur auf offiziellem Terrain hilfreich. Auch im privaten Bereich können Mißverständnisse und Fehlverhalten durch eine gute Planung von vorneherein ausgeschlossen werden.

**Das Protokoll des Gastgebers**

Ein guter Gastgeber wird sich seine Gästeliste stets sehr genau ansehen. Er wird prüfen, wer am ehesten zu wem paßt, ob das Essen den Erwartungen entspricht und ob auch auf die verschiedenen individuellen Bedürfnisse jedes einzelnen Gastes Rücksicht genommen wird. Er wird versuchen, dies alles weitgehend zu erfüllen.

*Nur ein Tölpel geht das Risiko ein, unvorbereitet ein Herz erobern zu wollen!*

## Auch ein Rendezvous will geplant werden

Hilfreich ist ein Protokoll aber auch immer dann, wenn es darum geht, sich z.B. bei einem Rendezvous korrekt zu benehmen. Wer sich schon im Vorfeld eine Art »Schlachtplan« zurechtlegt, wird weniger Gefahr laufen, in eines der zahlreichen heimtückischen Fettnäpfchen zu treten, die das Leben im allgemeinen für jeden von uns bereithält.

Selbstverständlich kann man auch alles lässig auf sich zukommen lassen, im festen Glauben daran, man werde im geeigneten Augenblick schon irgendwie richtig reagieren. Gerade diese Form der Unbedachtheit aber führt nur allzuoft zu Nachlässigkeit, die von anderen sehr leicht als unhöflich empfunden werden kann.
Man sieht also: Höflichkeit und gutes Benehmen sind auch eine Frage der richtigen Organisation.

# Taktvolles Ignorieren und höfliches Reagieren

## Auch Prominente sind nicht immer taktvoll

Dem Schauspieler und Showmaster Hans Joachim (»Blacky«) Fuchsberger ist einmal während einer seiner Shows eine Unhöflichkeit unterlaufen, die ihn nicht nur einen großen Teil seines Ansehens gekostet hat, sondern auch einen regelrechten Karriereknick nach sich zog.
Ein junges, nicht gerade schlankes Mädchen sollte dem Studiopublikum vor laufender Kamera einen Steptanz darbieten.
Fuchsberger, der vielleicht nur einen unbedachten Gag anbringen wollte und sich dabei leider im Ton vergriff, fühlte sich genötigt zu sagen: »Da sehen wir die Elefantentanzschule, erste Klasse…«
Diese Bemerkung war nicht nur unpassend, sondern – viel schlimmer – auch taktlos.

*»Schadenfreude ist die beste Freude. Doch Freude ohne Schaden ist tausendmal besser noch.«*

*»Kindermund tut Wahrheit kund…« – wie peinlich kann so etwas doch werden!*

## Was ist eigentlich Takt?

Manch einer sieht Taktgefühl als eine Art angeborenen Instinkt an, als etwas, was man eben hat oder nicht. Diese Vorstellung von Takt jedoch ist nicht ganz richtig.
Wie alles, was Benimm und Höflichkeit betrifft, ist auch Takt erlernbar. Schon im Kindesalter trifft jeder Mensch auf Situationen, in denen er Takt beigebracht bekommt.

Sei es das kindliche Anstarren eines Menschen anderer Hautfarbe, die unbedachte Bemerkung über die Figur einer Frau in der Straßenbahn oder die Ablehnung eines unerwünschten Geburtstagsgeschenkes – taktvoll sein heißt, andere zu achten, ihnen Wertschätzung entgegenzubringen. Taktgefühl ist ein wesentlicher Faktor der Höflichkeit.

### Peinlich, peinlich…

- Wer kann schon von sich behaupten, noch nie ausgerutscht zu sein, sich noch nie versprochen zu haben, noch nie unangenehm aufgefallen zu sein.
- Peinlich ist da im Grunde genommen immer nur die Reaktion der Umstehenden, die meinen, sie müßten sich durch das Mißgeschick anderer auch noch durch hämische Bemerkungen, durch Grinsen und durch blöde Witzchen in den Vordergrund spielen!

## Takt erfordert Geschick im Umgang mit Peinlichkeiten

Wohl jeder von uns ist schon einmal in eine Situation geraten, die ihm peinlich war. Wie gut tut es da doch, jemanden an seiner Seite zu wissen, der eben taktvoll über diese Situation hinwegsieht, der sich Bemerkungen verkneift, die ihm vielleicht auf der Zunge liegen. Taktgefühl kann sich aber auch darin äußern, daß man schmunzelt, wenn andere lachen, daß man Peinlichkeiten geschickt überspielt, indem man sie zur Selbstverständlichkeit erklärt.

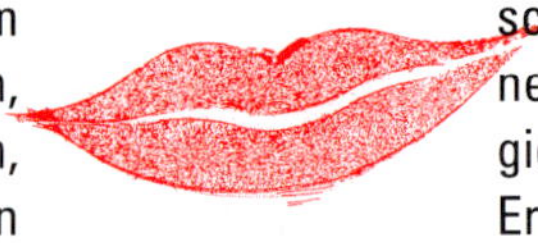

### Taktvoll auf Mißgeschicke reagieren

Starmodel Naomi Campbell stolperte einmal während der Präsentation einer neuen Sommerkollektion auf dem Laufsteg und landete wenig dekorativ auf ihrem Hinterteil. Dies allein war schon unangenehm. Wesentlich peinlicher jedoch war die Tatsache, daß Miß Campbell unter ihrem hochgerutschten Sommerkleid kein Höschen trug, wovon jeder sich belustigt überzeugen konnte. Der Conferencier war es schließlich, der die Situation durch Takt rettete. Anstatt zu schweigen und somit dem allgemeinen Gelächter Raum zu geben, reagierte er »offensiv« und sagte voller Ernst: »Und hier, meine Damen und Herren, der neueste Schrei des kommenden Sommers: Man trägt luftig…«

*Mit den Wölfen zu heulen ist leicht. Jemandem gegen den Sturm zu helfen ist ehrenvoll.*

## Was die Leute so reden…

Eine immer wieder zu beklagende Taktlosigkeit, die sich leider durch alle Gesellschaftsschichten zieht, ist das Reden über Dritte in deren Abwesenheit. Da wird geheuchelt, gelogen und niedergemacht, ohne daß die betreffende Person sich verteidigen oder rechtfertigen könnte.

Die Ungehörigkeit des »Klatschens« und »Tratschens« ist so verbreitet, daß sich sogar Psychologen damit auseinandersetzen. Aber seien wir doch einmal ehrlich: Wem gefällt es

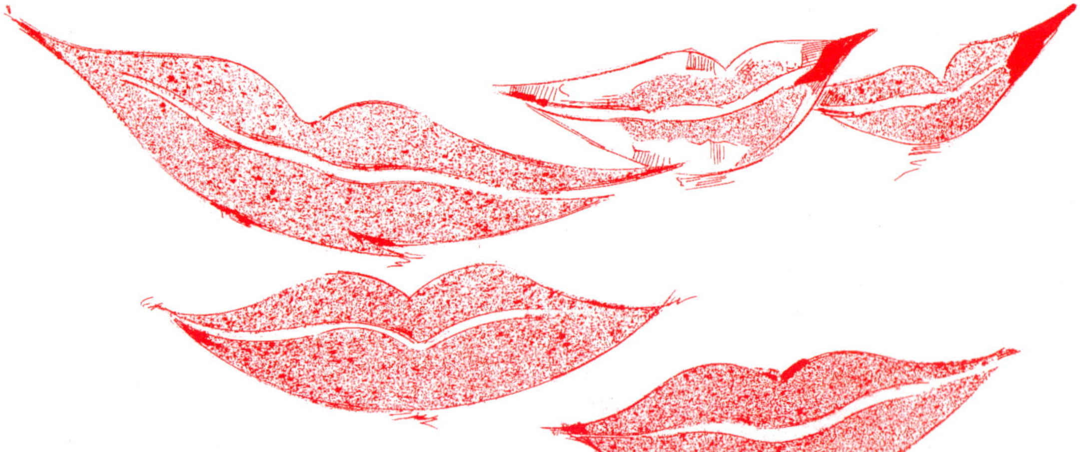

### OFFEN UND EHRLICH

- Seien Sie immer ehrlich, aber niemals verletzend.
- Ein kleiner Makel am Gegenüber muß nicht unbedingt erwähnt werden.
- Komplimente sind immer da angebracht, wo sie ehrlich gemeint sind.
- Verkaufen Sie Gerüchte nie als Wahrheit.
- Diskretion ist auch guten Freunden gegenüber angebracht.
- Stört Sie etwas wirklich, dann reden Sie offen darüber, ohne beleidigend zu werden.

schon, daß andere hinter seinem Rücken über ihn herziehen? Wer glaubt denn allen Ernstes, daß andere immer nur gut über einen reden? Und wie lautet doch ein altes deutsches Sprichwort? »Was du nicht willst, das man dir tu, das füg' auch keinem anderen zu…«
Vielleicht wäre es für so manchen Zeitgenossen ratsam, sich hin und wieder daran zu erinnern.

**Trauernde sind besonders leicht zu verletzen**
Auch die Gefühle trauernder Menschen werden oft durch unüberlegte Äußerungen verletzt. »Sei doch froh, daß es vorbei ist. Jetzt kannst du dich endlich mal wieder um deine eigenen Angelegenheiten kümmern!«
Diese Bemerkung, z. B. einer Witwe gegenüber, die sich vielleicht jahrelang aufopferungsvoll um ihren schwerkranken Mann gekümmert hat, grenzt schon an eine Beleidigung. Es mag sein, daß die Worte aufmuntern sollten, jedoch zeugen sie in Wirklichkeit von einer unerhörten Taktlosigkeit. Wer weiß denn, ob die Witwe es nicht als ihre Lebensaufgabe angesehen hat, ihren geliebten Mann zu pflegen?

*Tratsch sollte man nie ignorieren. Besser, man stellt die allzu geschwätzige Nachbarin offen zur Rede.*

**Ungeschminkte Offenheit ist nicht immer der beste Weg**
Weitere, oft schlimme Taktlosigkeiten stellen Bemerkungen über das Äußere anderer dar:

- »Meine Güte, bist du fett geworden!«

- »Na, an dir ist die Zeit aber auch nicht spurlos vorbeigegangen!«

- »Du läufst heute wieder herum wie der letzte Mensch!«

Dies alles sind Äußerungen, die man sich in dieser Form getrost sparen kann. Sie verletzen nur und sind einem Näherkommen ganz gewiß nicht dienlich. Wieviel besser klingt es da doch, wenn man z.B. sagt:

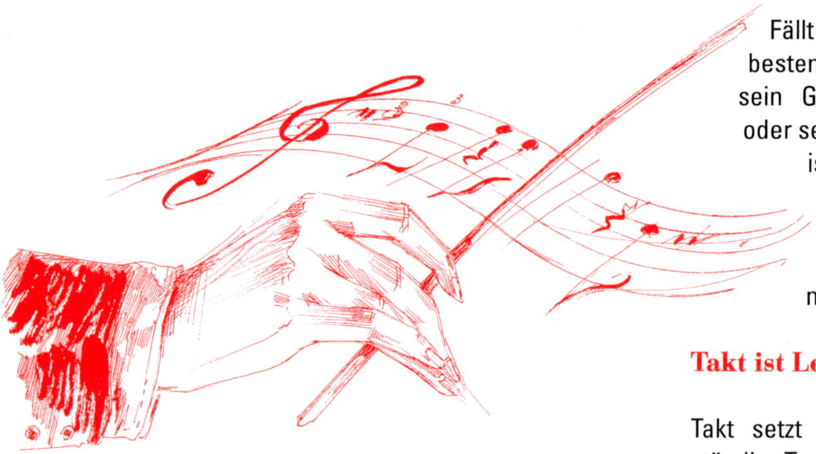

Fällt einem nun wirklich beim besten Willen nichts ein, um sein Gegenüber aufzumuntern oder seinen Stolz zu wecken, so ist es allemal besser zu schweigen – eine taktlose Bemerkung zieht doch immer nur weitere nach sich.

## Takt ist Lebensart

Takt setzt Feingefühl voraus, das ständig, Tag für Tag, neu geübt und gepflegt werden muß. Taktvolle Menschen können sich höflich zurücknehmen, sind in der Lage, sich in Situationen hineinzuversetzen, die anderen peinlich sein könnten. Wenn es nötig ist, können sie auch schweigen. Niemals wird ein wirklich taktvoller Mensch die Gefühle anderer verletzen.

Takt als Ausdruck einer natürlichen Höflichkeit heißt also, auch in bestimmten Situationen Fingerspitzengefühl und somit Lebensart zu beweisen. Das kann man lernen, auch wenn es einem nicht in die Wiege gelegt wurde.

- »O, du bist nicht mehr ganz so hager wie früher. Steht dir gut!«
- »Ich mag dein gereiftes Gesicht und liebe jede Falte an dir!«

***»Reden ist Silber, Schweigen ist Gold...« Wie wahr, wenn man Gefahr läuft, Freunde zu verlieren!***

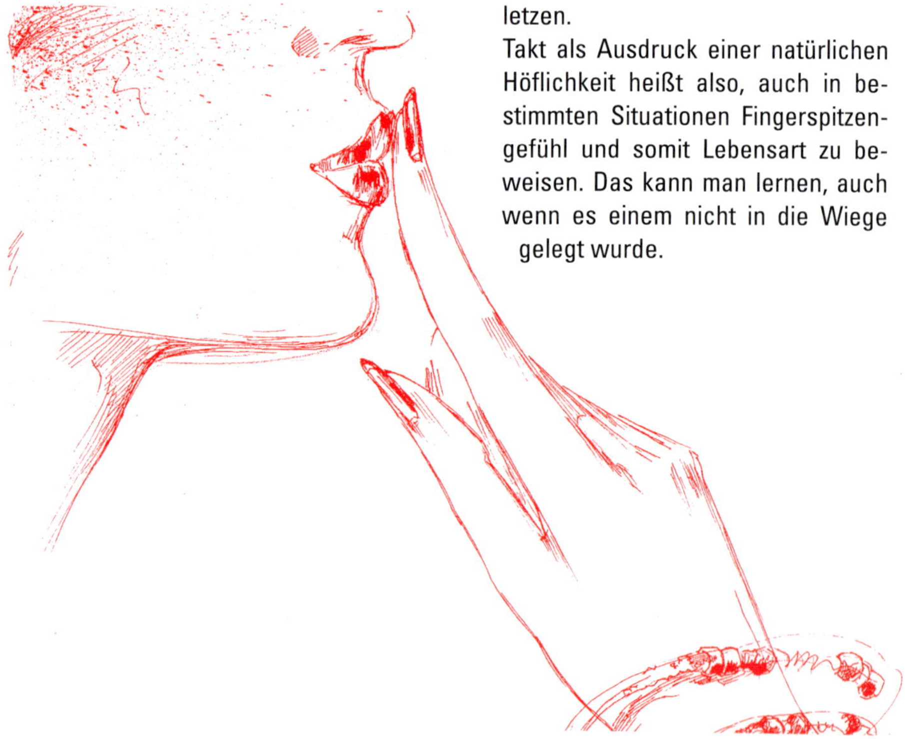

# Kleidervorschriften – wir kommen nicht um sie herum

## Kleider machen Leute

### Uniform und Autorität

Ein Postbote weigerte sich, beim täglichen Briefezustellen seine Uniform zu tragen. Er reagiere, so sein Argument, allergisch auf den Stoff, aus dem die Uniformen gefertigt waren, konnte diese Behauptung sogar mit einem ärztlichen Attest untermauern.

Dem Dienstherrn blieb zunächst nichts anderes übrig, als den Beamten weiterhin in Jeans, Pullover, Lederjacke und Turnschuhen seinen Rundgang machen zu lassen – so lange, bis sich die Beschwerden der Kunden häuften. Sie konnten in dem jungen Mann, der ihnen täglich ihre Post überreichte, keinen Staatsdiener erkennen, mißtrauten ihm aufgrund seines Äußeren. Fazit: Der Briefträger wurde in den Innendienst versetzt, wo er keinen Kundenkontakt mehr hatte.

*»›Der Kaiser hat ja gar nichts an!‹ rief das Kind, und das ganze Volk sah, daß er nackt war.«*
(»Des Kaisers neue Kleider«).

Dieses Beispiel macht deutlich, daß gewisse Kleidervorschriften oft notwendig sind. »Kleider machen Leute«, sagt man, und es ist nicht von der Hand zu weisen, daß dieser Spruch nach wie vor seine Gültigkeit besitzt.

Einheitliche Kleidung, Uniformen lassen erkennen, daß Menschen einer bestimmten Gruppe angehören: Soldaten, Polizisten, Krankenhauspersonal und besagte Briefträger. Sie alle sind für jedermann von vorneherein zu erkennen, sind durch ihre Kleidung mit Vertrauenswürdigkeit und Kompetenz ausgestattet.

*Die Wahl unserer Kleidung zeigt nach außen hin, wer wir sind, wie wir fühlen und zu wem wir gehören.*

Sogar die selbsternannten »Nonkonformisten«, junge Menschen zumeist, tragen in Wahrheit doch eine Art Uniform: Jeans und T-Shirt, Turnschuhe und Jeansjacken – Einheitskleidung einer bestimmten Gruppe.

Auch wenn der »Allgemeine Deutsche Tanzlehrerverband« beschlossen hat, daß Mädchen und Jungen künftig in Alltagskleidung zur Tanzstunde erscheinen dürfen, gewissen Kleidervorschriften wird niemand ausweichen können. Starre Regeln gibt es inzwischen zwar nur noch bei offiziellen Veranstaltungen, doch viele folgen auch heute noch gerne einer Kleiderordnung. Oft macht es einfach Spaß, sich zu einer festlichen Gelegenheit entsprechend zu kleiden.

Wer zu einem Sektempfang geladen ist, wird wohl kaum in Cowboystiefeln auftauchen; wer in die Oper möchte, trägt oft Abendgarderobe; wer sich zum ersten Mal mit der Dame seines Herzens zum Rendezvous trifft, wird kein Outfit wie aus der Altkleidersammlung anlegen. Selbst Jugendliche, die abends in die Diskothek wollen, werden vom Türsteher abgewiesen, wenn ihre Kleidung nicht den Vorschriften entspricht.

Auf schriftlichen Einladungen findet man oft Wünsche, die zu tragende Kleidung betreffend: Dunkler Anzug, Smoking, Frack oder einfach nur »Abendgarderobe erwünscht« – man ist bemüht, ein gleichberechtigtes Ambiente zu schaffen. Man sieht also: Kleiderordnung ist zwar heute nicht mehr verpflichtend, viele halten sich zu bestimmten Anlässen dennoch gern an sie.

## Modemacher machen manchmal Mist

Freiherr von Knigge schrieb einst: »...kleide dich reinlich, geschmackvoll, und wo du Aufwand machen mußt, da sei dein Aufwand zugleich solide und schön. Zeichne dich weder durch altväterliche, noch jede neumodische Thorheit nachahmende Kleidung aus.«
Im Grunde gilt diese Regel auch heute noch. Saubere Kleidung, die persönlichen Geschmack verrät, ohne anstößig zu wirken, kommt zu jeder Gelegenheit gut an. Neue, auffällige Mode mag schick sein, ist aber oftmals völlig fehl am Platz.

*Kleidung soll sich wie eine zweite Haut um die erste schmiegen. Sie muß dem Anlaß angemessen sein, damit sich ihr Träger wohl fühlt und Sicherheit gewinnt.*

**Nackte Tatsachen?**
Modern ist, daß Frauen heute sehr viel Haut zeigen. Weltberühmte Modemacher haben einen Stil kreiert, bei dem z.B. die Brust völlig frei liegt, bestenfalls verhüllt durch einen transparenten Hauch aus Netzgewebe oder Chiffon. Dem ein oder anderen mag das gefallen, vielleicht wird diese Mode gar als eine Art der Emanzipation angesehen. Viele Menschen aber fühlen sich durch den Anblick eines blanken Busens belästigt. Das mag etwas mit (falscher?) Moral zu tun haben, vielleicht auch mit der neuen Prüderie, läßt sich aber nicht einfach abtun. Es wäre daher äußerst unhöflich, eine solche Kleidung beispielsweise zu einem offiziellen Empfang zu tragen.
Manche Mode ist von ihrem Schnitt und ihrer Aufmachung her von vor-

### Das Diktat der Mode

- Gehen Sie nicht jedem neuen Trend nach.
- Kleiden Sie sich nur so, wie es Ihrem Typ entspricht.
- Mode ist zwar meistens modern, jedoch nicht immer schick.
- Passen Sie Ihr Outfit stets dem Anlaß an.
- Denken Sie auch daran, daß Sie durch Ihre Kleidung andere verletzen und beleidigen könnten.
- Die Kleidung sollte Ihrem Alter und Ihrer Figur entsprechen.

neherein nur für Zielgruppen mit ganz bestimmten Körpermerkmalen gedacht. Eine etwas kleine und eher rundliche Frau wird daher bestenfalls hämische statt bewundernde Blicke auf sich ziehen, wenn sie sich im knallengen Minikleid mit tiefem Ausschnitt präsentiert.

*»Frauen, die schon im Kleid alles zeigen, haben nichts mehr, worauf sie den Mann neugierig machen können.« (Raquel Welch)*

**Die goldene Mitte**

Nino Cerruti, seines Zeichens Modeschöpfer, formulierte den allgemeinen Wunsch, zu bestimmten Anlässen eine gewisse Kleiderordnung einzuhalten, einmal so: »Was man anhat, muß zur Umgebung, zum Anlaß und natürlich zum Träger passen...« Wie wahr!

## Männer und Mode

Auch Männer sind dem Diktat der Mode unterworfen.

Seit einigen Jahren gilt es als revolutionär, Röcke für Herren zu schneidern. Sie sollen der Gleichberechtigung dienen, den Männern Beinfreiheit gewähren und sind vielleicht eine Antwort auf hosentragende Frauen. In unserer Gesellschaft aber haben sich Herrenröcke bislang nicht durchsetzen können: Man mag keine muskulösen, behaarten Männerbeine unterm Glockenrock sehen. Diese modische Extravaganz wirkt nicht schick, sondern eher lächerlich und ist traditionsgemäß den Schotten vorbehalten.

*»Wenn man bedenkt, daß die Mode mit einem Feigenblatt begonnen hat, sind wir schon fast wieder am Anfang.« (Claudia Cardinale)*

Jedem Mann sollte mittlerweile klargeworden sein, daß zu einem schikken Anzug in der Regel auch eine Krawatte (die ruhig modisch gestaltet sein darf) gehört. Völlig out sind T-Shirt-Träger mit zerknittertem Jackett à la »Miami Vice«-Don Johnson (womöglich noch mit den obligatorischen Mokassins ohne Socken!).

**Fliege – nur zu besonderen Anlässen**

Vorsicht ist auch bei der Fliege (Modell »Riesenhuber«) geboten. Zu bestimmten Anlässen wie einem Opernball oder einem sehr konservativen Fest gehört sie zwar noch immer dazu, ist sozusagen Standard. Privat aber oder im etwas legereren Kreis wirkt sie einfach zu steif und ist deshalb meistens unangebracht.

Auch ein bis zum Bauchnabel aufgeknöpftes Hemd mit den obligatorischen Goldkettchen auf der spärlich behaarten Brust ist alles andere als schick. Es erinnert bestenfalls an irgendwelche finsteren Typen aus dem Rotlichtmillieu...

In der Privatsphäre gibt es natürlich keine festgelegten Kleidervorschriften. Wer aber wirklich Stil hat und etwas auf sich hält, der wird auch im

nichtöffentlichen Bereich auf seine Kleidung, auf sein Outfit achten.
So wird ein Mann, der sich zu benehmen weiß, beispielsweise auch zu Hause nicht wie »der letzte Hänger« herumlaufen. Er wird darauf achten, daß seine Kleidung immer ordentlich, wenn auch etwas lässiger ist, daß sie zu seinem Typ und seinem Gesamterscheinungsbild paßt.

**Ein Rat für Herrn Schmitz**
Herr Schmitz – alle lebenden Träger dieses Namens mögen mir verzeihen und sich trotzdem ein Beispiel nehmen – versteht es ausgezeichnet, sowohl in seinem Büro als auch beim Einkaufsbummel mit seiner Frau eine stattliche Figur abzugeben. Zu Hause allerdings trägt er ausnahmslos seinen dunkelblauen, ausgebeulten Trainingsanzug aus Polyamid mit den dekorativ weißen Querstreifen an der Schulter. Daß die Jacke dieses Anzugs über dem Bauch spannt und der Reißverschluß aufzuplatzen droht, stört Herrn Schmitz nicht weiter, »der Trainingsanzug ist ja so bequem…« Genauso bequem wie die Puschen (Schlappen, Pantoffeln, Filzlatschen…), die Herr Schmitz zu Hause ebenfalls ausnahmslos trägt. Herr Schmitz, bitte lassen Sie sich folgendes gesagt sein: Ihre Privatsphäre in allen Ehren, aber Ihre Kleidung ist ein Schlag ins Gesicht für jeden auf Ästhetik bedachten Menschen! So bequem Ihr Trainingsanzug und Ihre Pantoffeln auch sein mögen, es kann immer mal ein unerwarteter Besuch auftauchen, ein Vertreter könnte an die Haustür kommen oder einfach nur eine Dame, die um eine kleine Spende für das Rote Kreuz bittet. Und nicht zuletzt, lieber Herr Schmitz, sollten Sie bitte auch bedenken, daß Ihre Kleidung für Ihre Gattin eine optische Beleidigung darstellt…

*Für zu Hause gibt es Kleidung, die bequem ist und dennoch »eine gute Figur macht«.*

## Kirche und Kleider

In der Kirche gibt es keine offiziellen Kleidervorschriften. Aber dennoch gibt es Regeln, deren Einhaltung gern gesehen wird und von Höflichkeit und Lebensart zeugt.
Bei einer Trauung z.B. wird würdige, dem Anlaß angemessene Kleidung erwartet. Dabei bleibt es allein der Braut vorbehalten, in Weiß zu heiraten, während der Bräutigam einen dunklen Anzug, einen Cut oder einen Frack tragen sollte.
Die Kleiderordnung der Gäste und Brautjungfern wird in der Regel vor der Trauung abgesprochen. Dabei ist zu beachten, daß ausschließlich die Braut ein weißes Kleid tragen darf.
Einem alten Brauch zufolge, wonach übelwollende Geister die eigentliche Braut nicht gleich erkennen sollen, dürfen die Brautjungfern ähnliche Kleidung wie die Braut tragen. Aber: Kein Gast sollte eleganter und auffälliger gekleidet sein als das Brautpaar selbst!

Weitere kirchliche Kleiderkonventionen besagen, daß in der Kirche weder ein tiefdekolle-

tiertes noch ein ärmelloses Kleid getragen werden sollte.

**Todschick – aber nicht am Grab!**

Zu einer kirchlichen Trauerfeier erscheinen die meisten Trauernden in der Regel in unauffälliger schwarzer Kleidung. Gerade in den vergangenen Jahren aber hat sich die Sitte eingeschlichen, Trauerkleidung topmodisch zu gestalten.

Da glänzen anthrazitfarbene Dinner-Jacketts mit purpurrotem Kragen am Grab, da wird zu einem breitkrempigen schwarzen Hut ein enges, fliederfarbenes Minikleid getragen. Sehr oft wirkt eine solche Aufmachung unpassend und deplaziert. In unseren Breitengraden ist Schwarz die typische Farbe der Trauer, und Schlichtheit ehrt den Verblichenen.

*Selbst Thomas Gottschalk bekommt bitterböse Briefe von Zuschauern, wenn seine Kleidung wieder mal einen Tick zu extravagant war.*

## Korrekte Kleidung zeugt von Höflichkeit

Wir sehen, daß es bei aller Freizügigkeit und persönlichem Stil in punkto Kleidung auch heute noch gewisse Vorschriften gibt. Sie einzuhalten bedeutet, daß man sich zu benehmen weiß. Wirklich passende Kleidung macht aus einem Menschen das, was er wirklich ist, wirkt wie ein Spiegelbild seiner inneren Einstellung.

Unsere liberale, weltoffene Gesellschaft verzeiht heute so manches, aber niemals geschmacklose Kleidung – es sei denn, man ist ein wirklich überragendes Genie, das sich einfach alles erlauben kann. Aber wer von uns ist das schon…?

## Schmuck – schmückendes Accessoire

Schmuck soll – wie der Name schon sagt – »schmücken«. Es gibt Menschen (und ich meine damit nicht nur Frauen), die behängen sich derart mit echten Klunkern oder wertlosem Tand, daß von Schmücken keine Rede mehr sein kann.
»Weniger ist mehr« – dieser gute alte Sinnspruch bewahrheitet sich gerade in diesem Punkt. Was nützen der schönsten Frau ihre sündhaft teure Frisur, ihr makelloser Körper, ihre erlesene Abendgarderobe und ihr bezauberndes Gesicht, wenn alle Welt bloß auf ihren pompösen Schmuck starrt?

Ketten, Kolliers, Armbänder, Ringe und Ohrgehänge sind Accessoires, nicht mehr und nicht weniger.
Früher gab es in bezug auf Schmuck ganz klare, zum Teil strenge Regeln, die heute des allgemeinen Modediktats »Auffallen um jeden Preis« zuliebe meist fallengelassen werden: Diamantschmuck z.B. durfte nie tagsüber getragen werden; Gold- und Silberschmuck gehörten nicht zusammen; Ringe hatten ausschließlich etwas am Ringfinger zu suchen; und für Herren war Schmuck sowieso nichts.

Diese Regeln haben sich zum Glück gelockert. Dennoch kann man beobachten, daß immer mehr Damen und Herren darauf achten, nicht allzu protzig zu erscheinen. Große Goldhalsketten, überdimensionale Ohrringe und zahllose Armbänder sind out. Man trägt dezenten, wertvollen Schmuck, der die Aufmerksamkeit nicht von der Trägerin bzw. dem Träger ablenkt. Auch geschmackvoller Modeschmuck ist möglich.

*Die amerikanische Schauspielerin Whoopi Goldberg wurde in einem Restaurant in Los Angeles einmal so sehr von einem Fan bedrängt, daß dieser stolperte, an einem ihrer Ohrringe hängenblieb und diesen auf äußerst schmerzhafte Weise ausriß…*

**Accessoires für Männer**

Für Herren ist es heute fast selbstverständlich, ein Kettchen mit einem Anhänger zu tragen. Auch das goldene Armband (bitte nicht zu protzig!) und selbst ein Brillant im Ohrläppchen erregen keinen Unmut mehr. Schwere Siegelringe jedoch, rundherum perforierte Ohrmuscheln und Gehänge à la Hollywoodstar »Mister T« gehören nicht unbedingt zum gepflegten Outfit.
Ansonsten gilt: Getragen wird, was gefällt – aber stets so, daß guter Geschmack erkennbar bleibt! Es empfiehlt sich immer eher schlicht als auffallend protzig.

# Auf du und du mit seinem Gegenüber?

## Revolution in der Anrede

Mit dem Ende der sechziger Jahre kam bei uns eine Verwirrung in die Form der Anrede, die bis heute noch nicht so ganz aus der Welt geschafft ist. Damals erklärte man das förmliche »Sie« zum reaktionären Tabu, ein jeder wurde von vorneherein geduzt. Gleichheit und Offenheit sollten damit demonstriert werden, kein Mensch sollte gegenüber dem anderen höhergestellt sein. Das klang gut, war bei näherer Betrachtung jedoch nichts weiter als Humbug.
Der Psychotherapeut Markus Wawerconnek (unhöflicherweise auch als »Sexguru« betitelt) erklärte das generelle Duzen gar zum höchstpersönlichen Programm. Egal, ob Gastgeber einer Talkshow, Vorgesetzter oder Gesprächspartner einer illustren Runde, für Wawerconnek waren alle gleich, niemand verdiente seiner Meinung nach ein respektvolles »Sie«. Mit diesem Verhalten hat sich der Psychotherapeut so manchen Ärger eingehandelt. Seine Stellung wurde ihm gekündigt, er wurde in keine Show mehr eingeladen, niemand wollte mehr mit ihm reden.

**Das »Du« ist noch gar nicht so alt**

Das allgemeine »Du« vertrauten Personen gegenüber gab es bis zur Mitte des 19. Jahrhunderts überhaupt nicht. In der bürgerlichen Gesellschaft war jeder ein »Sie«, selbst Kinder redeten ihre Eltern mit »Sie, Herr Vater« und »Sie, Frau Mutter« an. Erst die Gewerkschaftsbewegung führte das »Du« als Ausdruck für Brüderlichkeit und sozialistische Gleichheit ein.

*»Darf ich dich duzen, oder muß ich Sie siezen?« – »Das kannst du halten, wie Sie wollen…«*

*Das förmliche »Sie« zeigt, daß ich jemanden ehre und respektiere – und gleiches von meinem Gegenüber erwarte.*

**Warum überhaupt Sie?**

Ganz so steif und förmlich, um nicht zu sagen kalt, wie zu Urgroßmutters Zeiten geht es heute natürlich nicht mehr zu. Das »Sie« einem Menschen gegenüber, der nicht zum Familien- oder Freundeskreis gehört, ist entgegen allen Versuchen, es abzuschaffen, nichtsdestotrotz nach wie vor die Regel.
Es schafft höfliche Distanz, gibt die Möglichkeit, nicht sofort allzu vertraulich zu werden. Und es stellt eine Art Hemmschwelle dar, wenn man Gefahr läuft, vor Ärger mit Schimpfwörtern um sich zu werfen. Ein »Du Blödmann« rutscht im allgemeinen leichter heraus als ein »Sie Blödmann«.

**Politische Streit-»Kultur«**

Allerdings gibt es auch hier äußerst respektlose, wenn auch mit scheinbarer Höflichkeit getarnte Ausnahmen.
Der Politiker Joschka Fischer ärgerte sich einmal so sehr über einen ehemaligen Bundestagspräsidenten, daß er während einer Bundestagsdebatte aufstand und rief: »Mit Verlaub, Herr Präsident, Sie sind ein Arschloch!« Zwar ist Joschka Fischer damit in die Bundestagsannalen eingegangen – aber nur mit einer Unhöflichkeit ersten Ranges!

## Das »Du« kann auch unangenehm vertraulich klingen

- Duzen Sie niemals jemanden ungefragt.
- Es ist immer der Ältere, der dem Jüngeren das »Du« anbietet.
- Auch als älterer Arbeitnehmer bietet man seinem Chef nie das »Du« an.
- Mann und Frau können gleichberechtigt dem anderen Geschlecht das »Du« anbieten.
- Das »Du« darf nur mit plausiblen Gründen und auf taktvolle Weise abgelehnt werden.
- Ein zurückgenommenes »Du« darf nicht zum Eklat führen.

### Das »Du« im Beruf

Besonders im Arbeitsleben hat sich die Sitte verbreitet, recht schnell zum vertraulichen »Du« überzugehen.
Man ist ja schließlich unter Kollegen, und außerdem fördern Nähe und Nachbarschaft in der Anrede auch den Teamgeist – sagt man.
Das mag auch stimmen, jedoch fühlen sich gerade ältere Kollegen oft brüskiert, wenn ein junger »Schnösel« sie gleich vom ersten Tag an duzt. Freundschaftliche Kollegialität und ein allgemein angebotenes »Du« sind nur dann angebracht, wenn es nicht zu einer Art Gruppenzwang wird. Die Entscheidung, ob jemand lieber mit »Du« oder mit »Sie« angesprochen werden möchte, muß auch im Beruf jedem selbst überlassen werden.

*Auch wenn alle Kollegen einander duzen - für einen »Neuen« ist es immer ratsam, zunächst einmal beim »Sie« zu bleiben.*

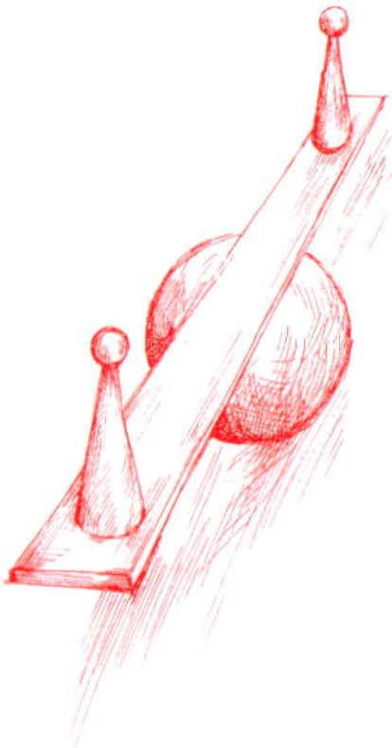

**Wer darf zu wem als erster »Du« sagen?**
Wer entscheidet eigentlich über die Anrede, wer darf das »Du« anbieten?
Grundsätzlich gilt: Der oder die Jüngere wartet, bis ihm bzw. ihr von dem oder der Älteren das »Du« angeboten wird.
Die Ausnahme bestätigt die Regel, und so ist es auch in diesem Fall. Ein grober Fauxpas wäre es z.B., wenn ein altgedienter Mitarbeiter einer Firma seinem wesentlich jüngeren Chef das »Du« anbieten würde. Man sieht also: »Du« und »Sie« sind auch Mittel zum Zweck, können Ausdruck einer bestehenden Hierachie sein.

Im privaten Bereich galt es lange als unschicklich, daß eine Dame dem Herrn das »Du« anbietet. Diese Regel ist inzwischen veraltet. Sind beide in etwa gleich alt, kann sowohl SIE IHM als auch ER IHR die vertrauliche Anrede anbieten, ohne das Gesicht zu verlieren.
Unhöflich, gar beleidigend aber wäre es, ein von einer dazu berechtigten Person angebotenes »Du« ohne plausible Gründe zurückzuweisen.

Mit einer solchen Ablehnung wird auch Ablehnung der Person gegenüber demonstriert, die darüber zu Recht verärgert sein darf.

## Bruderschaft trinken und der schwere Morgen danach

Problematisch wird es, wenn gefeiert wird, man vielleicht Alkohol genossen hat und wenn man sich im Laufe eines gemütlichen Abends Stück für Stück nähergekommen ist.

Wie leicht rutscht da einem rührselig alkoholisierten Chef das »Du« seiner Sekretärin, in echten Härtefällen gar seinem gesamten Personal gegenüber heraus. Und dann folgt unweigerlich der »Morgen danach«!

Spätestens jetzt zeigt sich die Ehrlichkeit von seiten des Chefs bzw. das Taktgefühl seiner Angestellten. Ein Vorgesetzter, dem in nüchternem Zustand klargeworden ist, daß das »Sie« doch die bessere Form im Umgang mit dem Personal ist, wird den Mut haben, darüber zu sprechen und die Sache zu bereinigen – zumindest bis zur nächsten Betriebsfeier.

*Ein einmal angebotenes »Du« kann unter bestimmten Voraussetzungen auch wieder zurückgenommen werden, ohne daß eine der Personen dabei das Gesicht verliert.*

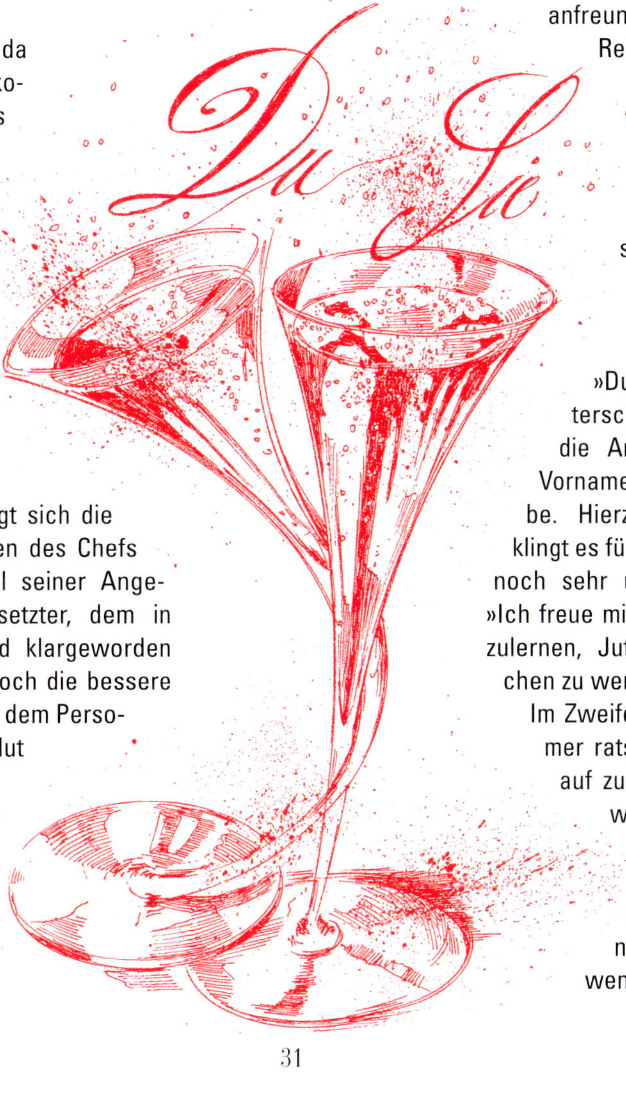


Ein Angestellter wiederum, der seinen Chef nicht mit Gewalt bloßstellen will und der sich seiner Stellung bewußt ist, wird ohne große Erklärung ganz von alleine wieder zum üblichen »Sie« übergehen – ebenfalls bis zur nächsten Betriebsfeier...

**»Du, Herr Schmitz« oder »Sie, Frau Jutta«?**

In letzter Zeit ist eine Mischform der Anrede in Mode gekommen, mit der sich nicht jeder sofort anfreunden kann. Die Rede ist vom förmlichen »Sie« in Verbindung mit dem Vornamen.

Im angelsächsischen Sprachraum, in dem bekanntlich nicht zwischen »Du« und »Sie« unterschieden wird, ist die Anrede mit dem Vornamen gang und gäbe. Hierzulande jedoch klingt es für manche Ohren noch sehr ungewohnt, mit »Ich freue mich, Sie kennenzulernen, Jutta!« angesprochen zu werden.

Im Zweifelsfall ist es immer ratsam, lieber darauf zu verzichten und weiterhin das gewohnte »Sie« in Verbindung mit dem Nachnamen zu verwenden.

## Wie spricht man mit dem Adel?

Ein besonders heikles Gebiet ist im Zusammenhang mit der Höflichkeit der Umgang mit dem Adel. Zwar wurden sämtliche Privilegien dieses erhabenen Standes hierzulande bereits im Jahre 1918 theoretisch abgeschafft, im Grunde genommen gibt es sie somit eigentlich gar nicht mehr, aber dennoch begegnen wir Fürsten, Gräfinnen und Hoheiten noch immer, als wären sie allgegenwärtig.

Das Adelsprädikat, ein Titel also, ist nach deutschem Namensrecht in der Regel ein fester Bestandteil des eigentlichen Namens. Dementsprechend hat auch jeder Adelige das Recht, mit seinem Titel angesprochen zu werden. Das aber ist oft gar nicht so einfach.

***Auch wenn der Adel seine hohe Stellung in unserer Gesellschaft verloren hat – bei der Anrede muß man einige Besonderheiten beachten.***

## »Unechte« und »echte« Adelsprädikate

Ein »Guten Abend, Herr Freiherr von Falkenruh, guten Abend, Frau Freifrau von Falkenruh« klingt nicht nur etwas holprig, es ist zudem auch noch falsch. Im Gegensatz zu den meisten anderen Adelsprädikaten sind »Freiherr« und »Freifrau« nämlich kein Bestandteil des Namens, müssen also auch nicht in der Begrüßung verwendet werden.

Anders verhält es sich jedoch mit »echten« Adelsprädikaten. Am wenigsten läuft man Gefahr, sich zu verkünsteln, wenn man eine etwas devote Form der Anrede wählt. Ein »Herr Graf« und ein »Frau Baronin« sind immer dann gut angebracht, wenn die betreffenden Adelsleute alt und man selber jung ist.

Aber auch wenn Adelige das Recht darauf haben, stets mit ihrem ganzen Titel angesprochen zu werden, kann es bisweilen doch recht ungeschickt sein, dieses Recht auch zu gewähren. Man stelle sich nur einmal vor, der Fürst von Monaco würde jedesmal mit all seinen Titeln angeredet. Das wäre äußerst zeitraubend, mit vollem Namen heißt er nämlich: Rainier Louis Henri Maxence Bertrand Grimaldi, Fürst von Monaco, Herzog von Valentinois, Markgraf von Baux, Graf von Carladès, Baron

### ADEL, AMT UND ÖFFENTLICHER DIENST

- Der Adel hat immer das Recht, mit seinem Titel angesprochen zu werden.
- Ebenso verhält es sich mit erworbenen oder verliehenen Titeln wie »Doktor« oder »Professor«.
- Kirchliche Würdenträger sind ebenfalls mit ihren Titeln anzureden.
- Bedienungen, Verkäuferinnen, Krankenschwestern, Polizisten und Briefträgern steht ein höfliches Sie zu.

von Buis, Lehnsherr von Saint-Rémy, Lehnsherr von Matignon, Graf von Torigni, Baron von Saint-Lô, Luthumière und Hambye, Herzog von Estouteville, von Mazarin und Mayenne, Fürst von Château-Porcien, Graf von Ferrette, Belfort, Thann und Rosemont…

Vom Rang und vom Alter her Gleichgestellte sowie gute Bekannte oder Kollegen im Beruf (ja, auch Adelige üben bisweilen einen richtigen Beruf aus!) verwenden in der Regel als Anrede den Titel allein, also »Graf«, »Gräfin«, »Baron« oder »Baronin«.

*Spätestens in dem Augenblick, da man eines der zahlreichen Blätter der sogenannten »Yellow Press« aufschlägt, stolpert man regelrecht über den Adel dieser Welt.*

## Tabuzone »Du«

Ein allzu leichtfertig ausgesprochenes, vertrauliches »Du« kann nicht nur unpassend sein, sondern sogar als Ehrverletzung ausgelegt werden. Und in gewissen Bereichen kann es sogar höchst unangenehme Folgen haben (siehe Markus Wawerconnek!). Duzt man gar einen Polizisten im Dienst, geht's prompt an den Geldbeutel: 1200 DM Strafe ist diese unziemliche Anrede einem Staatsdiener gegenüber wert…

**Wann das Dutzen absolut tabu ist:**

- unter Kollegen vor Kunden, auch wenn es sonst üblicherweise angewandt wird
- als »Beweis« einer höheren Stellung (z.B. vom Chef gegenüber den Lehrlingen)
- gegenüber Ausländern (»Du nix verstehen...?«)
- als Ausdruck von Arroganz und Verletzung der Würde anderer (Pflegepersonal im Altenheim: »Na, Opa, hast du auch schön den Teller leer gegessen?«)

Das »Du« ist ein Freundschaftsbeweis, ein Ausdruck des Vertrauens. So, wie wir nicht jeden wildfremden Menschen sofort umarmen, wenn wir ihn kennenlernen, sollten wir auch zunächst in der Anrede Distanz wahren. Das angebotene »Du« ist eine Ehre, ein Geschenk, das wir demjenigen zukommen lassen, den wir besser kennen als andere, ein Orden,

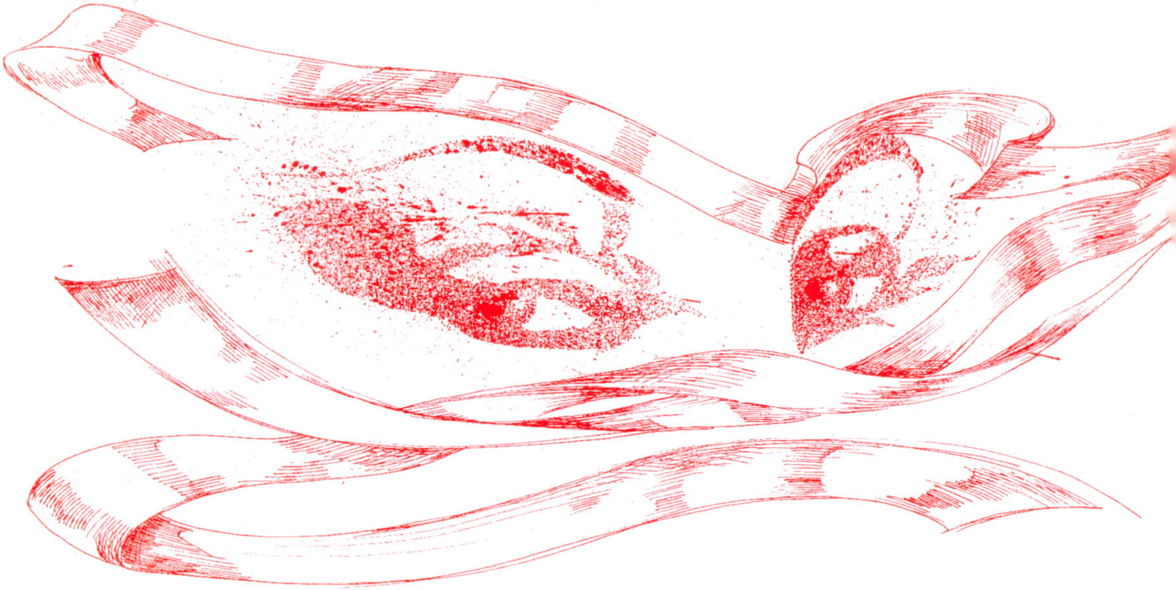

den wir einem Menschen anheften, der sich unseres Vertrauens würdig erwiesen hat.

## Gewußt wie: Flirten und Anbandeln

Zum großen Thema »Mensch und Gesellschaft« gehört ganz sicher auch die Urform der sozialen Kontaktaufnahme, das Flirten.
Flirten will gelernt sein, nicht umsonst schießen überall Flirt- und Anbandelschulen wie Pilze aus dem Boden. Ganz offensichtlich gibt es da ein Defizit, dem abgeholfen werden soll.
Grundsätzlich läßt sich sagen, daß an einem geist- und niveauvollen Flirt nichts Unhöfliches ist. Zeigt er doch in erster Linie, daß da jemand ist, der sich für einen anderen interessiert, sein Gegenüber nett und sympathisch findet.
Die Grundvoraussetzung für einen gelungenen Flirt (der ja weiß Gott nicht gleich im Bett des einen oder der anderen enden muß!) ist, daß man(n) nicht gleich mit der Tür ins Haus fällt. Ein »Eh, haste heute abend schon 'was vor?« ist heute selbst in Teenagerkreisen nicht mehr das, womit junge Männer ein Mädchen auf den Sozius ihres Mopeds bekommen.

*Flirten ist gar nicht so einfach, wie man(n) leider oft denkt… Manche Frauen (und auch Männer) können hier ein Lied von schlechtem Stil singen.*

### Was die Statistik übers Herzflimmern verrät

Einer Studie von »Harlekin Enterprises« in Toronto zufolge bändeln deutsche Frauen – man höre und staune! – am liebsten in Bussen und Bahnen an (24 Prozent der Befragten). Dabei haben sie gern vor dem ersten Wort beim Flirt zunächst einmal einen in-

tensiven Augenkontakt mit ihrem Gegenüber. Blicke können verzaubern, betören – beim Flirten erfährt dieser Satz mehr Wahrheit als irgendwo sonst.
Aber auch wenn das mit den Blicken, dem Platzanbieten und der freundlichen Konversation schon ganz gut geklappt hat, treten viele Männer noch immer sehr schnell ins Fettnäpfchen. 26 Prozent der befragten Frauen sagten aus, daß Alkohol bei Männern der »Abtörner« Nummer eins ist. 20 Prozent brechen den gutgemeinten Flirt sofort ab, wenn ER mit übertrieben lautem männlichen Gehabe zu imponieren versucht. Aufdringlichkeit (insbesondere sexueller Natur) führt bei 16 Prozent der Frauen dazu, daß sie sich angewidert abwenden.

*»Ich mag männliche Gesellschaft, aber sie muß ja nicht immer gleich in Ehe ausarten...« (Jacqueline Bisset)*

Gefragt sind beim Flirten nach wie vor Höflichkeit, Takt und gutes Benehmen. Hält ein Mann einer Frau die Tür auf, so empfinden das 76 Prozent der Befragten als äußerst angenehm. 68 Prozent bekommen eine erhöhte Herzfrequenz, wenn ER IHR in den Mantel hilft. Aber immerhin 58 Prozent der deutschen Frauen erwarten nicht, im Restaurant von Männern eingeladen zu werden. Was natürlich nicht heißt, daß ER SIE nicht mal zum Essen einladen darf.

## Checkliste

- Nehmen Sie beim Vorstellungsgespräch das angebotene Glas Cognac an?
- Stellen Sie sich neuen Bekannten immer mit einem lockeren Spruch vor?
- Benehmen Sie sich als Gast nach der entsprechenden Aufforderung tatsächlich wie zu Hause?
- Können Sie über ein Mißgeschick anderer herzhaft lachen?
- Sagen Sie Ihren Freunden immer schonungslos, was Sie denken?
- Legen Sie, gleich zu welchem Anlaß, keinen großen Wert auf Ihre Kleidung?
- Besitzen Sie viel Schmuck, den Sie auch gerne in seiner Gesamtheit zeigen?
- Sind Sie weltoffen genug, um das steife »Sie« jederzeit unter den Tisch fallen zu lassen?
- Können Sie mit Ihrem natürlichen Charme jede Frau im Kino einfach so mit einem coolen Spruch mitreißen?

Falls Sie eine oder mehr Fragen mit »Ja« beantwortet haben, sollten Sie sich das erste Kapitel noch einmal durchlesen...

*»Familienalltag – das ist keine Aneinanderreihung von Sonntagen. Die Familie, in der alle sich jederzeit wohl fühlen, immer lieb zueinander sind, in der Kinder sich meistens so benehmen, wie ihre Eltern das gerne hätten, die gibt es nicht.«*

(aus: »Kleine Haken im Familienalltag« von Helga Gürtler)

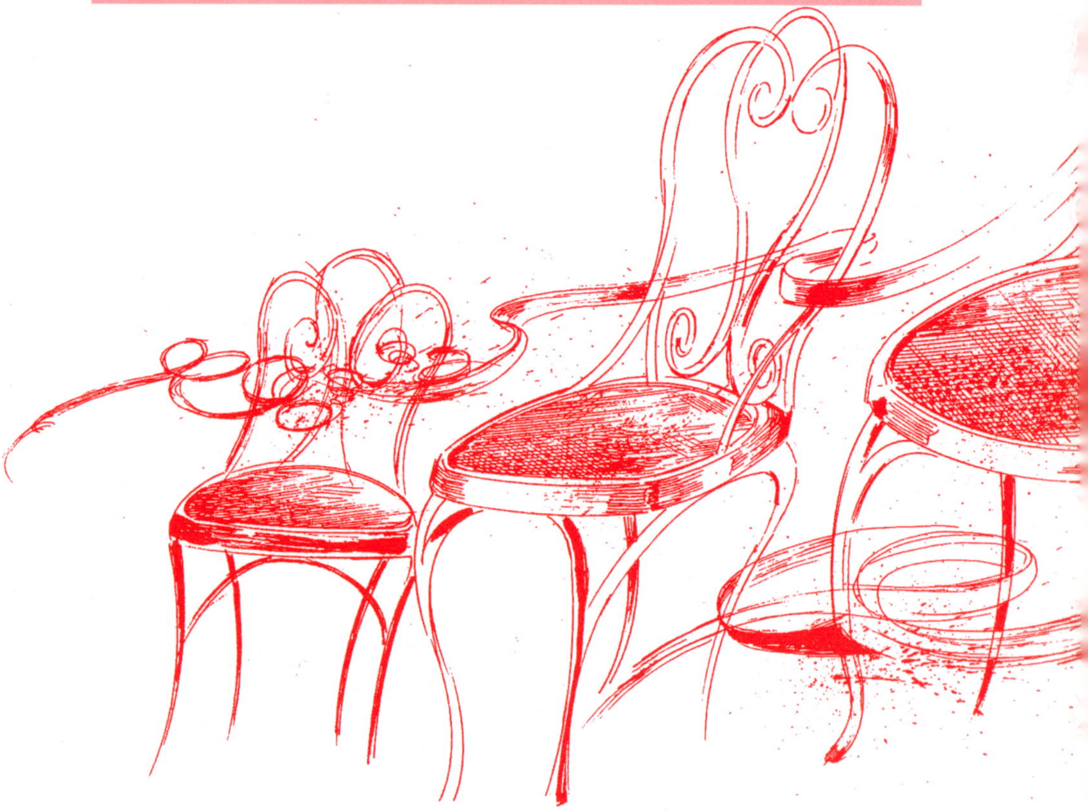

# Kapitel 2

# Familienbande pflegen

**Auf einen Blick**
Zwischen Eheleuten

**Liebe, Anstand und Vertrauen**
Zwischen Kindern und Freunden

**Erziehung mit Beispielen**
Welche Tabus es in der Familie gibt

**Kleine Nachlässigkeiten und grosse Vergehen**
Respekt und Aufmerksamkeit üben

# Eheleute sind auch Partner

**Am Anfang steht immer die Liebe**
Wie ist das, wenn zwei Herzen zueinander finden? Man verliebt sich ineinander, man tauscht erste Zärtlichkeiten aus, die Zukunft wird in rosaroten Farben gemalt. Irgendwann läuten dann die Hochzeitsglocken, und kaum sind sie ein Paar vor Gott und/ oder dem Gesetz, zeigt sich leider nur allzu häufig recht schnell, daß die schöne Verlobungszeit nichts weiter war als Maskerade.

*»Heiraten ist eine gute Art, Erfahrungen zu sammeln.« (Ira zu Fürstenberg)*

Da ist dann plötzlich nicht mehr viel übrig von den Komplimenten, mit denen ER IHR Herz erobert hat; seine stets gepflegte Erscheinung scheint er zusammen mit dem Hochzeitsfrack abgelegt zu haben; all die kleinen Handgriffe, die ER IHR bis vor kurzem noch lächelnd abnahm, muß sie nun selbst erledigen; mit jedem Tag, der vergeht, läßt ER sich mehr bedienen, entwickelt sich zunehmend zum häuslichen Pascha.

*»Wenn ein Mensch nur eine einzige Person liebt und seinen übrigen Mitmenschen gegenüber Gleichgültigkeit empfindet, ist seine Liebe nicht Liebe, sondern eine symbiotische Bindung oder ein gesteigerter Egoismus.«*
Erich Fromm

**Und SIE?**
Leider werden auch Frauen oft träge, tragen sie erst einmal den goldenen Ring am Finger. Der vorher liebevoll ans Bett gebrachte Kaffee brodelt bald nur noch in der Kanne vor sich hin; statt eines strahlenden Lächelns und eines Kusses zum Wecken heißt es nur noch: »Los, du mußt aufstehen!«; war SIE früher entsetzt, wenn ER sie ungeschminkt sah, so macht es ihr nun nichts mehr aus, im Morgenmantel herumzulaufen, bis er aus dem Haus ist...

*»Eine Frau, die sich gehenläßt, wird ihren Mann bald gehen lassen müssen.« (Natalie Wood)*

Natürlich läßt jede Verliebtheit mit der Zeit nach, man gewöhnt sich schnell aneinander. Und daß man sich nicht mehr wie zum ersten Rendezvous herausputzt, ist auch selbstverständlich. Schließlich ist es ja in einer Partnerschaft ganz natürlich, daß man den anderen im Alltag erlebt und so nicht nur seine Schokoladenseiten kennenlernt. Eine gute Beziehung setzt voraus, daß man den Partner in all seinen Facetten akzeptiert.
Aber heißt das denn zwangsläufig, daß Ehepaare deshalb unhöflich miteinander umgehen müssen? Haben Ehefrau und Ehemann nicht Achtung und Respekt voreinander verdient? Sollte man nicht eher bemüht sein, den Funken der Liebe jeden Tag aufs neue zu entfachen?

Für jeden Menschen ist es wie Balsam auf die Wunden seiner Seele, wenn er ab und zu Komplimente bekommt, kleine Aufmerksamkeiten erfährt. Gerade die scheinbar unscheinbaren Dinge sind es doch, die das Zusammenleben harmonisch gestalten: ein überraschend mitgebrachter Blumenstrauß, eine neue Krawatte zwischendurch, das Sich-schick-Machen für einen Abend nur mit IHM – alles Dinge, die dem Partner zeigen, daß man ihn noch immer liebt, Dinge, die beweisen, daß man sich auch in der Ehe zu benehmen weiß.

## Die Tücken des Alltags

Ungehobeltes Benehmen zwischen Eheleuten ist kein Privileg langverheirateter Paare. Ganz im Gegenteil. Gerade jungen Männern und Frauen fällt es oft schwer, sich den Wünschen und Bedürfnissen, den Eigenarten und kleinen »Macken« des anderen anzupassen.

Da man sich heutzutage im allgemeinen später bindet als früher, entwickeln viele Singles ihren ganz eigenen Lebensstil, der sich oft bis in Kleinigkeiten des alltäglichen Lebens erstreckt. Ist man nun plötzlich zu zweit und ist die erste Verliebtheit, die einen über alles hinwegsehen läßt, abgeklungen, stört der Partner diese eingespielten Rituale. Und zudem hat auch der andere oft genaue Vorstellungen, wie er sein Leben und seinen Alltag gestalten möchte.

***In der Liebe ist nichts selbstverständlich. Alles, was man tut oder läßt, sollte aus dem Wunsch geboren sein, dem Partner eine Freude zu bereiten.***

## Kleinigkeiten nicht zu wichtig nehmen

Wie leicht kann es doch passieren, daß man in einer solchen Situation zu sehr auf Kleinigkeiten »herumreitet« und die Partnerschaft unter diesen Unstimmigkeiten leidet. Man sollte seine hohe Erwartungshaltung herunterschrauben und nicht erwarten, daß der andere sich in unser eingespieltes – aber ja nicht unbedingt perfektes und notwendiges – Alltagsleben nahtlos einfügt. Ist man nämlich erst einmal durch seine zu hohe Erwartungshaltung enttäuscht, reagiert man verärgert und macht

### Die Ehe ist ein Ort des Respekts

- Zeigen Sie Ihrem Partner jeden Tag, daß Sie ihn noch lieben.
- Seien Sie auch im Alltag immer höflich und zuvorkommend.
- Ein kleines Geschenk zwischendurch erhält die Liebe.
- Persönliche Freiräume und die Intimsphäre stehen auch dem Ehepartner zu.
- Bleiben Sie auch bei Streitigkeiten immer fair.
- Pflegen Sie täglich Ihr Benehmen und Ihren Körper.
- Kleine Rituale wie zum Beispiel der Gute-Nacht-Kuß erhalten auch nach Jahren noch die Liebe.
- Auch für den Mann ist es heutzutage selbstverständlich, im Haushalt mit anzupacken oder die Kinder zu hüten.
- Pünktlichkeit ist auch in der Partnerschaft ein absolutes Muß.

schnell den Fehler, Gleiches mit Gleichem heimzuzahlen.
Viel besser wäre es da doch, gleich am Anfang einer Beziehung mit offenen Karten zu spielen. Natürlich kann es passieren, daß man den anderen vor den Kopf stößt, wenn man schonungslos ehrlich seine ganz persönlichen »Macken« gesteht. Zumindest aber läuft man dann nicht Gefahr, den Partner später zu schockieren. Wahre Liebe bedeutet auch, offen zueinander sein zu können, ohne daß der andere daraus einen Vorteil für sich zu gewinnen sucht. Alles andere wäre höchst unhöflich.

***ER: »Ich hasse Musik am Morgen!« SIE: »Ich brauche sie aber, um wach zu werden!« ER: »Dann habe ich den ganzen Tag schlechte Laune!« SIE: »Gut, dann höre ich Musik, solange ich allein im Bad bin. Wenn du aufstehst, schalte ich sie aus!« ER: »Ich liebe dich...!«***

## Auch in der Ehe entscheidet die Optik

Vielen Paaren, die schon längere Zeit zusammenleben, fällt es gar nicht mehr auf, daß sie sich zu Hause ganz anders benehmen als in der Öffentlichkeit. Oft wird der Ehepartner herablassend behandelt, es wird keine Rücksicht auf seine Bedürfnisse genommen. Die Frau (der Mann) ist eben immer da, was soll man da schon noch groß herumscharwenzeln!

Niemand erwartet ernsthaft, daß Eheleute sich nach Jahren des Zusammenseins noch genauso verhalten wie am Anfang ihrer Beziehung. Und es ist wohl auch ganz natürlich, daß man daheim in seinen eigenen vier Wänden auch in Sachen Kleidung bequemer, vielleicht sogar nachlässiger wird. (Hier sei noch einmal Herr Schmitz aus dem ersten Kapitel in Erinnerung gerufen...)
Aber schon zum Frühstück die typischen Lockenwickler im Haar zu tragen, in einem fadenscheinigen Morgenrock herumzulaufen oder sich unrasiert und ungewaschen an den Tisch zu setzen, das muß wirklich nicht sein!
Diese Art der Nachlässigkeit signalisiert dem Partner, daß er Ihnen nichts wert ist, daß Ihnen seine Meinung egal ist.

Ein weiterer grober Verstoß gegen die Regeln des guten Benimms ist auch die obligatorische Morgenzeitung, hinter der sich vornehmlich die Herren der Schöpfung griesgrämig

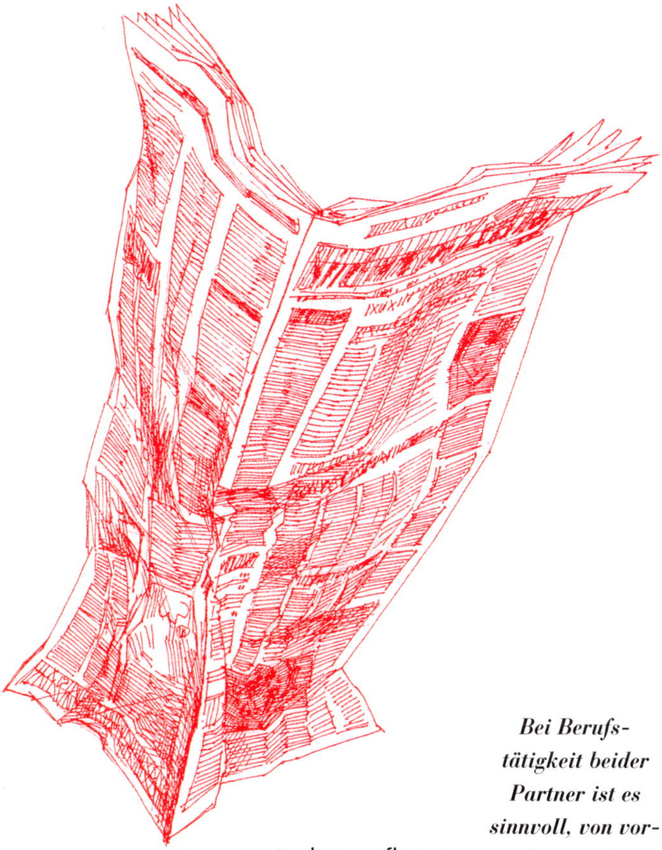

zu verstecken pflegen. Frau bekommt Mann so nicht zu Gesicht, und ebensogut könnte sie auch alleine frühstücken – was in diesem Fall vielleicht sogar ein besserer Tagesbeginn für sie wäre.

*Bei Berufstätigkeit beider Partner ist es sinnvoll, von vorneherein einen Plan zu erstellen, mit dessen Hilfe die Hausarbeit gerecht geteilt wird.*

**Sich Mühe für den anderen geben heißt Respekt zeigen**

Eine Frau, die die liebevoll von ihrem Mann geschenkten Blumen lieblos in einer Vase anordnet und sie dann halb vertrocknen läßt, kann nicht erwarten, daß sie noch häufiger Geschenke erhält. Gleichfalls darf der Mann sich nicht wundern, daß seine Frau keine gemeinsamen Unternehmungen mehr plant, nachdem er all ihre Wünsche, ins Theater zu gehen, abgeschlagen hat.

Übrigens: Sind beide Partner berufstätig, sollte es ganz selbstverständlich für den Mann sein, sich mit seiner Frau die Arbeiten im Haushalt zu teilen.

**Anstandsregeln unter Eheleuten:**

- Wenn die Ehefrau raucht, dann ist es höflich, ihr auch Feuer zu reichen.
- Hat einer der Eheleute einen Wunsch an den Partner, dann sollte das Wort »bitte« auch ausgesprochen werden.

## VORBILD SEIN

- Kinder sind in gewisser Weise ein Spiegel: Sie geben immer nur das wieder, was wir Erwachsenen ihnen vormachen. Das heißt, daß wir von unseren Kindern kaum erwarten können, sie stets ordentlich gekleidet zu sehen, sie nur gesittet sprechen zu hören und von ihnen mit dem gehörigen Respekt behandelt zu werden, wenn wir uns selbst wie die Axt im Walde benehmen!

- Der Partner hat ein Recht darauf zu wissen, wo man sich aufhält.
- Muß man unvorhergesehen aus dem Haus, so gehört es sich, eine kurze Nachricht zu hinterlassen.
- Auch unbekannte Speisen müssen probiert werden; eine Ablehnung von vorneherein ist kränkend.

*Die Arbeit der Hausfrau wird auch heute noch nicht genügend anerkannt.*

## Das liebe Geld...

Viele Ehefrauen beklagen sich mit Recht darüber, daß sie von ihren Männern finanziell zu kurz gehalten werden.
Auch heute noch ist es meistens der Mann, der das Geld verdient – dies aber nur, weil Hausarbeit nicht entlohnt, weil vielfach noch immer als selbstverständlich hingenommen wird, daß Hausfrauen eben keinen Pfennig für ihren Job bekommen.

So mancher Mann (hören Sie genau hin, Herr Schmitz! Und auch Sie, Herr Meier, Herr Schulz und Herr Mackewitz...) glaubt, er allein habe das Recht, das verdiente Geld einzuteilen. Er gibt seiner Frau einen gewissen Betrag (der meistens viel zu knapp bemessen ist!), von dem er glaubt, er reiche aus, um die notwendigen Besorgungen zu machen. Und die Frau darf dann zusehen, wie sie zurechtkommt, muß oft jede Mark umdrehen, nach Sonderangeboten Ausschau halten und knausern.
Oder wie die Schauspielerin Marianne Koch es einmal so treffend ausdrückte: »Wirtschaftsgeld ist etwas, womit eine Frau nur auszukommen versucht, um ihrem Mann zu beweisen, daß es unmöglich ist!«

**Gleiche Rechte für Mann und Frau**
Natürlich gibt es Männer mit einem Einkommen, bei dem »Sonderausgaben« einfach nicht drin sind. Viele Herren aber verdienen immerhin genug, um sich abends ein Bierchen in

## Geld hat nicht nur materiellen Wert

Der Großteil aller Ehescheidungen (ein Drittel in Deutschland, in Großstädten sogar die Hälfte!) liegt am Streit ums Geld. Besonders Männer, die in der Regel immer noch für das Familieneinkommen sorgen, sollten sich über die nicht zu unterschätzende Arbeit ihrer Frauen im klaren sein – und ihnen ein entsprechendes »Ersatz-Gehalt« zahlen.

der freundschaftlichen Skatrunde leisten zu können, um sonntags auf den Sportplatz zu gehen (mit anschließendem Frühschoppen, versteht sich!) und um sich das Leben so angenehm wie möglich zu gestalten. Es sei ihnen gegönnt – vorausgesetzt, sie gestehen ihrer Frau die gleichen Rechte zu!

***Der Mann ist nicht Herrscher über Soll und Haben. Sein Einkommen ist auch vor Recht und Gesetz Familieneinkommen!***

Eine Hausfrau arbeitet ebenso wie ihr Mann den ganzen Tag – noch dazu am Wochenende –, so daß sie über einen ebenso großen Geldbetrag wie er verfügen sollte. Und diese Summe ist keineswegs nur für haushaltsbezogene Aufwendungen gedacht! Auch eine Hausfrau sollte sich ein Buch, ein Wochenende mit ihren Freundinnen oder ein neues Kleid kaufen können, ohne ihren Mann anbetteln zu müssen.

Es gehört sich einfach, auch in finanzieller Hinsicht dem Ehepartner gewisse Freiräume zu lassen. Die Ehefrau (der Ehemann) ist ein Individuum, das Respekt und Höflichkeit verdient! Zwischen Ehepartnern sollte so viel Vertrauen vorherrschen, daß ein gemeinsames Konto selbstverständlich ist. Bei Doppelverdienern empfiehlt sich vielleicht ein zusätzliches Konto für die Haushaltsführung, auf das jeder Ehepartner einen bestimmten, dem jeweiligen Einkommen angemessenen Betrag einzahlt.

## Verhalten Kindern und Freunden gegenüber

Vor noch gar nicht allzu langer Zeit waren Eltern stolz auf ihre Kinder, wenn diese einen Knicks oder einen höflichen Diener machten. Einfach nur die Hand zur Begrüßung zu reichen galt als störrisch, nicht einmal dies übers kleine Herz zu bringen war unartig und zog unweigerlich Bestrafung nach sich.

*»Wenn alle Hoffnungen verdorrn, mit dir beginn' ich ganz von vorn. Und Unerreichbares erreichen, ja, ich kann's, du bist das Apfelbäumchen, das ich pflanz'...«*
Reinhard Mey

**Anstand von frühauf**

Heute sind die meisten Kinder freier erzogen, die strengen Anstandsregeln haben sich spürbar gelockert. Das hat u.a. auch zur Folge, daß die lieben Kleinen heutzutage viel früher selbständig werden, ihren eigenen Kopf durchzusetzen versuchen. Ob das gut ist oder schlecht, darüber mögen Pädagogen urteilen, Thema dieses Buches ist es allerdings nicht.

Wohl aber ist es ein Thema, ob Selbständigkeit und Freizügigkeit auch maßlos ausgenutzt werden dürfen. Oder ob es nicht doch besser ist, schon im Kindesalter den Grundstein für ein Benehmen in der Zukunft zu legen, das als höflich angesehen wird und dem guten Ton entspricht.

*Wenn man ein Kind begrüßt und dabei in die Hocke geht, sich also auf eine Ebene mit dem Kleineren begibt, zeigt man damit, daß man das Kind respektiert und es nicht »von oben herab« ansieht.*

### Auch Konflikte lassen sich höflich lösen

Zwischen Eltern und Kindern kommt es immer wieder zu Konflikten und teilweise schlimmen Streitereien. Das ist ganz natürlich und kann selbst durch noch so große Höflichkeit nie ganz aus der Welt geschafft werden.

Jedoch ist es auch hierbei wichtig, die richtige Form zu wahren, höflich zu bleiben und gewissen Regeln des Anstands zu folgen.

Kinder, besonders ab einem gewissen Alter, haben gewöhnlich nun mal ganz andere Vorstellungen als ihre Eltern. Sie mögen Musik, die Erwachsene als Lärmbelästigung empfinden; sie tragen Kleider, die ihre Eltern bestenfalls noch als Putzlumpen verwenden würden; sie haben eine Sprache, die die Älteren bisweilen daran zweifeln läßt, daß ihre Kinder aus demselben Land wie sie stammen.

Väter und Mütter haben zwei Möglichkeiten: Entweder versuchen sie unter Aufbietung all ihrer elterlichen Macht, dem Sprößling gutes Benehmen, Höflichkeit und Anstand beizubringen, oder sie ignorieren diese Phase ihres Kindes und leben ihm beispielhaft vor, was sie unter den Werten eines guten familiären und gesellschaftlichen Miteinanders verstehen.

Genau dies ist nämlich der springende Punkt: das Vorleben gewisser Regeln und Werte.

Kinder, so sagt man, sind immer ein Spiegel des Verhaltens ihrer Eltern. Wie sollen sie also z.B. gute Tischmanieren erlernen, wenn der Vater beim Essen schmatzt und sonstige unappetitliche Geräusche von sich gibt? Wie sollen sie wissen, was sich gehört, wenn ihre Mutter den Vater immer nur als »den Alten« betitelt? Wie sollen sie lernen, was Respekt anderen gegenüber ist, wenn ihnen selbst von seiten ihrer Eltern nie Respekt (ja, auch Kinder verdienen Respekt!) widerfährt?

Kinder werden – das gilt ganz besonders für die Zeit der Pubertät – immer gegen ihre Eltern aufbegehren, werden immer versuchen, sich ihrer Erziehung zu widersetzen. Eines Tages aber werden sie das Erlernte und Gesehene, das Erfahrene, auf sich übertragen und wie selbstverständlich für sich annehmen.

***»Was Hänschen nicht lernt, lernt Hans nimmermehr«. Fehler, die während der Erziehung im Kindesalter gemacht wurden, kann auch später kein noch so guter »Benimmlehrer« wettmachen.***

**Tips für die Erziehung zur Höflichkeit**

Hier einige Ratschläge für den Umgang mit Kindern, die dazu dienen sollen, gesellschaftsfähige, um die Regeln des Anstandes wissende Erwachsene aus ihnen werden zu lassen.

- Kinder sollten niemals in der Öffentlichkeit gemaßregelt werden. Für die Kleinen ist dies beschämend und für unfreiwillige Zuschauer oft peinlich.
- Andererseits sollte man Ungehorsam und Unsinn nie herunterspielen. Oft finden Eltern es »wahnsinnig komisch«, wenn ihr Sprößling ständig an den Haaren des Besuchers zieht. Der Besucher seinerseits kann darüber bald überhaupt nicht mehr lachen, und es ist nur gerechtfertigt, wenn er dann ein scharfes »Jetzt ist aber Schluß damit!« losläßt – was höfliche Eltern an seiner Stelle schon längst hätten tun müssen.
- Körperliche Strafen gelten nicht nur unter Pädagogen als unzeitgemäß. Dem Kind wird dadurch seine Ohnmacht Erwachsenen gegenüber demonstriert, Erwachsene

wiederum beweisen damit, daß sie mit ihrer Macht nicht umgehen können. Eine Erklärung, was das Kind im entsprechenden Moment falsch gemacht hat, ist allemal besser und zeigt nachhaltigere Wirkung.

- »Babysprache« (vornehmlich noch immer von Omis, netten Tantchen und, besonders schlimm, von Fremden angewandt) zwingt das Kind, mit gleicher Münze zurückzuzahlen. »Hattu Aua macht?« klingt auch für Kinder lächerlich.
- Disziplin und Selbstbewußtsein sind nicht nur Ausdruck von Höflichkeit, sondern auch ein notwendiges Muß für Kinder. Disziplin heißt z.B., daß man mit einem Kind auch an einer Supermarktkasse vorbeigehen kann, ohne daß es ununterbrochen nach Süßigkeiten quengelt. Selbstbewußtsein ist wichtig, damit Kinder auch nein zu sagen lernen. Nein einem Fremden gegenüber, mit dem es mitgehen soll...

***Im günstigen Fall gibt es zwei Fernseher im Haus. Noch besser aber wäre es, wenn alle Familienmitglieder zusammen einen Plan entwerfen, was wann gesehen wird.***

## Streitpunkt Fernsehen und Musik

Meistens haben Kinder einen anderen Geschmack als ihre Eltern. Im Fernsehen schauen sie sich je nach Alter lieber Zeichentrickfilme oder Videoclips an als die Sportschau oder einen romantischen Spielfilm.
Ein schlechtes Beispiel seitens der Eltern wäre es nun, überhaupt nicht auf die Wünsche ihrer Sprößlinge einzugehen. Warum sollten sich nicht alle Familienangehörigen einmal den neuesten »Asterix«-Film oder die »Ghostbusters« anschauen?

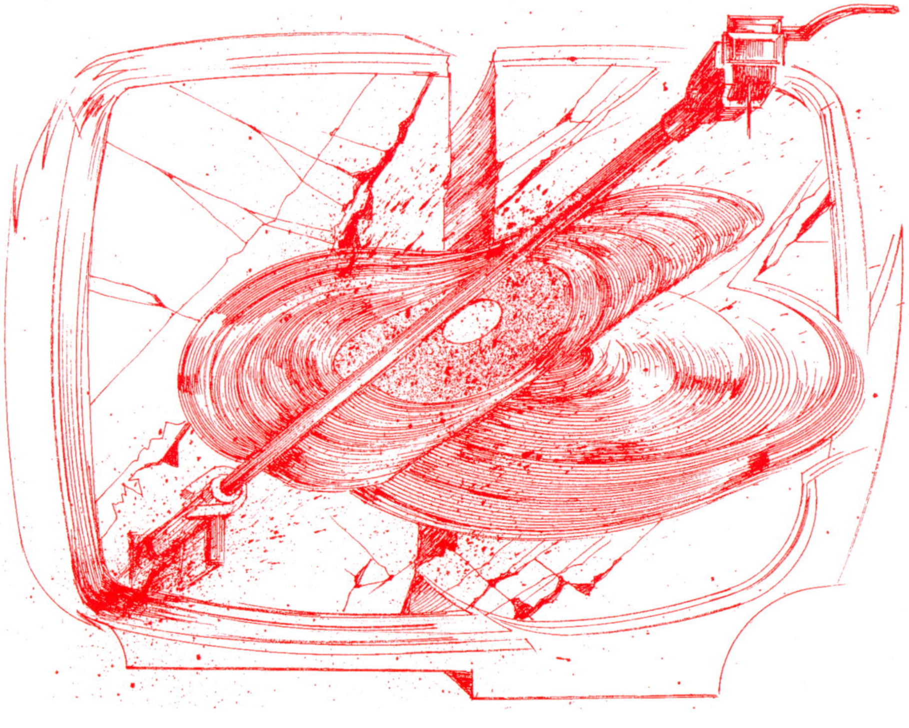

## Rücksichtnahme in der Familie

- Jedes Familienmitglied ist gleich viel wert.
- Demokratie fängt in den eigenen vier Wänden an.
- Musik muß nicht so laut sein, daß auch der Nachbar noch etwas davon hat.
- Der Familienfernseher ist nicht das persönliche Eigentum eines einzigen.
- Störende Angewohnheiten einzelner sollten besprochen und wenn möglich beseitigt werden.
- Jedes Familienmitglied hat ein Recht auf Privatsphäre.

Im Gegenzug werden die lieben Kleinen dann sicher leichter davon zu überzeugen sein, daß Papa auch mal in Ruhe und ohne Nörgelei die aktuellen Fußballergebnisse verfolgen möchte.
Zu Streit in der Familie kommt es immer wieder dann, wenn es um den Musikgeschmack des Nachwuchses geht. Oft hören Kinder ihre Lieblingsband stundenlang in voller Lautstärke und ohne Unterbrechung. Das malträtiert nicht nur die Nerven der Erwachsenen, sondern auch ihre Ohren.
Haben wir irgendwann einmal den Anfang der Erziehung zur Höflichkeit damit gemacht, daß wir unseren Kindern das Danke- und Bittesagen beibrachten, läßt sich jetzt darauf aufbauen: Das Schlüsselwort heißt Rücksichtnahme!
So, wie höfliche Eltern darauf bedacht sind, Rücksicht auf ihre Kinder zu nehmen, können sie gleiches auch von ihnen erwarten – sei es, indem sie zu bestimmten Tageszeiten (vor allem natürlich nachts!) ihre Musikanlage ganz ausschalten, sei es, indem sie die Lautstärke reduzieren oder sich schweren Herzens von einem Teil ihres mühsam ersparten Taschengeldes für den Kauf eines Kopfhörers trennen.

*Je älter Kinder werden, um so mehr Raum nimmt die persönliche Privatsphäre in ihrem Leben ein. Auch für Eltern muß von vorneherein klar sein, was sie dürfen und was nicht!*

### Jugendliche Privatsphäre

Welcher Vater und welche Mutter möchte schon, daß ihre Kinder in ihren persönlichen Dingen herumschnüffeln? Da kann es ja Sachen geben, die Tochter und Sohn wirklich nichts angehen, die vielleicht in den Intimbereich gehören, ganz sicher aber einen Teil der Privatsphäre darstellen.

Andererseits jedoch sind viele Eltern der Ansicht, alles, was ihre Kinder betrifft, gehe auch sie etwas an. Skrupellos durchwühlen sie die Taschen des Anoraks ihres Sohnes,

öffnen, ohne zu zögern, die Schreibtischschublade ihrer Tochter, lesen in Tagebüchern und stöbern in den kleinen Schatzkisten mit den ganz persönlichen Kostbarkeiten und Erinnerungsstücken.
Das hat nichts mit Interesse oder Besorgnis zu tun, das ist ganz einfach eine grobe Verletzung der Privatsphäre und stellt eine unerhörte Unhöflichkeit dar!
Kinder, die in ihrer Erziehung Vertrauen zu ihren Eltern gewonnen haben, werden mit wirklichen Problemen von ganz alleine zu Vater und Mutter kommen. Aber sie brauchen natürlich ihre kleinen Geheimnisse: Auch sie wollen nicht, daß die Eltern schonungslos alles über sie wissen.

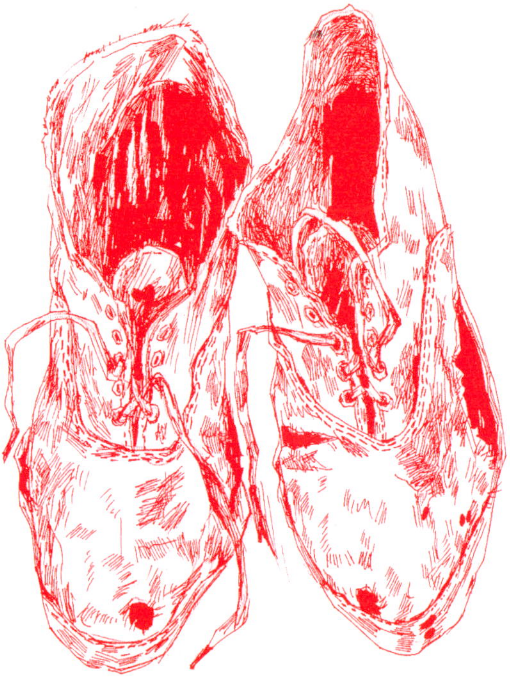

**Die »Räuberhöhle« – ein Streitpunkt ohne Ende**

Herr Schmitz – wieder sei der gute Mann exemplarisch für die Unhöflichkeit bemüht – ist es leid, seinem Ältesten immer wieder sagen zu müssen, er solle endlich einmal sein Zimmer aufräumen: Jedesmal über einen Berg aus zerfledderten Comicheften, ausgelatschten Turnschuhen, getragenen Pullovern und Mofaersatzteilen klimmen, nur um das Fenster an der gegenüberliegenden Wand öffnen zu können!
Was also tut Herr Schmitz in seiner Rage? In Abwesenheit seines Sprößlings marschiert er, bewaffnet mit diversen Mülltüten und -eimern, ins Zimmer des Sohnes und wirft alles, was sich ihm in den Weg stellt, kurzerhand weg!
Mit Verlaub, verehrter Herr Schmitz, so etwas tut man nicht!

*Wenn alle gutgemeinten Gespräche nicht helfen – wie wär's mit einer Demonstration? Halten Sie doch einfach auch mal die gleiche Unordnung im Haushalt wie Ihr Kind in seinem Zimmer…*

Genaugenommen sind hier gleich zwei gravierende Fehler im familiären Miteinander gemacht worden. Zunächst ist da der Sohn, der nicht auf seinen Vater gehört, der sich einfach über eine Anordnung des Erziehungsberechtigten hinweggesetzt hat. Auch wenn der äußerst autoritäre Spruch »Solange du deine Füße unter meinen Tisch stellst, tust du, was ich sage!« in dieser Form nicht mehr angebracht ist – etwas davon hat dennoch seine Gültigkeit behalten.
Kinder, ganz gleich welchen Alters, müssen sich in einem gewissen Rahmen ihren Eltern anpassen und fügen. In jeder Familie gibt es so etwas wie eine ungeschriebene Hausordnung, an die sich gefälligst jeder zu halten hat, um andere durch Egois-

mus oder Unbedachtsamkeit nicht mehr als nötig zu belästigen.
Der zweite Fehler war, daß Herr Schmitz nicht nur ungefragt und ungebeten das Zimmer aufgeräumt, sondern auch – und das wiegt viel schwerer – das persönliche Eigentum seines Sohnes durchwühlt und weggeworfen hat. Ein grober Verstoß gegen das Persönlichkeitsrecht!

## Die Vorratskammer ist kein Selbstbedienungsladen

Viele Kinder haben die unfeine Angewohnheit, wann immer ihnen danach ist, an den Kühlschrank oder in die Vorratskammer zu gehen, um sich dort zu bedienen. Das kann einfach unhöflich sein, im schlimmeren Fall aber auch die Planung für ein ausgeklügelt zusammengestelltes Menü durcheinanderwerfen.

***Kinder und Eltern sollten akzeptieren, daß jeder einen persönlichen Freiraum braucht, in dem andere nur begrenztes Mitspracherecht haben.***

Deshalb oberstes Gebot für Kinder: Wenn man etwas haben möchte, dann fragt man (und ist nicht gleich beleidigt, wenn man ein »Nein« zur Antwort bekommt!).

Bei einem »Suppenkaspar« hilft es manchmal, wenn man ihm statt des gewohnten, mit schönster Regelmäßigkeit abgelehnten Mittagessens einen Teller voll Gummibärchen vorsetzt mit den Worten: »Etwas anderes ißt du ja doch nicht«.

Vielleicht möchten die Eltern ja auch ganz einfach nicht, daß sich die Kinder vor dem regulären Mittagessen den Bauch vollschlagen. Welche Mutter kennt nicht das frustrierende Gefühl, sich beim Kochen die größte Mühe gegeben zu haben, und dann bleibt alles stehen, weil die Kinder schon satt sind. Daß sie sich da

zurückgesetzt und beleidigt fühlt, ist verständlich.

### Tischsitten

Tischsitten scheinen heutzutage gänzlich aus der Mode gekommen zu sein. Doch schon kleinen Kindern kann man beibringen, daß man nicht mit offenem Mund kaut. Sicher wäre es zuviel von ihnen verlangt, eine korrekte Reihenfolge bei der Benutzung des Bestecks einzuhalten – die Benutzung als solche aber sollte als selbstverständlich angesehen werden.
Weitere Tischsitten, die früh zu erlernen sind:

- Man greift erst zu, wenn alle am Tisch sitzen.

*Tischsitten besitzen eine lange Tradition und sind auch heute noch sehr sinnvoll – erleichtern sie doch das Zusammenleben.*

- Die Suppe zu schlürfen klingt unappetitlich.
- Man bedient sich nicht nach Lust und Laune aus den Schüsseln und Töpfen.
- Tischgespräche haben keine unästhetischen Inhalte.
- Mit vollem Mund spricht man überhaupt nicht.
- Lippen werden nicht am Ärmel, sondern an der Serviette abgewischt.
- Aufgestanden wird erst, wenn alle mit dem Essen fertig sind.

## Streiten will gelernt sein

Krach gibt's in den besten Familien, auch Eltern harmonieren nicht immer so perfekt, daß sie niemals miteinander streiten.
Dabei wird immer wieder der Fehler gemacht, Auseinandersetzungen vor den Kindern auszutragen. Natürlich darf und soll auch der Nachwuchs mitbekommen, daß nicht immer eitel Sonnenschein herrschen kann; aber ein Streit, egal, ob mit oder ohne Kinder, sollte immer fair und diszipliniert ausgetragen werden.
Auch hier gilt: Eltern können ihren Kindern entweder ein gutes oder aber ein schlechtes Beispiel geben.

### Strafgeld fürs Fluchen

Jerry Hall, die Ehefrau des »Rolling Stone« Mick Jagger, hat sich eine besonders ertragreiche Methode einfallen lassen, ihren Göttergatten für Töchterchen Elizabeth als gutes Beispiel hinzustellen: Micks heimliche Leidenschaft ist das Fluchen, was Elizabeth nur zu gern nachahm-

## Checkliste

- Betrachten Sie Ihren Ehepartner wirklich als Partner in allen Dingen?
- Benehmen Sie sich auch zu Hause so, wie Sie es als Gast bei anderen Leuten tun würden?
- Geben Sie sich Mühe, Ihre Liebe jeden Tag aufs neue zu beweisen?
- Sind Sie immer ehrlich zu Ihrem Partner?
- Zeigen Sie sich auch in der Familie so spendabel wie unter Freunden?
- Betrachten Sie Ihre Kinder als vollwertige Familienmitglieder mit allen Rechten und Pflichten?
- Können Sie Rücksicht nehmen, wenn Sie vom Rest der Familie bei einer Entscheidung überstimmt werden?
- Mischen Sie sich in die Privatsphäre Ihres Partners und der Kinder ein?

Bei aufmerksamem Durchlesen des zweiten Kapitels sollten Sie diese Fragen siebenmal mit Ja und einmal mit Nein beantwortet haben…

te. Um dies zu unterbinden, richtete Jerry Hall eine Strafkasse ein, in die für jedes »böse« Wort 1000 DM gezahlt werden müssen...

### Deine Freunde sind auch meine Freunde?

Kinder suchen sich oft Freunde aus, mit denen die Eltern nicht unbedingt einverstanden sind. Das müssen sie auch nicht!
Sehr wohl aber müssen sie begründen können, warum der oder die ihnen nicht gefällt. Ein barsches »Der kommt mir nicht in mein Haus!« ist unsachlich und unfair den Kindern gegenüber. Auf diese Art provoziert man nur Heimlichkeiten und Mißtrauen.

*Wissen wir denn, ob unsere Kinder all die Leute mögen, die wir so gerne zu uns einladen?*

Für die Freunde der Kinder wiederum gilt: In fremden Häusern benimmt man sich immer wie ein geladener Gast. Wer grußlos an den Eltern seines Freundes oder seiner Freundin vorbei im Kinderzimmer verschwindet, hat selbst sein Recht auf höfliche Behandlung verspielt. Er zeigt damit nur, daß seine Kinderstube nicht gerade die beste war.

### Mit Kindern zu Leuten ohne Kinder

Wenn ein junges Paar als erstes im Freundeskreis Nachwuchs bekommt, dann fühlt es sich oft sehr bald ausgegrenzt und geschnitten. Nichts ist mehr so wie früher, viele gemeinsame Abende entfallen, weil die jungen

Eltern sich um ihr Kleines kümmern müssen (es ist auch gar nicht so leicht, einen guten Babysitter zu finden). Manche Menschen mögen einfach keine Kinder – sei es wegen ihres Geschreis, ihres Geruchs oder aus sonst einem Grund; es bleibt einem nichts anderes übrig, als das so zu akzeptieren. Dementsprechend werden auch die Einladungen an die jungen Eltern seltener.

Nicht zuletzt läßt die anfängliche Euphorie der Freunde über den neuen Erdenbürger irgendwann nach. Eltern neigen dazu, ihre Gespräche nur noch um den Nachwuchs kreisen zu lassen. In ihrer Welt findet, zumindest in den ersten Monaten, kaum ein anderes Thema mehr Platz. Das ist selbstverständlich völlig natürlich und nachvollziehbar, für die Freunde aber bei ständiger Wiederholung eine ermüdende Angelegenheit.

*Kinderliebe läßt sich nicht erzwingen. Zumindest sollten junge Eltern aber daran denken, daß nicht alle ihre Bekannten nun ausschließlich über das Baby sprechen möchten.*

Selbstverständlich dürfen und sollen junge Eltern von ihrem Baby schwärmen. Auch das Herumreichen von Fotos und das Erzählen kleiner Anekdoten sind erlaubt. Aber alles in Maßen – es gibt schließlich auch noch andere Interessen. Absolut unhöflich anderen gegenüber ist es, sich eingehend über Details wie z.B. die Konsistenz des Windelinhaltes auszulassen.

Das Stillen in der Öffentlichkeit wird nach einer Umfrage immer ungezwungener akzeptiert, dennoch ist manchen Menschen der Anblick der entblößten Brust mit dem daran saugenden Baby peinlich. Eine stillende Mutter wird im allgemeinen jedoch mit Verständnis rechnen können.

# Tabus im Kreise der Familie

## Auch in der Familie gibt es Anstandsregeln

Innerhalb der eigenen vier Wände, im Kreise seiner Familie also, wirft so mancher alle guten Vorsätze und jeglichen Benimm über Bord. Man befindet sich ja in seinem Privatbereich, da muß man keine Regeln im Umgang mit Menschen beachten...
Warum eigentlich nicht? Sind denn die Verwandten, die Familienmitglieder, sind denn Ehemann, Ehefrau und Kinder nicht auch Menschen?

*»Das Gute – dieser Satz steht fest – ist stets das Böse, was man läßt.«*
(Wilhelm Busch)

Selbstverständlich haben auch sie das Recht, mit Höflichkeit, Taktgefühl und Respekt behandelt zu werden. Benimmregeln, die man in der Öffentlichkeit befolgt, sollten auch zu Hause Beachtung finden. Denn Unachtsamkeiten, die man im kleinen begeht, wachsen sich oft zu groben Fehlern im großen aus.

**Verhaltensmaßregeln in der Familie**

- Die Intimsphäre aller Familienmitglieder ist zu achten.
- Das »stille Örtchen« wird auch als solches betrachtet.
- Dinge, die zur Toilette gehören, werden niemals vor den Augen anderer verrichtet (z.B. sich am Küchentisch die Haare kämmen, sich im Beisein anderer – womöglich in der Küche oder abends vor dem Fernseher! – die Finger- oder Fußnägeln reinigen und schneiden).
- Man stürmt nicht einfach das Bad, wenn schon jemand darin ist.
- Man brüllt einander nicht an.
- Jedes Familienmitglied wird so behandelt, wie man selbst gern behandelt werden möchte.

Menschen, die diese Verhaltensmaßregeln beherzigen und ihre Familie mit dem nötigen Respekt behandeln, werden auch selbst die entsprechende Rücksichtnahme erfahren. Und nicht zuletzt lernt man im familiären Umkreis auf diese Weise für das Leben.

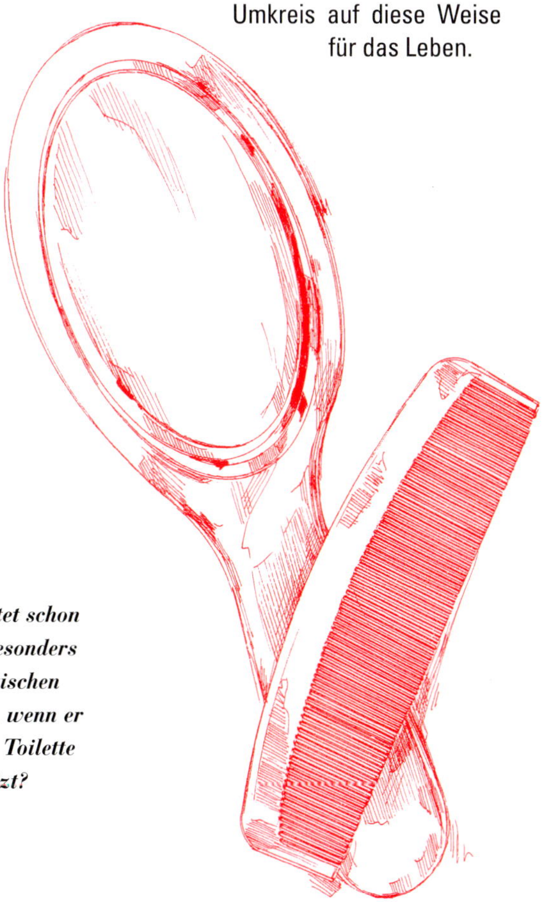

*Wer bietet schon einen besonders ästhetischen Anblick, wenn er auf der Toilette sitzt?*

*„Wenn sich 'de Famillich trifft,*
*kütt nur von allem et best'op de Tisch!*
*Dann wird jesunge, jeschwaad un*
*jelaach,*
*dat jit en herrlisch lange Naach...«*

(Bläck Fööß)

# Kapitel 3

# Feiern im Kreise der Verwandten

**Auf einen Blick**

**Wer lädt wen ein?**
Oma, Opa und der Pfarrer

**Welche Feste es zu feiern gilt**
Von der Taufe bis zur Hochzeit

**Tischordnungen**
Ehrenplatz und Katzentisch

**Geschenke**
Von Herzen in die Abstellkammer

# Ich lade euch ein, ihr ladet mich ein

## Gibt es »wichtige« Verwandtschaft und »unwichtige«?

*Eine korrekte Einladung ist wie eine Visitenkarte: Wer sie erhält, weiß gleich, woran er ist.*

Wer kennt das nicht: Ein Fest steht an, man sitzt an seinem Tisch und brütet darüber, wen man einlädt und wen nicht. Wie viele Bleistifte mögen bei solchen Überlegungen schon zerkaut, wie viele halbbeschriebene Blätter Papier zerknüllt in irgendeiner Ecke gelandet sein!

Beim Schreiben von Einladungen tun sich immer wieder Erinnerungen auf, die das ganze sonstige Jahr über in Vergessenheit geraten waren: Hein hat mich im vergangenen Jahr nicht zu seinem Geburtstag eingeladen – den streiche ich auf alle Fälle von der Liste! Tante Berta benimmt sich auf Partys immer so schrecklich daneben – die kann auch weg! Finchen muß ich unbedingt einladen – die läßt sich die Geschenke wenigstens »was kosten...«

*Beim Erstellen der Gästeliste zeigt sich, ob jemand wirklich höflich mit seiner Verwandtschaft umzugehen weiß.*

Wer seine Familie nicht gerade auf den engsten Kreis beschränkt, wird immer wieder solche oder ähnliche Überlegungen anstellen müssen. Gerade bei größeren Festen wie Hochzeit, Taufe oder runden Geburtstagen ist es oft notwendig – und kann auch Spaß machen! –, Verwandte einzuladen, denen man sonst vielleicht höchstens zu Ostern oder Weihnachten einmal eine Karte schreibt. Da spielen Dinge wie der allgemeine Familienfrieden ebenso eine Rolle wie ein gewisses Kalkül (zu wem möchte ich selbst irgendwann einmal eingeladen werden, von wem kann ich etwas erwarten?).

Wer aber gehört nun wirklich zu den »wichtigen« Onkeln und Tanten und wer nicht? Erinnern wir uns an das Märchen »Dornröschen« von den Gebrüdern Grimm: Die nicht eingeladene Person war es, die großes Unheil heraufbeschwor...

Denken Sie also schon beim Erstellen Ihrer Gästeliste daran, daß vielleicht diejenigen, die keine Einladung bekommen haben, enorm wichtig gewesen sein könnten.

## Nur Verwandte zur Familienfeier oder auch Freunde?

*Oma und Opa gehören eigentlich immer mit auf die Gästeliste. Auch wenn die Form dies nicht zwingend vorschreibt – erinnern wir uns doch einmal an all die lieben Besuche bei den beiden...*

Heute gibt es kaum noch eine Feier, deren Anlaß zwingend vorschreibt, ausnahmslos Verwandte einzuladen. Enge Freunde erwarten oft sogar, daß sie auch zu familiären Festen eine Einladung bekommen. Nicht umsonst sagt man oft: »Der oder die gehört schon richtig zur Familie!« Größtenteils richtet sich die Gästeliste nach dem Anlaß der Feierlichkeit.

### Telefonische oder schriftliche Einladung?

Verwandte und enge Freunde können in der Regel formlos telefonisch eingeladen werden. Jedoch sollte die Einladung mindestens eine Woche vor dem Fest erfolgen, damit die Gäste ihre Termine entsprechend planen können.

Schriftliche Einladungen sollten wenigstens 14 Tage vor dem Ereignis verschickt werden. Auch ist darauf zu achten, ob der Eingeladene oder seine Begleitung eventuell berufstätig ist. Meistens ist eine Teilnahme an Festen und Partys dann nur am Wochenende möglich.

Bitten Sie um kurze Mitteilung, ob die Einladung angenommen wird.

### Gästeliste für die Hochzeit

Die Hochzeit wird in der Regel von den Eltern der Braut ausgerichtet. Sie sind es auch, die nach Absprache mit dem Brautpaar die Gäste einladen.

Auf die Gästeliste einer Hochzeit gehören in jedem Fall:

- Beide Elternpaare des Brautpaares
- Geschwister der Brautleute
- Paten
- Großeltern
- Freunde, bei deren Hochzeit man selbst eingeladen war
- Der Geistliche, der die Trauung vorgenommen hat
- Trauzeugen
- Brautjungfern

**Gästeliste für die Taufe**

Die Taufe, zu der immer die Eltern des Täuflings einladen, wird oft im kleineren Rahmen gefeiert. Wichtige Gäste hierbei sind:

- Großeltern des Täuflings
- Paten des Täuflings
- Der Geistliche, der das Kind getauft hat (falls gewünscht)
- Geschwister des Täuflings

**Gästeliste für die Erstkommunion/ Konfirmation**

Bei der Erstkommunion bzw. der Konfirmation sollten sich die Eltern zusammen mit ihren Kindern überlegen, wer eingeladen werden soll. Überwiegend werden diese Feste im engeren Familienkreis abgehalten.

Auf die Gästeliste gehören:

- Eltern
- Großeltern
- Paten
- Geistlicher (falls gewünscht)

Daß bei einer Geburtstagsfeier in aller Regel das Geburtstagskind selbst einlädt, ist klar.

*Geburtstage kann man auf verschiedene Weise feiern. Der Wunsch des Jubilars sollte den Rahmen bestimmen.*

Ausnahmen werden nur bei Kindergeburtstagen gemacht. Hier sollten die Eltern zusammen mit ihren Kindern entscheiden, wer eingeladen wird. Denn nicht immer ist in einer durchschnittlichen Wohnung genug Platz für die gesamte Schulklasse und alle Freunde aus der Nachbarschaft. Auch sollte bei einem Kindergeburtstag die liebe Verwandtschaft nicht vergessen werden. Es gehört sich, die Paten des Kindes einzuladen sowie die Großeltern.

Onkel, Tanten, Cousins und Cousinen haben bei dieser Feier nicht unbedingt etwas zu suchen.

Eine weitere Ausnahme stellt die Überraschungsparty dar. Hierbei organisieren enge Freunde oder der Ehepartner des Jubilars eine Überraschungsparty für den Geburtstag. Aber Vorsicht: Vielleicht hat das Geburtstagskind selbst für den besonderen Anlaß bereits etwas geplant – unverhofft kann so die Überraschung in Enttäuschung umschlagen!

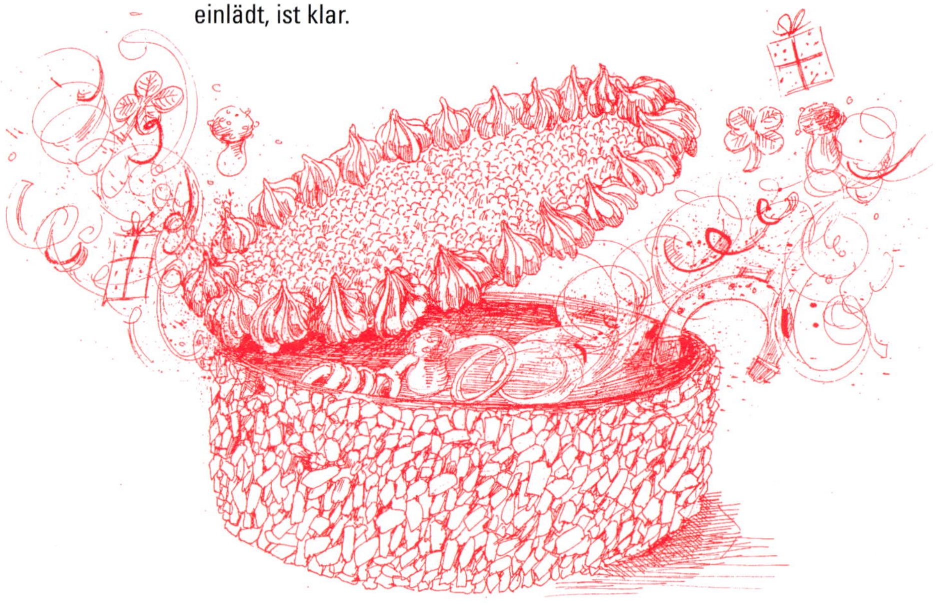

# Die traditionellen Familienfeste

Natürlich steht es jedem grundsätzlich frei, wann er was feiern möchte und wen er dazu einlädt. Einige Feste jedoch finden in der Regel in so großem Rahmen statt, daß es schlicht zum guten Ton gehört, dazu auch Familienangehörige einzuladen.

*Eine Familie, die regelmäßig zu den verschiedensten Festen zusammenkommt, weiß, daß ihre Bande nicht reißen.*

Schließlich sind Familienfeste ja nicht nur dazu da, Geschenke in Empfang zu nehmen. Vielmehr bieten sie Gelegenheit, alle Onkel und Tanten, Neffen und Nichten, Cousins und Cousinen mal wieder an einen Tisch zu bringen, zu feiern und miteinander zu reden, einander zu zeigen, daß man zusammengehört. Und Familienfeste bieten oft auch die Chance, alte Streitereien zu begraben, Mißverständnisse aus der Welt zu schaffen und lange nicht gesehene Verwandte in die Arme zu schließen.

## Die Taufe – eine Ausnahme unter den Familienfesten

In der Regel wird der neue Erdenbürger kurz nach seiner Geburt getauft. Schon von daher gibt es bei diesem Fest einige zu beachtende Ausnahmen, die es von allen anderen Familienfesten unterscheiden.

*Wann ein Kind getauft wird, hängt von vielen Faktoren ab: seinem Gesundheitszustand und dem seiner Mutter, Terminen der Gäste, Absprachen kirchlicherseits...*

Zwar ist die Hauptperson an diesem Tage der Täufling; da er jedoch auf Gästeliste, Ort und Verlauf der Feier keinen Einfluß nehmen kann, obliegen diese Dinge den Eltern.

Sie entscheiden, ob neben den Paten und den engsten Verwandten Freunde und Bekannte zur Feier eingeladen werden sollen. Die Taufzeremonie muß von den Eltern vorher mit dem Geistlichen abgesprochen werden. Hierbei gilt es zum Teil sehr unterschiedliche konfessionelle und örtlich bedingte Traditionen zu berücksichtigen.

### Die richtigen Taufpaten

Die Eltern sind es auch, die die Paten ihres Kindes auswählen. Dies sollte mit Bedacht geschehen. Früher war es üblich, Paten zu wählen, die im Falle des Todes der leiblichen Eltern den Täufling an Kindes Statt annehmen sollten. Heute bestimmt im Falle der Verwaisung ein Vormundschaftsgericht, wer das Kind künftig aufziehen soll. Die Eltern können jedoch testamentarisch festlegen, daß ihr Kind nach ihrem Tod in die Familie eines der Paten kommt.

Nicht zuletzt im Blick auf diesen (freilich eher seltenen) Fall sollen heute Paten den Eltern bei der Erziehung des Kindes mit Rat und Tat zur Seite stehen, den Täufling in christlichem Sinn positiv beeinflussen, ihn auch im späteren Leben als Ratgeber begleiten. Dies unterstreicht die Notwendigkeit der sorgsamen Wahl der Paten. Sie sollten enge Freunde oder Familienmitglieder sein, in etwa die gleichen Ansichten vom Leben haben wie die Eltern, selbst nicht zu alt und nicht bereits von mehreren anderen Patenkindern in die Pflicht genommen sein.

Einer alten Tradition entsprechend wird dem Täufling ein besonderes Taufkleid angezogen. Ob dies nun,

wie früher üblich, ein altes Familienerbstück ist oder ob es neu gekauft wurde, spielt heute keine so große Rolle mehr.
Die anschließende Feier muß nicht unbedingt im großen Rahmen abgehalten werden. Oft überfordert ein Restaurant oder Hotel schlicht die finanziellen Verhältnisse der Eltern – in diesem Fall tut es auch die heimische Wohnung (beim Erstellen der Gästeliste unbedingt den zur Verfügung stehenden Platz berücksichtigen!).

## Erstkommunion und Konfirmation

Am Tag ihrer Erstkommunion bzw. Konfirmation haben die Kinder und Jugendlichen meist schon recht genaue Vorstellungen, wie das Fest ablaufen soll und was sie geschenkt bekommen möchten. Natürlich aber sind auch diese Feste einer gewissen Ordnung und einigen Regeln unterworfen.
Eltern sollten ihre Kinder deshalb auf alle Fälle in die Vorbereitung der Feier mit einbeziehen. Zu Recht wäre ein Konfirmant beleidigt, stünde an seinem Freudentag z.B. ein Menü auf dem Speiseplan, das er nicht ausstehen kann (andererseits machen sich Pommes mit Ketchup an einem solchen Tag nicht so toll...).

*Bei der Erstkommunion bzw. der Konfirmation werden die jungen Christen offiziell in die kirchliche Glaubensgemeinschaft aufgenommen.*

### Die richtige Kleidung

Geladene Gäste werden zur Erstkommunion dem Anlaß entsprechend gekleidet sein. Früher war es Pflicht für männliche Konfirmanden, einen schwarzen Anzug zu tragen. Diese Regel wird heute lockerer gehandhabt. Selbst Pfarrer sehen ein, daß der Konfirmationsanzug bzw. das weiße Konfirmationskleid wahrscheinlich nur ein einziges Mal im Leben getragen wird und deshalb für manche Familien eine unnötige Ausgabe bedeutet. Saubere, ordentliche »Sonntagskleidung« erfüllt ihren Zweck ebensogut.
Die meisten Erstkommunionskinder können sich noch nicht schriftlich für ihre Geschenke und Glückwünsche bedanken. In diesem Fall obliegt es natürlich den Eltern, diese Aufgabe zu übernehmen. Anders verhält es sich bei Konfirmanden. Sie sind in der Regel schon älter, und es sollte selbstverständlich sein, daß sie sich bequemen, jedem Gratulanten nach der Feier einen schriftlichen Dank zukommen zu lassen.

## Verlobung – der erste Schritt zum Bund fürs Leben

Früher war es einmal üblich, daß hochzeitswillige Paare zunächst einmal eine angemessene Verlobungszeit miteinander verbrachten. Heute ist dieser Brauch vielfach aus der Mode gekommen, man heiratet recht schnell (und läßt sich leider fast ebenso schnell wieder scheiden!) oder lebt ohne Trauschein zusammen. In gewisser Weise ist eine Verlobungszeit heute entbehrlich, denn junge Leute prüfen sich ja meist, indem sie vor der Hochzeit schon zusammenwohnen. Trotzdem halten einige Paare an der Tradition einer Verlobung fest, man verlobt sich sogar wieder häufiger als noch vor einigen Jahren. Eine Verlobungsfeier eignet sich vorzüglich zum Kennenlernen der beiden Familien der Brautleute. Dem offiziellen Verlobungsempfang, der zumeist in einem Restaurant oder Hotel stattfindet (natür-lich ist ein Empfang in der privaten Wohnung ebenso angebracht), geht die traditionelle Verlobungsanzeige voraus. In dieser geben sowohl das Paar selbst als auch die Eltern die Verlobung bekannt. Ob die Verlobung öffentlich in der Zeitung bekanntgegeben wird oder ob sie an ausgewählte Personen schriftlich verschickt wird, richtet sich nach dem persönlichen Geschmack. Jedoch ist zu bedenken, daß eine Verlobungsanzeige nicht gleichbedeutend mit einer Einladung ist. Diese muß gesondert ausgesprochen werden oder schriftlich erfolgen. Formelle Verlobungen werden selbstverständlich in entsprechender Kleidung gefeiert, während eine im engsten Familienkreis abgehaltene Feier zu Hause eher zwanglos gestaltet werden darf. Wie auch immer das Fest ausgerichtet wird, ein »Relikt« gehört immer dazu: die Verlobungsringe!

*Verliebe dich oft, verlobe dich selten, heirate nie... Eigentlich schade, sich die Freude großer Feste entgehen zu lassen!*

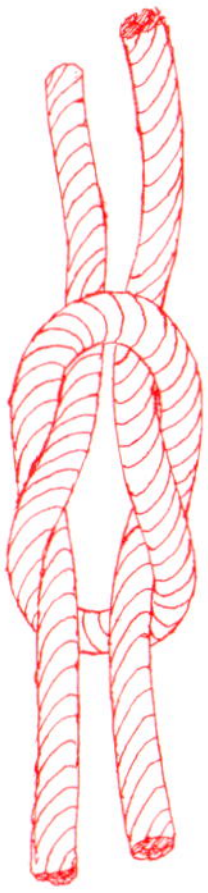

### FAMILIENFESTE

- Taufpaten sind so auszuwählen, daß das Kind auch in der Zukunft etwas von ihnen hat.
- Zur Konfirmation sollten die Kinder in die Vorbereitungen des Festes mit einbezogen werden.
- Eine Verlobungsanzeige ist nicht zwingend gleichbedeutend mit einer Einladung zur Feier.
- Beim Polterabend sollte nur mit dem traditionellen Porzellan gepoltert werden.
- Zur Hochzeit darf ausnahmslos die Braut ganz in Weiß erscheinen.

**Die Verlobungsringe**

Nach wie vor ist es bei den silbernen oder goldenen Ringen üblich, die Namen sowie das Datum der Verlobung eingravieren zu lassen. Traditionell wird der Verlobungsring am Ringfinger der linken Hand getragen (auch wenn es heute in Mode gekommen ist, ihn an einem Kettchen um den Hals baumeln zu lassen oder den kleinen Finger damit zu schmücken). Viele Paare kaufen sich später zur Hochzeit keine neuen Ringe. In diesem Fall wechselt der Verlobungsring von der linken zur rechten Hand.

## Polterabend – jetzt kracht's!

Da es bei einem Polterabend in aller Regel recht hoch hergeht, gibt es für dieses Ereignis natürlich keine strenge Kleiderordnung. Jedoch ist es Brauch, daß keine der Damen in Weiß erscheint. Auch gibt es noch einige weitere Bräuche, die regional unterschiedlich sein können und die es zu beachten gilt.

*Vor der Hochzeit gilt es noch den Polterabend zu überstehen...*

Der Junggesellenabschied stellt für den zukünftigen Ehemann einen echten Härtetest dar. All seine Freunde versammeln sich, um ihn gebührend auf sein Dasein als Familienvater vorzubereiten. Häufig fließt dabei Alkohol in Strömen, weswegen einige junge Männer diesen Brauch heute nicht mehr pflegen.

Um »böse Geister« zu vertreiben und dem jungen Paar einen möglichst »scherbenfreien Lebensweg« zu bereiten, wird bei einem Polterabend viel altes Geschirr zerschlagen. Dies ist allein Aufgabe der Gäste, die übrigens nicht eingeladen werden müssen: Zu einem Polterabend darf grundsätzlich jeder kommen. Das Brautpaar hat nun die Aufgabe, gemeinsam die Straße zu fegen, bildlich gesehen, seine Zukunft von den »Scherbenhaufen des Lebens« zu befreien.

Beim Poltern darf übrigens kein Glas zu Bruch gehen – dies würde wiederum Unglück bringen.

**Ein teurer Spaß!**

Vielfach wird heute dazu übergegangen, anstelle von altem Porzellan ganze Toilettenschüsseln, Wagenladungen voll alter Dachziegel, Hunderte von Bierdeckeln oder Säcke voll Papierschnipsel zu »poltern«. Dies entspricht nicht unbedingt dem althergebrachten Brauch und schafft oft nur Verdruß. Spätestens am nächsten Morgen muß das Brautpaar durch die Nachbargärten klettern, um all die nassen Papierschnipsel wieder einzusammeln. Außerdem muß unter Umständen ein Müllcontainer angefordert werden, weil die Scherbenhaufen mit dem normalen Hausmüll nicht mehr zu entsorgen sind – ein kostspieliges Unternehmen! Besser bleibt man bei alten Tellern und Tassen, um den ohnehin schon strapazierten Geldbeutel der Brautleute nicht noch mehr unnötig zu belasten.

## Nach dem Krach die Hochzeit

Die Hochzeit ist für die meisten Menschen das Ereignis ihres Lebens schlechthin. Sie gehört ganz sicher zu den wichtigsten Familienfesten, der »Bund fürs Leben« soll ja seinem Namen gerecht werden.

Der Traum vieler junger Frauen ist noch immer die berühmte »Hochzeit in Weiß«! Die Erfüllung dieses Wunsches setzt nicht unbedingt voraus, daß kirchlich geheiratet wird. Auch bei einer rein standesamtlichen Trauung ist ein weißes Brautkleid durchaus angebracht.

Die Hochzeitsfeier sollte grundsätzlich immer so gestaltet werden, daß das Brautpaar sich noch Jahre danach gerne an dieses Ereignis erinnert. Dabei muß es jedem selbst überlassen sein, ob das Fest im großen Rahmen mit der gesamten Familie und allen Freunden gefeiert werden soll oder ob vielleicht ausschließlich die Trauzeugen zum Essen eingeladen werden. Ganz bestimmt aber eignet sich gerade eine Heirat zu einem wirklich großen Familienfest, an dem auch die teilhaben sollen, zu denen sonst kein so enger Kontakt besteht.

*»Zum Zustandekommen einer Ehe gehören selbstverständlich zwei Personen: die Braut und ihre Mutter.«*
*(Joey Adams)*

In alten Zeiten waren es die Eltern des jungen Mannes, die auch in finanzieller Hinsicht dafür sorgen mußten, daß ihr Sohn eine ordentliche Schulbildung und Lehre erhielt, damit er später einmal mit seinem Beruf eine Familie ernähren konnte. Im Gegenzug war es die Pflicht des Brautvaters, die Hochzeit des Paares zu bezahlen. Heute verdienen die Heiratswilligen meist selbst genügend Geld, weswegen von diesem Brauch inzwischen häufig Abstand genommen wird.

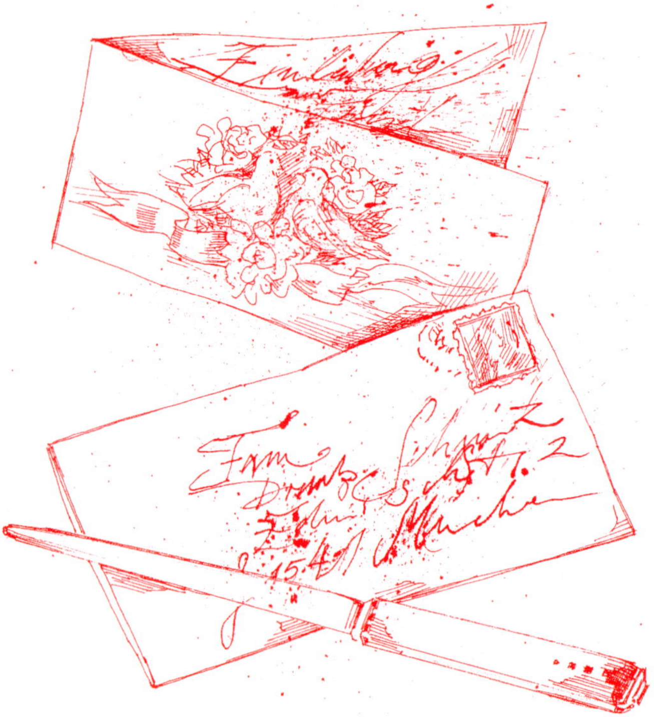

Für Anzeigen und Einladungen zur Hochzeit gelten grundsätzlich die gleichen Regeln wie für die Verlobung. Allerdings sollte in der offiziellen Hochzeitsanzeige darauf hingewiesen werden, welchen Namen das Paar künftig trägt.

*Zwischen Trauung und Hochzeitsfest sollte so viel Zeit liegen, daß die Gäste unter Umständen Gelegenheit haben, sich umzuziehen.*

**Standesamtliche und kirchliche Trauung**

Die standesamtliche Trauung (vom Ehegesetz her muß diese übrigens der kirchlichen Trauung vorangehen) findet meistens in eleganter Kleidung statt. Das heißt nicht, daß es unbedingt das weiße Hochzeitskleid und der Frack sein müssen. Allerdings sollte hier im voraus eine Absprache mit den Trauzeugen und den Gästen erfolgen. Es macht sich schließlich nicht besonders gut, wenn alle außer dem Brautpaar selbst in Festtagskleidung erscheinen.

Ob dann nach dem Standesamt gleich der Kirchgang folgt oder ob einige Tage (manchmal gar Wochen und Monate) zwischen beiden Zeremonien liegen, bleibt den persönlichen Wünschen und den finanziellen Erwägungen des Brautpaares überlassen.

Wird zur Hochzeit ein größeres Familienfest ausgerichtet, so gilt es selbstverständlich auch hierbei gewisse Regeln und Ordnungen zu berücksichtigen.

Die Hochzeitsgesellschaft sollte sich so kleiden, wie es Braut und Bräutigam gefällt. Nicht immer ist es notwendig, die Kleidung, die in der Kirche getragen wurde, auch beim späteren Fest anzubehalten.

**Dem Hochzeitspaar nicht die Schau stehlen!**

Unbedingt sollte darauf geachtet werden, daß die Kleidung der Gäste nicht allzu auffällig gestaltet ist. Der Hollywoodstar Raquel Welch stahl bei der Hochzeit ihres Sohnes Damon ihrer zukünftigen Schwiegertochter auf höchst unerfreuliche Art die Schau. Zum einen fand sie sich erst zehn Minuten nach der Braut in der Kirche ein, viel schlimmer aber war, daß sie in einem aufreizend engen schwarzen Minikleid erschien und so die Aufmerksamkeit sämtlicher geladenen Gäste auf sich zog.

Nachdem alle Gäste ihren Platz am Hochzeitstisch gefunden haben, ge-

bührt dem Geistlichen das erste Wort. Nach ihm darf (muß?) der Brautvater eine Rede halten, anschließend der Vater des Bräutigams.
Oft ist eine Hochzeitsfeier mit Tanz nach dem Essen verbunden. Selbstverständlich gehört nach wie vor der erste Tanz dem Brautpaar, erst dann dürfen auch die anderen Gäste das Parkett »stürmen«.

**Die »Brautentführung«**
In einigen Gegenden ist die »Brautentführung« üblich. Hierbei laufen meistens enge Freunde oder auch Brüder des Bräutigams in einem unbeobachteten Moment mit der Braut davon und ziehen von einer Gaststätte zur anderen. Der Bräutigam muß nun versuchen, seine Frau wiederzufinden. Und selbstverständlich obliegt es ihm, die Rechnungen in den Gaststätten zu zahlen.

*Das Brautpaar eröffnet den Tanz – auch heute meist noch mit einem Walzer.*

Nach der Hochzeit möchten viele Jungvermählte nichts weiter als »auf und davon«. Dieser Wunsch ist verständlich; eine Hochzeitsreise ist ja schließlich etwas, woran man sich sein ganzes Leben lang gern erinnern möchte. Ob das Brautpaar sich noch während der Hochzeitsfeier klammheimlich aus dem Staub macht oder ob es eine Zeitlang wartet, ehe es auf Reisen geht, muß ihm selbst überlassen werden.
Für alle Brautpaare aber ist es eine Pflicht, sich spätestens nach der Heimkehr von der Hochzeitsreise bei den Gästen schriftlich für Glückwünsche und Geschenke zu bedanken.

## Die klassische Anordnung der Gäste bei Tisch

### Wem gebührt der Ehrenplatz, wer sitzt daneben?

Egal, ob Taufe, Erstkommunion oder Hochzeit – bei jedem größeren Familienfest ist es wichtig, eine korrekte Tischordnung zu planen und einzuhalten. Da gibt es stets eine Hauptperson, der natürlich ein Ehrenplatz zusteht, und da gibt es eher »Randfiguren«, die im Grunde genommen sitzen können, wo sie wollen.

Bei einer Taufe steht eigentlich dem Täufling der Ehrenplatz zu. Da dieser aber höchstwahrscheinlich noch nicht alleine sitzen kann, darf er auf dem Arm der Mutter den Ehrenplatz einnehmen. Neben der Mutter sitzt zur Linken der Vater, rechts von ihr der Geistliche, der die Taufe vorgenommen hat. An der Seite des Vaters und des Geistlichen nehmen die Taufpaten Platz. Erst an deren Seiten sitzen die jeweiligen Großeltern.

*Ein gutes Mahl in geselliger Runde, ein gutes Glas Wein und eine gute Unterhaltung – was braucht der Mensch mehr zum Leben?*

Der Ehrenplatz eines Konfirmanden bzw. eines Erstkommunionskindes gebührt natürlich dem Kind selbst. Neben ihm sitzen die Eltern, dann die Paten.

Bei einer Hochzeit ist es wieder etwas anders. Selbstverständlich nehmen die Brautleute den Ehrenplatz ein. An der Seite der Braut sitzt der Vater des Bräutigams, an der des Bräutigams die Brautmutter. Dann folgen die Trauzeugen. Nach einer kirchlichen Trauung nimmt der Geistli-

## Ehrenplatz bei Tisch

Bei jedem Fest steht der Hauptperson ein Ehrenplatz am Kopfende des Tisches zu.

- Taufe: der Täufling auf dem Arm der Mutter.
- Konfirmation/Kommunion: der Konfirmand bzw. das Kommunionskind.
- Hochzeit: die Brautleute.
- Geburtstag: der Jubilar.

che den Platz ein, der dem Brautpaar gegenüberliegt.

### Tips für die Tischordnung

- Wählen Sie bei Familienfesten die Tischordnung so, daß alle Gäste sich miteinander unterhalten können. Jüngere Gäste sollten in der Regel am Ende des Tisches Platz finden.
- Lassen die Verhältnisse es nicht zu, alle Gäste an einem Tisch unterzubringen (vor allem bei Festen in der privaten Wohnung), behelfen Sie sich mit dem berühmten »Katzentisch«.

*Vorbereitete Platzkärtchen zeigen jedem Gast sofort, wo er sich niederlassen darf. Außerdem können sie später eine hübsche Erinnerung an den Freudentag sein.*

- Bringen Sie also die Kinder, möglichst unter der Aufsicht eines Älteren, an einem gesonderten Tisch unter. Das ist in vielerlei Hinsicht praktisch. So müssen die Kleinen nicht darauf achten, daß sie sich piekfein benehmen; den Gastgebern ihrerseits bleibt es erspart, daß ihr wertvolles Tischtuch durch kleine Mißgeschicke der Jüngsten ruiniert wird. Außerdem herrscht am Tisch der Erwachsenen eine ruhigere Atmosphäre, die Gespräche werden nicht durch nörgelnde Kinder immer wieder unterbrochen.

# Wem schenke ich was?

**Es ist gar nicht so einfach, richtig zu schenken**

Schenken ist nach wie vor eine Kunst. Wie oft haben wir alle schon etwas geschenkt bekommen, was wahrscheinlich von Herzen kam, aber trotzdem so unpassend war, daß wir beim besten Willen nichts damit anfangen konnten. Da gab es das Ölbild von der Zigeunerin mit dem tiefen Dekolleté, das nach Meinung von Onkel Franz »so gut über eure Wohnzimmergarnitur paßt«. Oder das moderne Poster von dem Sportwagen in grellen Neonfarben – das Präsent eines Halbwüchsigen an seine Großmutter. Immer wieder gern geschenkt werden auch Zierkerzen, verschnörkelte Bilderrahmen, Holzschnitzereien aus dem Riesengebirge oder warme Pullover aus Kunstfaser.

Bei allem Dank, der den edlen Spendern sicherlich gebührt – oft sind die Geschenke so unpassend und geschmacklos, daß sie doch nur in der Rumpelkammer landen und bestenfalls vor einem nahenden Besuch des großzügigen Gebers wieder hervorgekramt werden. Da ist es doch wesentlich besser, sich schon vorher zu erkundigen, was gewünscht oder gebraucht wird. Das muß ja nicht immer auf die plumpe Art geschehen.

Oft reicht es schon aus, einfach mal bei einem Gespräch ganz genau zuzuhören. Da kann schon so mancher Wunsch wie nebenbei ausgesprochen werden, auf den man dann im passenden Moment reagiert. Oder man achtet einmal bei einem Besuch darauf, was im Haushalt noch fehlt. Nachfragen bei engen Freunden oder dem Partner des zu Beschenkenden können wertvolle Geschenktips bringen.

*»Schenke, vergiß es – und es wird zu dir zurückkommen!«*
(Heinz Rühmann)

Geschenke, die wirklich von Herzen kommen, die mit Sorgfalt und Bedacht ausgewählt wurden, an denen auch ein »Tropfen Herzblut« des Schenkenden klebt, sind gewissermaßen für die Ewigkeit, sie bereiten Freude und werden immer als schöne Erinnerung angesehen.

*Das beste Geschenk ist immer das, welches man selbst gern besitzen würde…*

Grobe Fehler werden immer wieder bei Geschenken für Kinder und Jugendliche gemacht. Ein Zweijähriger wird wohl kaum etwas mit einem Puzzle mit 1000 Teilen anfangen können, während ein Roman von Dostojewskiy nicht unbedingt etwas für eine 15jährige sein dürfte.

Zur **Taufe** eines Kindes sollte man nie einen himmelblauen oder rosaroten Strampelanzug (Rüschenmützchen, Stricksöckchen, selbstgehäkelte Fäustlinge etc.) schenken. Das Kind selbst hat nichts davon, es ist bald aus den Sachen herausgewachsen und wird sich mit Sicherheit nicht an das Geschenk erinnern können. Besser eignet sich z.B. ein silberner Löffel, eine Goldmünze oder ähnliches.

Kleinkinder wünschen sich oft etwas Großes zum Spielen. Das kann ein Teddy sein oder ein rosaroter Elefant von der Kirmes. Aber natürlich sollte das Geschenk nicht so groß sein, daß das Kind gleich Angst davor bekommt…

**Schulkindern** einen neuen Füllfederhalter zu schenken, ist schon fast eine Frechheit. Selbst wenn sie ihn wirklich gebrauchen könnten – Schulutensilien wecken nun nicht gerade die Begeisterung. Für Kinder dieses Alters eignen sich eher Gesellschaftsspiele (das Alter, ab dem das jeweilige Spiel geeignet ist, steht auf dem Karton), Abenteuerbücher, Sportgeräte oder ein schickes Kleidungsstück (vorher mit den Eltern absprechen!).

Am leichtesten dürfte die Wahl des Geschenkes wohl bei **Verlobungen und Hochzeiten** fallen, wenn das junge Paar gerade dabei ist, einen Haushalt zu gründen. Auch hierbei sind Absprachen sehr hilfreich. Kein Paar, das sich gerade anschickt, sein gemeinsames »Nest« einzurichten, möchte mit vier Küchenmaschinen, zwei Staubsaugern und sieben Kuckucksuhren aus dem Schwarzwald beschenkt werden.

*Auch Geld läßt sich fantasievoll verschenken, z.B. in Form von Fünfmarkscheinen als Collage in einem Bilderrahmen, als »Geldbaum«, bei dem an einigen Zweigen Banknoten als Blätter befestigt wurden, oder als Kalender, dem Geldscheine als Sonntage dienen.*

Heute ist es allerdings beinahe die Regel, daß Paare vor ihrer Hochzeit schon eine gemeinsame Wohnung haben, also auch entsprechend eingerichtet sind. In diesem Fall ist es nicht unhöflich, ein Geldgeschenk zu überreichen.

### Privates statt Praktisches schenken!

Der Ihnen bereits bekannte Herr Schmitz hat es sich zur Gewohnheit gemacht, seiner Frau zu jedem Anlaß etwas Praktisches für den Haushalt zu schenken: zum Geburtstag eine gußeiserne Pfanne (die wünscht sie sich ja schon sooo lange!), zum Hochzeitstag eine witzige Haushaltsschürze und dazu ein Paar Kochfäustlinge (damit sie sich an der Pfanne nicht die Finger verbrennt...), zum Namenstag einen neuen Aufsatz für die Küchenmaschine (jetzt kann sie den Kuchenteig viel schneller kneten) und zu Weihnachten ein neues Bügeleisen (das alles fast von alleine bügelt).

Lieber Herr Schmitz! Ihre Geschenke sind bestimmt gut gemeint, und sie kommen sicher von Herzen. Ihrer

*Seiner Frau sollte man auch mit den Geschenken zeigen, daß man sie nicht nur als Hausfrau sieht.*

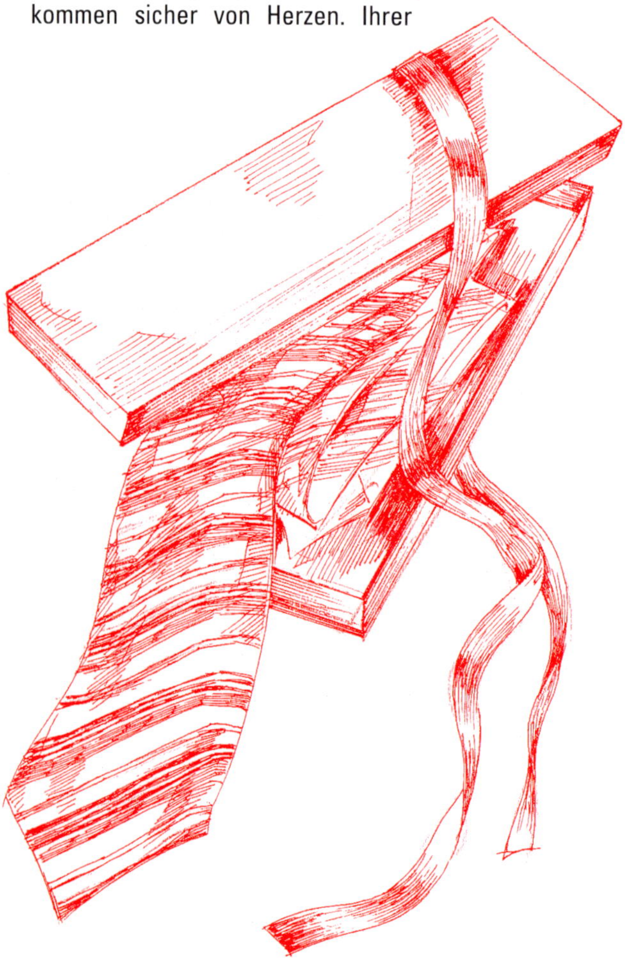

Gattin aber zeigen sie, daß sie für Sie kaum mehr als eine Küchenkraft ist. Wie wär's denn mal mit etwas Persönlichem? Einer Woche Urlaub vielleicht, einem schicken Kleid, etwas Parfüm?

Vielleicht macht Herr Schmitz mit schönster Regelmäßigkeit diese Fehler beim Schenken, weil er es einfach nicht anders kennt. Er selbst bekommt von seiner Frau (ja, Frau Schmitz, auch Sie sollen hier nicht ganz ungeschoren davonkommen!) zum Geburtstag stets ein Paar neuer Unterhosen und alle zwei Jahre neue Pantoffeln. Zu Weihnachten liegt jedes Jahr, hübsch eingepackt, ein neuer Schlips auf dem Gabentisch. Von Freunden und Bekannten erhält Herr Schmitz zu jedem Fest eine Flasche Schnaps (oft exotische Getränke, die selbst Herr Schmitz nie anrührt), von der lieben Verwandtschaft eine Kiste Zigarren (obwohl mittlerweile wirklich jeder wissen müßte, daß Herr Schmitz Zigarren nicht ausstehen kann!).

Zum Abschluß möchte ich noch kurz auf eine Unsitte eingehen, die gerade in jüngster Zeit immer weiter um sich greift und zum Teil schon erschreckende Ausmaße angenommen hat: Es geht um Geschenkgutscheine!

Ganz bestimmt ist ein Gutschein noch immer um Klassen besser, als dem zu Beschenkenden einfach Bargeld ohne jedes schmückende Beiwerk in die Hand zu drücken – von viel Phantasie zeugt dies gewiß nicht! Natürlich freuen sich gerade Jugendliche oft darüber, wenn sie Geld oder eben jenen Gutschein geschenkt bekommen, den sie dann in einem Geschäft ihrer Wahl einlösen dürfen. Meistens aber wird er nicht eingelöst, weil es zuviel Mühe macht (könnte da gar die eiskalte Berechnung des großzügigen Spenders dahinterstecken?).

*Ein Gutschein für eine gemeinsame Unternehmung (z.B. eine Einladung zum Frühstück) macht diese Art des Schenkens persönlich.*

Der Gutschein demonstriert auch, daß der Schenkende sich nicht besonders viel Mühe gegeben hat. Er hat sich nicht erkundigt, was der Betreffende sich wünscht, zeigt im Grunde genommen sein Desinteresse der Person gegenüber. Da wäre es schon besser, etwas Kurioses, Witziges, vielleicht sogar vollkommen Sinnloses zu schenken – zeugt es doch zumindest davon, daß man sich Gedanken gemacht hat.
Schenken ist eine Art dreidimensionaler Freundschafts- oder Liebesbeweis, der ein hohes Maß an phantasievoller Zuneigung erfordert. Wer ungern schenkt, wer berechnend schenkt, wer sich bei seinen Geschenken keine Mühe geben will – der sollte es lieber gleich bleibenlassen und sich darauf einstellen, irgendwann selbst nicht mehr beschenkt zu werden. Schenken sollte man immer mit Freude!

## Richtig schenken

- Wählen Sie Ihre Geschenke immer passend zum Beschenkten aus.
- Beweisen Sie bei der Auswahl Geschmack und Phantasie.
- Praktische Geschenke für den Haushalt können auch eine Beleidigung sein.
- Überlegen Sie vor dem Kauf genau, ob der Beschenkte mit Ihrem Geschenk auch etwas anfangen kann.
- Überschätzen Sie niemals Ihre eigenen handwerklichen oder künstlerischen Fähigkeiten.
- Geldgeschenke können nett und phantasievoll verpackt werden.
- Schnöde Gutscheine zeugen nicht von großer Phantasie, sind aber immer noch besser, als gar nichts zu schenken.

*„Wer nur voll Gram daheime sitzt,*
*fernab von Freunden und Musik,*
*wer um sich Stille schafft wie's kalte Grab,*
*der ist ein armer Tropf.*
*Doch wer zu feiern weiß, der weiß zu leben.*
*Und wer versteht das Leben, der weiß, wie es*
*zu feiern ist.«*

(Raphael van den Tand)

## Kapitel 4

# Der Gast ist König

**Auf einen Blick**

**Offizielle Einladungen**
Karten und Formen

**Tischordnung**
Links und rechts und runder Tisch

**Servieren**
Messer, Gabel, Hauptgericht

**Gastgeschenke**
Blumenschmuck und Marmelade

**Danksagungen**
Gefeiert und vergessen

# Die formelle offizielle Einladung

## Die Form bestimmt den Standard

Vieles von dem, was im vorigen Kapitel behandelt wurde, findet auch hier wieder Beachtung. Offizielle Festlichkeiten sind denen im großen Familienkreis nicht unähnlich, jedoch gibt es einige Unterschiede, die zu berücksichtigen sind. Feinheiten, die im privaten Kreis unwichtig sein mögen, können auf einer offiziellen Feier ein unabdingbares Muß darstellen.

*Eine offizielle Einladung zu erhalten ist, als ob man eine Ehrenurkunde überreicht bekommt.*

Beginnen wir mit der Einladung.
Die Form der privaten Einladung kann im Grunde genommen so gewählt werden, wie es dem Gastgeber gefällt. Ob schriftlich, mündlich, standardisiert oder der Phantasie freien Lauf lassend – dem persönlichen Geschmack des Einladenden sind keine Grenzen gesetzt.
Anders verhält es sich hingegen bei offiziellen Einladungen. Hier gilt es Formen einzuhalten, die dem Gast Respekt zollen und ihm zeigen, daß er gern gesehen ist.

*Die Einladungskarte ist Visitenkarte des Gastgebers.*

**Was eine offizielle Einladung enthalten muß**

- Wer einlädt.
- Welcher Anlaß gefeiert wird.
- Wann und wo die Feier stattfindet.
- Wohin eine Antwort gerichtet sein muß.
- Welche Form die Antwort haben soll.
- Welche Kleidung erwünscht ist.

Vorgedruckte Einladungskarten, die diese Angaben enthalten, gibt es in jedem gutsortierten Schreibwarengeschäft. Besser aber wirkt es, die Einladungen auf persönlichen Karten drucken zu lassen.

**So gestalten Sie die persönliche Einladungskarte**

- Geben Sie nicht unbedingt das billigste Papier in Auftrag. Es sollte schon ein stabiler Karton im DIN-A5-Querformat sein, der an den Rändern gewellt oder aus Büttenpapier hergestellt sein darf.
- In die Mitte der obersten Zeile gehört der Name des Gastgebers bzw. die Namen der Gastgeber, etwas kleiner darunter die Formulierung »bitten« oder »beehren sich«.

- Dann folgen zwei Leerzeilen, die durch gepunktete oder gestrichelte Linien gekennzeichnet sind. Auf diese Linien schreibt der Gastgeber handschriftlich (am besten formvollendet mit einem nichtklecksenden Füllfederhalter) den oder die Namen der Eingeladenen. (Die einzige Ausnahme bilden hier geschäftliche Einladungen oder solche, die zu einem sehr großen Fest einladen. Dann schreibt der Gastgeber nicht selbst die Karten, sondern beauftragt z.B. seine Sekretärin damit. Diese darf sämtliche nicht vorgedruckten Angaben mit der Schreibmaschine einsetzen.)
- Die dritte Druckzeile beginnt mit einem »zu«, dem wieder drei gepunktete oder gestrichelte Linien folgen. Auf diesen wird (wieder handschriftlich) der Anlaß des Festes vermerkt.
- Die sechste vorgedruckte Zeile besteht aus zwei Teilen. Der erste beginnt mit einem »am«, hinter dem das Datum von Hand eingetragen wird. Der zweite Teil der sechsten Zeile beginnt mit einem »um«, dem die Uhrzeit folgt, ebenfalls handschriftlich.
- Auch die siebte und letzte Zeile ist halbiert. Links findet ein gedrucktes »U.A.w.g.« (Um Antwort wird gebeten) Platz. Handschriftlich folgt, bis wann der Gast antworten und wohin seine Antwort gerichtet sein soll (also Telefonnummer und Adresse des Gastgebers).

Aus praktischen Gründen und um es dem Gast etwas leichter zu machen, kann man der Einladung auch gleich eine gedruckte Rückantwortkarte beifügen, die alle Angaben der »U.A.w.g.«-Zeile sowie eine Zeile für den Namen des Gastes enthält.

- Gelegentlich enthalten vorgedruckte Karten aus dem Schreibwarenhandel heute noch in der siebten Zeile den Vermerk »R.s.v.p.« (Répondez s'il vous plaît). Diese Abkürzung aus dem Französischen bedeutet nichts weiter, als daß um Antwort gebeten wird.

## Schriftliche Einladungen

- Schriftliche Einladungen sind verbindlich, sie bleiben dem Gast besser im Gedächtnis haften.
- Ganz persönlich gestaltete Einladungskarten sind besser als vorgedruckte.
- Die Form der Einladungskarte muß eingehalten werden.
- Der eingeladene Gast sollte immer in einem angemessenen Zeitraum antworten.

***Neben dem Vermerk der Bitte um Antwort kann auch die Adresse des Gastgebers bereits vorgedruckt werden.***

**Muster Einladungskarte**

*Fritz Fleiß und Franziska Fleiß*
*bitten*
*Herrn und Frau Hubert Schmitz*

| | |
|---|---|
| *zur* | *Einweihung ihres neuen Hauses* |
| *am* | *10. Januar 1995* |
| *um* | *19.00 Uhr* |
| *U.A.w.g. bis* | *1. 1. 1995 Stuttgart, Baustraße 12* |

Sind die Einladungskarten schon einige Zeit vor dem Fest verschickt worden (vier bis fünf Wochen vorher), so empfiehlt es sich, kurz vor dem Ereignis noch einmal Erinnerungskarten mit den entsprechenden Angaben zu verschicken. Diese müssen natürlich nicht ganz so formell sein. Oft enthalten Erinnerungskarten den Vermerk »p.m.«, was auf französisch »pour memoire« heißt und übersetzt »zur Erinnerung« bedeutet. Eines sollte bei Einladungen, egal, ob privater oder offizieller Natur, auf alle Fälle vermieden werden: die Unsitte, anstelle des gedruckten oder handgeschriebenen Namens der Gastgeber einen Adreßaufkleber anzubringen. Diese unförmigen Dinger sind meistens häßlich und zeugen nicht unbedingt vom guten Geschmack des Einladenden.

*Bei Einladungen muß man rechtzeitig zu- oder absagen, damit der Gastgeber entsprechend planen kann.*

## Pünktlichkeit ist Höflichkeit

Ein Gastgeber darf von seinen Gästen erwarten, daß sie pünktlich sind. Natürlich kann es immer mal passieren, daß etwas dazwischenkommt. Ist eine Unpünktlichkeit bereits vorher abzusehen, so gehört es sich, den Gastgeber rechtzeitig davon in Kenntnis zu setzen. Wird man kurzfristig aufgehalten (erkranktes Kind, Defekt am Auto etc.), schickt sich ein Anruf beim Gastgeber. An ihm liegt es dann, ob er auf den verspäteten Gast wartet oder ob er den anderen Gästen bereits das Essen serviert (was aus Höflichkeit ihnen gegenüber durchaus angebracht sein kann).

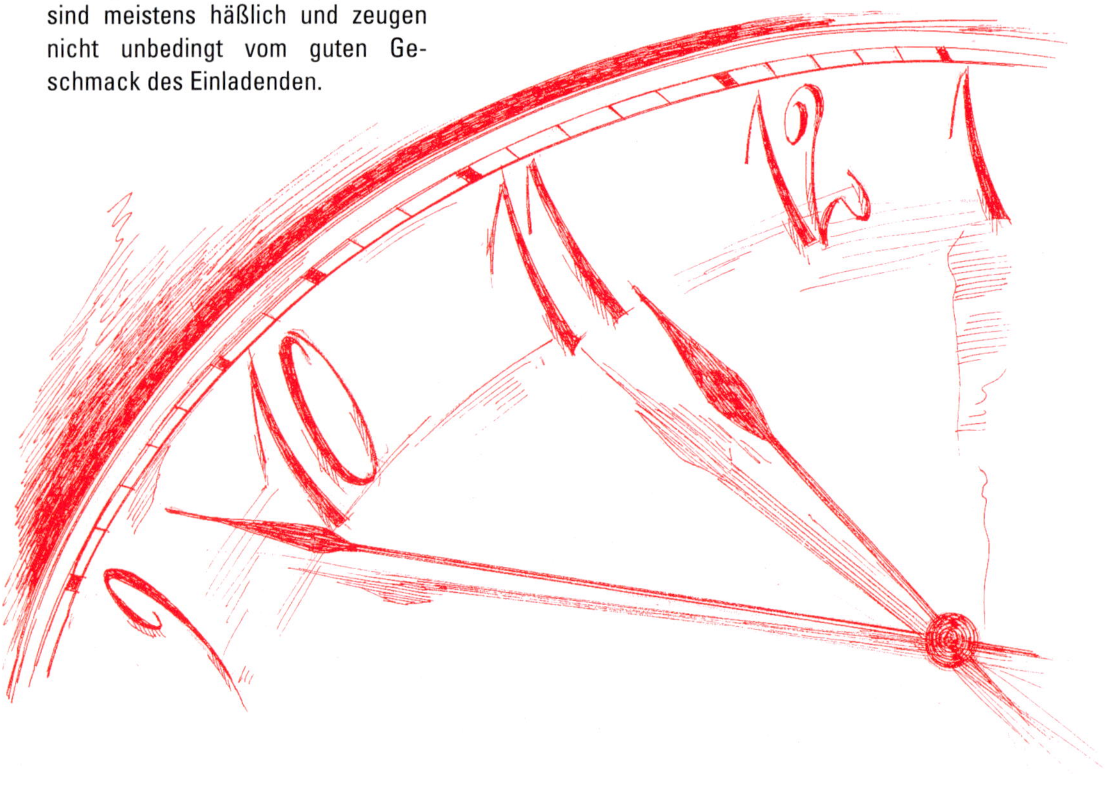

**Je später…?**
Unser Herr Schmitz lebt nach der Devise: »Jeder sollte dankbar sein, wenn ich überhaupt erscheine. Und sowieso: Der Star des Abends kommt immer später als alle anderen!«
Diese Einstellung, verehrter Herr Schmitz, zeugt von Ihrem reichlich übersteigerten Selbstbewußtsein und Egoismus. Stellen Sie sich doch nur mal vor, Sie selbst hätten stundenlang in der Küche gestanden (etwas, was man sich bei Herrn Schmitz nun wirklich nur schwer vorstellen kann), mit Liebe ein Menü zusammengestellt, alles dekoriert und vorbereitet, und dann säßen Sie wartend am Festtisch und müßten dabei zusehen, wie das Essen für Ihre Gäste langsam kalt wird.
Keine angenehme Vorstellung, nicht wahr, Herr Schmitz? Zeigen Sie Ihrem Gastgeber, daß Sie an ihn denken, seien Sie pünktlich!

Einladungskarten enthalten manchmal zwei Kürzel, die aus dem Lateinischen stammen: »s.t.« (»sine tempore«), was wörtlich übersetzt »ohne Zeit« bedeutet und darauf hinweist, daß der Gast bitte pünktlich zu erscheinen hat; oder aber den Vermerk »c.t.« (»cum tempore«), was übersetzt soviel wie »mit Zeit« heißt und dem Gast erlaubt, bis zu einer Viertelstunde später als angegeben zu erscheinen.

Dies kann sinnvoll sein, wenn der Gastgeber bei einem größeren Fest jeden Gast persönlich willkommen heißen möchte. Um diese Begrüßung nicht im »Schnellverfahren« abwickeln zu müssen, wird er dankbar sein, wenn seine Gäste erst nach und nach eintreffen.

## Pünktlichkeit

- Zu Einladungen sollte man immer pünktlich erscheinen.
- Zu früh kommen kann die Vorbereitungen des Gastgebers stören.
- Zu spät kommen heißt, den Verlauf des Festes zu stören.
- Steht auf der Einladungskarte der Vermerk »c.t.«, gibt es eine »Kulanzzeit« von etwa fünfzehn Minuten.

*Je kleiner das Fest, desto pünktlicher der Gast.*

**Pünktlichkeitsregeln**
Weist die Einladung keinen besonderen Vermerk auf, so gelten in Sachen Pünktlichkeit folgende Richtlinien:
- Wird zu einem warmen Essen eingeladen, muß der Gast auf die Minute pünktlich erscheinen.
- Gleiches gilt bei einem Fest, das mit einem speziellen Musikstück oder einer Rede eröffnet werden soll.
- Bei einer Abendeinladung ohne Essen sollte man ungefähr pünktlich, auf keinen Fall aber mehr als 15 Minuten früher oder später kommen.
- Bei einem außergewöhnlich großen Fest, bei dem der Gastgeber unmöglich auf jeden einzelnen Gast achten kann, sowie bei einem Cocktailempfang ist Pünktlichkeit nicht un-

bedingt erforderlich (falls nicht anders auf der Einladung vermerkt!).

## Und plötzlich ist einer zuviel am Tisch...

Vor allem Junggesellen meinen oft, daß sie zu einem Fest automatisch auch ihren jeweiligen »Lebensabschnittspartner« mitbringen können. Ungefragt ist dies nicht nur äußerst unhöflich dem Gastgeber gegenüber, sondern kann sogar zu erheblichen Störungen im reibungslosen Ablauf des Festes führen. Derjenige, der das Fest ausrichtet, hat im Restaurant vielleicht nur für eine bestimmte Anzahl von Gästen Plätze reservieren lassen, hat eine Tischordnung aufgestellt, oder vielleicht ist nur ein Service für genau die Anzahl der geladenen Gäste im Haus. Eine weitere, nicht mit eingerechnete Person kann in solchen Fällen nur stören und muß sich unter Umständen mit einer Art »Katzentisch« zufriedengeben – nicht gerade erbaulich für den oder die Betroffene/n.

*Man muß seine neue Flamme nicht überallhin mitnehmen – wirft das doch oft sorgfältige Planungen durcheinander.*

Anders verhält es sich wiederum bei den schon erwähnten Cocktailempfängen oder Festen, die in großem Rahmen gefeiert werden. Da fällt es in der Menge kaum auf, wenn ein oder zwei Gäste mehr anwesend sind. Aber natürlich sollten auch hier die nicht vorgesehenen Gäste nicht überhandnehmen.

# Tischordnung bei offiziellen Festen und Feiern

## Der Rang bestimmt den Platz

Wie bei den großen Familienfesten, so bestimmt auch bei offiziellen Feiern die Tischordnung, wer wo Platz nimmt.

Die Tischordnung hat ihren Ursprung in den höfischen Sitten des Mittelalters. Damals stellte sie zugleich eine Rangordnung dar: Der Platz am Tisch zeigte jedem Anwesenden, von welcher Herkunft ein Gast war und welche Stellung er bei Hofe einnahm.

*»Man plazierte mich an die Seite des russischen Delegierten, weil mir als einzigem die Bedeutung des Wortes ›dawai‹ bekannt war – es war der Beginn einer wundervollen Freundschaft.«*

Im privaten Kreis dürften Rangordnungen heute keine so große Rolle mehr spielen. Jedoch sollte der Gastgeber darauf achten, keine Gäste nebeneinanderzusetzen, die sich ohnehin schon kennen. Die berühmte »Klübchenbildung« sollte vermieden werden, besser gibt man seinen Gästen Gelegenheit, neue Bekanntschaften zu schließen. Dies gilt auch für Ehepaare (selbstverständlich ebenfalls für das Gastgeberehepaar!) und Geschwister. Einzige Ausnahme: Ein frischverliebtes Paar auf getrennte Plätze zu verbannen gilt als wenig zuvorkommend und kann unter Umständen lange Gesichter zur Folge haben.

Grundsätzlich jedoch sollte der Gastgeber darauf bedacht sein, die Gesellschaft zu mischen und Gäste zusammenzusetzen, von denen man meint, sie könnten sich füreinander interessieren (zu Risiken und Nebenwirkungen kann der Gastgeber in diesem Fall ausnahmsweise nicht seinen Arzt oder Apotheker befragen).

Anders liegt der Fall bei außergewöhnlich feierlichen und offiziellen Einladungen. Hier gibt es auch heute noch eine protokollarische Tischordnung, die zwar nicht mehr so extrem »ständisch« wie im Mittelalter ist, aber dennoch in etwa den gesellschaftlichen Rang eines jeden Gastes widerspiegelt.

### TISCHORDNUNG

- Das Gastgeberehepaar darf nicht nebeneinander am Tisch sitzen.
- Der ranghöchste Gast sitzt dem Gastgeber am nächsten.
- Gäste, die einander bereits kennen, sollten nicht zusammensitzen.
- Ausländische Gäste sollten neben Gästen plaziert werden, die die Muttersprache des entsprechenden Gastes beherrschen.

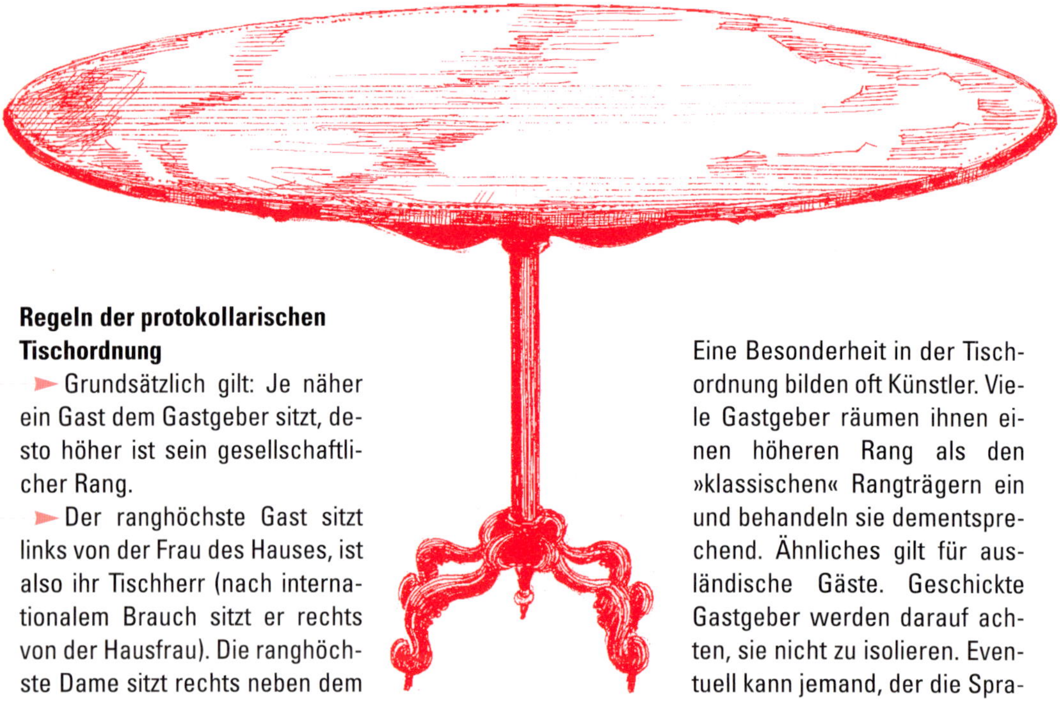

**Regeln der protokollarischen Tischordnung**

- Grundsätzlich gilt: Je näher ein Gast dem Gastgeber sitzt, desto höher ist sein gesellschaftlicher Rang.
- Der ranghöchste Gast sitzt links von der Frau des Hauses, ist also ihr Tischherr (nach internationalem Brauch sitzt er rechts von der Hausfrau). Die ranghöchste Dame sitzt rechts neben dem Hausherrn.
- Rechts von der Hausfrau nimmt der zweithöchste Herr Platz, links neben dem Hausherrn die zweithöchste Dame. (Von da an geht die Reihenfolge dem Rang und der Wertschätzung der Gäste nach weiter, wobei Ehefrauen stets den gleichen Rang innehaben wie ihre Männer.)
- Gäste haben einen höheren Rang als Verwandte.
- Alter geht vor Jugend.
- Fremdländische Gäste erhalten Vorzug vor inländischen Gästen.
- Angehörige fremder Firmen oder Institutionen haben Vorrang vor denen der eigenen.
- Kinder (auch bereits erwachsene) besetzen keinen Rang. Ihre Aufgabe ist es, eventuelle Lücken am Tisch zu schließen.

*Ein runder Tisch zeigt am ehesten, daß alle Gäste gleichrangig sind. Der Gastgeber zollt keinem mehr Respekt als dem anderen.*

Eine Besonderheit in der Tischordnung bilden oft Künstler. Viele Gastgeber räumen ihnen einen höheren Rang als den »klassischen« Rangträgern ein und behandeln sie dementsprechend. Ähnliches gilt für ausländische Gäste. Geschickte Gastgeber werden darauf achten, sie nicht zu isolieren. Eventuell kann jemand, der die Sprache des ausländischen Gastes spricht, auf den Platz neben ihn gesetzt werden, obwohl er nicht dessen Rang entspricht.

Die bereits im vorigen Kapitel erwähnten Platzkarten finden auch bei Einladungen zu offiziellen Festen und Feiern wieder Verwendung.
Eine vor allem bei Feiern mit großer Teilnehmerzahl praktische Alternative zu den Platzkarten stellt das sogenannte »Placement« dar. Hierbei handelt es sich um eine Skizze des Tisches, an dem gegessen wird, auf der die Plätze mit den Namen der einzelnen Gäste eingezeichnet sind. Das Placement wird am Eingang gut sichtbar aufgestellt, so daß jeder Gast sich gleich orientieren kann, welcher sein Stuhl ist.

# Die Kunst des Servierens

## Vom Gelage zum Menü

**Ein flegelhaftes Gebaren!**
Wenn Herr Schmitz zu Tisch sitzt, dann sieht es meistens so aus, als hätte gerade eine Bombe eingeschlagen: Die Knochen vom Brathähnchen liegen am Rand des Tellers oder daneben, der Teller selbst kann die Zutaten kaum fassen, die Herr Schmitz auf ihn schaufelt. Äußerst selten (exakt ausgedrückt: jedes Jahr zum Muttertag) bequemt Herr Schmitz sich sogar, höchstpersönlich den Tisch zu decken. Leider ist es ihm dabei völlig egal, ob die Teller gerade zueinanderpassen oder ob Servietten bereitliegen. Um Zeit und Weg zu sparen, tischt Herr Schmitz gleich sämtliche Gänge des Essens auf einmal auf – wer schon vor den Kartoffeln am Pudding nascht, bekommt was auf die Finger!

*Schon im Darreichen der Speisen beweist sich der Geschmack des Gastgebers.*

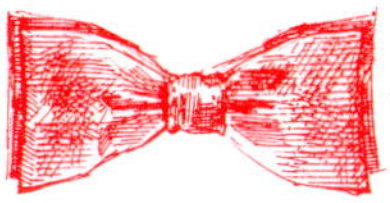

Erst zur Zeit des Barock (16. bis 18. Jahrhundert) haben sich unsere heutigen Tischsitten herausgebildet. Vorher aß man noch alles durcheinander zumeist mit den Fingern von hölzernen Platten oder direkt aus dem Topf. Erst später ging man dazu über, aus dem Gelage ein Menü zu machen, die Speisen in einer bestimmten Reihenfolge nacheinander auf den Tisch zu bringen und Besteck und Geschirr zu verwenden.
Ernst von Malortie, Hofmarschall im vorigen Jahrhundert, schrieb einst: »Der altenglische Service besteht aus drei Gängen. Die sämtlichen Speisen eines Ganges befinden sich zugleich auf der Tafel, der erste bereits bei Beginn derselben. Es werden die Speisen nicht durch die Dienerschaft gereicht, sondern von den Gästen bei demjenigen erbeten, vor dessen Platz die gewünschte Speise aufgestellt ist.«

*Heutzutage haben sich differenzierte Tischregeln herausgebildet; ebenso gibt es eine »Kunst des Servierens«.*

Das Servieren der verschiedenen Gänge folgt auch heute noch ganz bestimmten Regeln, die höfliche Menschen auch bei sich zu Hause während eines Festessens für eine größere Anzahl von Teilnehmern einhalten.
Vielfach werden besonders bei einer großen Gästezahl Servierhilfen eingestellt. Dabei rechnet man für sechs bis acht Gäste bei einem Diner eine Hilfe. Diese allein servieren das Mahl, niemals tischt bei einem offiziellen Essen der Gastgeber oder die Hausfrau selbst mit auf.
Gut ausgebildete Servierhilfen beherrschen die »goldenen Regeln« des perfekten Servierens: Als erster wird der ranghöchsten Dame des Tisches aus Platten und Schüsseln angeboten, danach folgen die nächsthöheren Damen. Erst dann darf der ranghöchste Herr zugreifen, nach ihm die anderen Herren. Praktischer jedoch ist eine modernere Regelung, nach der zuerst dem Ehrengast (bzw. der ranghöchsten Dame) angeboten und dann der Reihe nach im Uhrzeigersinn bedient wird.
Der Tradition zufolge obliegt es der Hausfrau, das Essen zu eröffnen und

zu beenden. Der Gastgeber seinerseits hat die Pflicht, als erster das Glas zu erheben. Alleinstehende haben beide Aufgaben zu erfüllen.

**Links oder rechts – von welcher Seite?**

Speisen, die der Reihenfolge nach von einer großen Platte jedem Gast einzeln auf den Teller gelegt werden, werden ausnahmslos von links serviert (auch wenn dies für Linkshänder bisweilen recht kompliziert sein mag). Das Vorlegebesteck muß dabei dem Gast zugewandt sein, damit dieser nicht erst lächerliche Verrenkungen machen muß, um sich bedienen zu können. Wichtig: Der Rand einer Servierplatte darf niemals mit den Fingern berührt werden!

*Nicht bei jedem Gang darf man zweimal zugreifen.*

Getränke werden von rechts eingeschenkt, wobei das Glas auf dem Tisch stehen bleiben muß. (Keinesfalls reicht der Gast es dem Kellner!) Ebenfalls von dieser Seite werden Speisen serviert, die bereits als einzelne Portion angerichtet sind.
Vorspeisen und Suppen werden jedem Gast nur einmal serviert. Beim Hauptgang, der in der Reihenfolge a) Fleisch und Saucen, b) Gemüse, Beilagen, Salat, gereicht wird, darf zweimal zugegriffen werden.
Das Dessert darf erst angeboten werden, wenn alle am Tisch mit der Hauptspeise fertig sind. Vorher jedoch werden die benutzten Teller sowie Salz- und Pfefferstreuer, Bestecke und leere Gläser von rechts abgeräumt.

# Gastgeschenke als Ausdruck des Dankes

## Blumen als Mitbringsel

Es ist nicht nur üblich, sondern zeugt auch von Höflichkeit, als Gast dem Gastgeber ein kleines Geschenk mitzubringen. Dies gilt nicht nur für Geburtstags-, Hochzeits- oder Jubiläumsfeiern. Ein Gastgeschenk zeigt, daß man sich über die Einladung gefreut hat und daß man dem Gastgeber ebenfalls eine Freude bereiten möchte.

*Kleine Geschenke erhalten die Freundschaft...*

Der weitaus größte Teil der Gäste trägt, zu welch festlichem Anlaß auch immer, stets einen Strauß Blumen unter dem Arm. Das ist angebracht und freut den Gastgeber und die Hausfrau in der Regel ebenfalls. Da aber so viele Gäste Blumen mitbringen, kann es sehr leicht zu einem wahren Blumenmeer kommen. Die Folge: Im Haushalt finden sich nicht genügend passende Vasen, weswegen die Hälfte der gutgemeinten Geschenke im Waschbecken landet. Unmengen von Papier müssen entsorgt werden, noch Tage nach der Feier zupft die Hausfrau unansehn-

### BLUMEN ALS GESCHENK

- Blumen sind nicht immer ein passendes Gastgeschenk.
- Rote Rosen sollten ausschließlich der Dame des Herzens geschenkt werden.
- Weiße Lilien sind ein schlechtes Geschenk für ältere Menschen.
- Zimmerpflanzen dürfen im allgemeinen höchstens einem Junggesellen zur Einweihung der neuen Wohnung geschenkt werden.
- Blumen werden immer der Dame des Hauses überreicht.
- Das Einwickelpapier wird nach oben hin abgestreift.
- In Folie verpackte Sträuße werden nicht ausgepackt.

lich gewordene Blüten aus den überall herumstehenden Sträußen.
Natürlich sollen Blumengeschenke den Dank des Gastes ausdrücken, Anstand, Höflichkeit und Respekt bezeugen. Da Blumen eine gewisse Sprache sprechen, eine Bedeutung haben, gewissermaßen Symbol für unausgesprochene Worte sind, sollten sie immer mit Bedacht verschenkt werden.
Rote Rosen beispielsweise sind auch heute noch Ausdruck für innige Liebe. Sie seinem Chef zum Firmenjubiläum zu schenken wäre also äußerst unangebracht. Ebenso deplaziert würden weiße Lilien zum 60.

*Ein prächtiger Strauß, versehen mit einer Briefkarte und über ein Blumengeschäft geschickt, drückt auch am Tag nach dem gelungenen Fest noch den Dank des Gastes aus.*

Geburtstag wirken – sie gelten als »Todesblumen«...
Dies soll nun nicht heißen, daß ein hübscher Blumenstrauß nicht mehr verschenkt werden sollte. Aber vielleicht wäre es manchmal ratsamer, auf den obligatorischen Strauß zu verzichten und sich statt dessen etwas anderes, eventuell sogar Originelleres, einfallen zu lassen.
Hat man sich nun aber trotz allem für Blumen entschieden, stellt sich unweigerlich die Frage nach der korrekten Form der Übergabe. Denn natürlich gibt es auch hierbei Regeln zu beachten.

**Blumen oder Zimmerpflanzen?**

Strenggenommen darf ein Gast ausschließlich Schnittblumen als Gastgeschenk überreichen. Aber auch hier bestätigt die Ausnahme die Regel. Weiß ein Gast beispielsweise genau, daß dem Gastgeber noch diese oder jene Topfpflanze für seine Blumenbank fehlt, so ist eine solche Blume selbstverständlich angebracht. Greift man auf einen Blumenversand zurück, ist eine Zimmerpflanze oder ein Arrangement verschiedener Pflanzen selbstverständlich ebenfalls erlaubt.
Männern bringt man in der Regel keine Blumen als Gastgeschenk mit – es sei denn, man weiß, daß der Mann ein ausgesprochener Blumenliebhaber ist. Ausnahmen sind z.B. bei Junggesellen gestattet, die gerade erst ihre Wohnung einrichten. Oft fehlt ihnen sogar ein wenig schmükkendes Grün im Haushalt, und sie sind dankbar für jede Pflanze, die man ihnen schenkt.

**Die korrekte Form der Blumenübergabe**
Ein Blumenstrauß wird immer vom Gast (bei Ehepaaren vom Mann) während der Begrüßung an die Frau des Hauses überreicht. Dabei werden die Stiele der Blumen festgehalten, und das Einwickelpapier streift man nach oben ab (vorher üben, sonst rollen Rosenköpfe). Sträuße hingegen, die in durchsichtige Folie gewickelt sind, werden nicht ausgepackt.

## Und wenn keine Blumen?

Zu früheren Zeiten galt es als äußerst taktlos und gewöhnlich, Gastgeschenke zu machen, die einen ideellen Wert überstiegen. Heute jedoch gilt diese Regel nur noch eingeschränkt; praktische Geschenke an den Gastgeber werden immer gern gesehen. Das kann ein Glas selbstgemachte Marmelade sein, ein Andenken aus dem letzten Urlaub oder auch mal ein Küchengerät oder ein Raucherutensil.
Aber immer ist darauf zu achten, daß das Geschenk nicht zu pompös und auffallend ist. Der Beschenkte soll nicht zum Beschämten werden; ihm muß auch die Möglichkeit einer späteren, seinen persönlichen Verhältnissen angepaßten »Revanche« eingeräumt werden.
Hat man nun so gar keine Idee, was man dem Gastgeber mitbringen könnte und will man keine Blumen schenken, so kommen Aufmerksamkeiten für die Kinder des Gastgebers in der Regel immer gut an. Natürlich muß man auch hier wieder Vorsicht walten lassen. Wasserpistolen, Lakritze und Knetgummi werden nicht von allen Eltern für ihre Kinder gewünscht.

***Es wäre ungeschickt, einer etwas korpulenteren Gastgeberin ausgerechnet eine Schachtel Pralinen zu schenken. Einen Aschenbecher jemandem mitzubringen, der sich gerade mühevoll das Rauchen abgewöhnt hat, ist eine Frechheit.***

**Warum nicht selber etwas basteln?**
Ein selbstgebasteltes Mitbringsel, das zur Person des Gastgebers oder zu dessen Haushalt paßt, findet ebenfalls meist Anerkennung, zeigt es doch, daß man sich wirklich Gedanken gemacht und Mühe gegeben hat. Allerdings sollte der Bastler darauf achten, seine Fähigkeiten nicht zu überschätzen – nicht immer ist alles, was eigenhändig angefertigt wurde, auch für andere schön.

# Danksagungen – oft vergessen, immer erwünscht

## Danke – das Mindeste, um seinen Gastgeber zu erfreuen

Ist Ihnen schon einmal aufgefallen, wie schwer es vielen Menschen – nicht zuletzt Kindern – heute fällt, sich zu bedanken? Der Dank als solcher, so selbstverständlich er eigentlich ist, scheint irgendwie aus der Mode gekommen zu sein.

Dabei bringen wir doch schon unseren Kindern bei, sich höflich zu bedanken, wenn sie zum Geburtstag des Klassenkameraden eingeladen wurden, wenn sie von Onkel Ferdinand etwas geschenkt bekommen haben oder wenn sie sich zum ersten Mal selbst ein Eis kaufen dürfen.

Trotzdem kommt manchem ein Dank, erst recht ein formal korrekter, so schwer über die Lippen, als müßte er ein peinliches Geständnis machen.

*»Ich wollte Ihnen nur mal danke sagen, so nebenbei mit einem Blick. Ich wollte Ihnen nur mal danke sagen, ich denke oft an Sie zurück.«*

(Stephan Sulke)

Sind wir denn wirklich so »cool«, daß wir für uns selbst auf Dank verzichten können und ihn uns auch bei anderen sparen? Ist es denn wirklich so selbstverständlich, zum Essen eingeladen zu werden, Geschenke zu bekommen oder mit Höflichkeit behandelt zu werden, daß das kleine Wörtchen »danke« zuviel verlangt wäre?

**Merke**

Der Dank gehört zur Grundform des höflichen Benehmens und ist viel mehr als eine leere Floskel. Er zeigt, daß ein Geschenk gut angekommen ist und Gefallen gefunden hat, daß die Feier ein Erfolg war, daß man sich gefreut hat, eingeladen

worden zu sein, und daß man den anderen nicht nur seiner Gabe wegen mag.

*Ein einfaches »Dankeschön« oder eine aufwendige Dankeskarte – beides zeigt, daß man ein guter Gast war und die Formen des menschlichen Miteinanders beherrscht.*

**Mündlicher oder schriftlicher Dank?**

Ein Dank kann schriftlich oder mündlich (natürlich ist auch beides nacheinander erlaubt) erfolgen. Er muß nicht überschwenglich sein, soll aber das ehrliche Gefühl des Dankes zum Ausdruck bringen. Dankeskarten oder -briefe werden stets mit der Hand geschrieben (hier kommt wieder der nichtklecksende Füllfederhalter zur Anwendung). Nur nach Hochzeiten, Jubiläen und großen Beerdigungen schickt es sich, vorgedruckte Dankkarten zu versenden. In diesen Fällen sind so viele Briefe zu schreiben, daß es jeder Schenkende verstehen wird, daß er keinen ganz persönlichen Dank erhält.
Allerdings gilt es als höflich, der Karte auch in diesen Fällen wenigstens ein paar handgeschriebene Worte hinzuzufügen.

## Checkliste

- Gehört auf die Einladungskarte auch der Wunsch nach spezieller Kleidung?
- Sollte man zu einer Einladung besser zu früh als zu spät kommen?
- Darf man auch zu spät kommen?
- Ist der Ehrenplatz am Tisch immer für die Hauptperson reserviert?
- Bekommt der Tischherr sein Essen vor der Tischdame serviert?
- Darf man bei Tisch zweimal zur Suppe greifen?
- Schenkt man dem Hausherrn rote Rosen?
- Darf ein Dank auch formlos mündlich ausgesprochen werden?

Bei diesem Checkup sollten Sie viermal mit Ja und viermal mit Nein geantwortet haben.

*»Das war ein königliches Mahl.«*

(Friedrich von Schiller)

## Kapitel 5

# Souverän bei Tisch

**Auf einen Blick**

**Wie liegt das Besteck**
Links und rechts vom Tellerrand

**Welches Besteck benutze ich**
Zwei Gabeln – wozu?

**Welche Gläser zu welchem Getränk**
Krüge, Kelche, Kannen

**Tischgespräche**
Wie sag' ich es meinem Nachbarn?

**Der richtige Umgang mit Essen**
Essen kann jeder, genießen können nur wenige

**Im Restaurant**
Mousse und miese Manieren

# Gabel links und Messer rechts

## Ein appetitlich eingedeckter Tisch

Messer und Gabel, großer Löffel, kleiner Löffel, Fischbesteck – für einige ist die Anordnung dieser Utensilien der reinste Horror. Da tut sich oft die Frage auf: Wie esse ich was mit welchem Gegenstand? Und zugegeben: Bei einem mehrgängigen Menü ist die Anzahl der Teller, Gläser, Gabeln und Messer auf dem Tisch schon verwirrend.

*Die korrekte Benutzung des Tischbestecks kommt dem Zugang ins Schlaraffenland durch den Kuchenberg gleich: Man arbeite sich genußvoll von außen nach innen…*

Gerade im Restaurant und bei großen, festlichen Essen wird vielfach Wert auf die korrekte Reihenfolge des Bestecks neben dem Teller gelegt. Auch die Anordnung der Gläser kann so manchen irritieren. Dabei ist es im Grunde genommen ganz einfach – vorausgesetzt, man kennt die international geltenden Regeln…

### Das »kleine Gedeck«

Sehr einfach ist das sogenannte »kleine Gedeck« einzudecken. Hierbei handelt es sich für gewöhnlich um eine Suppe, ein Hauptgericht und ein Dessert.

Einer inzwischen überholten Regel nach fanden Suppen- und Dessertlöffel oberhalb des Tellers quer ihren Platz. Messer und Gabel lagen zusammen rechts vom Teller.

Heute hat sich allgemein eine andere Anordnung durchgesetzt. Dabei liegt die Gabel links vom Teller, rechts das Messer und außen rechts der Löffel für die Suppe. Oberhalb des Tellers liegt quer der Dessertlöffel, etwas höher rechts steht ein Glas für das Tischgetränk.

Noch einfacher als beim »kleinen Gedeck« verhält es sich beim Spaghettiessen: Als Besteck genügen hier eine Gabel (links vom Teller) und ein Löffel (rechts). Einige italienische Restaurants legen ausschließlich eine Gabel vor – »Spaghettiprofis« kommen damit aus. Da jedoch nicht jeder täglichen Umgang mit den langen Nudeln hat, empfiehlt es sich immer, den Löffel wenigstens mit anzubieten.

Am simpelsten stellt sich das Eindecken dar, wenn das Essen einzig aus einer sättigenden

*Löffel rechts oder Löffel oben? Darüber streiten sich die Gelehrten…*

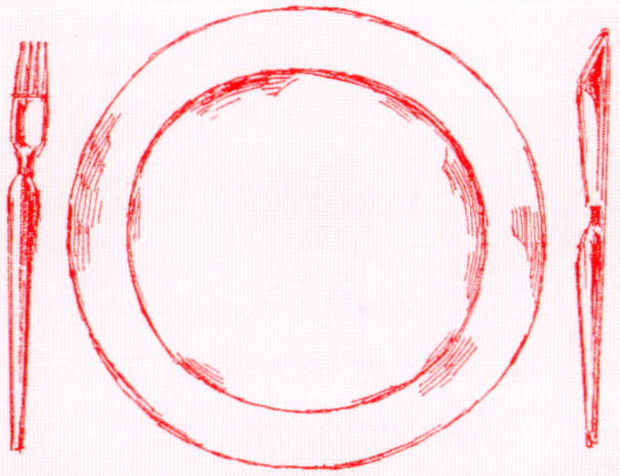

## Messer und Gabel

- Beim Eindecken wird das Besteck für die jeweilige Speise immer von außen nach innen gelegt.
- Die Gabel liegt links vom Teller, das Messer rechts.
- Der Löffel liegt außen, oberhalb des Tellers der Dessertlöffel.
- Gibt es nur Suppe, so liegt lediglich ein Löffel rechts vom Teller.

Suppe besteht: Dann nämlich wird lediglich ein Löffel rechts vom Teller hingelegt.
Gerade zu besonderen Anlässen wie großen Feierlichkeiten und Empfängen werden zum Essen mehrere Gänge gereicht: ein Menü also, das über das »klassische« Mahl Suppe, Hauptgang und Dessert hinausgeht. In diesem Fall ist es auch im privaten Kreis üblich (und zeigt, daß der Gastgeber seine Hausaufgaben gemacht hat), daß die einzelnen Besteckteile der Gangfolge des Menüs entsprechend von außen nach innen bereitgelegt und benutzt werden. Gläser für die verschiedenen Getränke vor, während und nach den Gängen werden von rechts nach links benutzt.

*Einmal gelernt – für immer gewußt! Das Eindecken ist gar nicht so schwierig, wenn man die Grundregeln beherrscht.*

**Gedeck für ein fünfgängiges Menü**
Das korrekte Eindecken für ein fünfgängiges Menü, bestehend aus Vorspeise, Suppe, Fischgericht, Fleisch und Dessert, sieht demnach folgendermaßen aus:

Das äußere Besteck besteht aus den benötigten Teilen für die Vorspeise. An der rechten Seite des Tellers folgt nach innen der Suppenlöffel, dann das Fischmesser und direkt am Teller das Messer für das Fleisch. Als Reihenfolge für das Besteck an der linken Seite des Tellers ergibt sich demnach: zuerst ein Teil des Vorspeisenbestecks, dann eine Fischgabel und gleich am Teller eine Fleischgabel.

Quer oberhalb des Tellers liegen die Besteckteile fürs Dessert. Dabei zeigt der Griff der Gabel nach links, der des Löffels nach rechts.

Neben den klassischen Arten, eine Tafel einzudecken, gibt es einige Abweichungen, die »einfach so« entstanden sind oder aufgrund bestimmter Speisen notwendig sind.

So legt man der Dessertgabel für den Fall, daß frische Früchte zum Nachtisch gereicht werden, statt eines Löffels ein Dessertmesser bei. Es kann aus Platzgründen oft nötig sein, das Besteck erst zusammen mit den jeweiligen Gängen auf den Tisch zu bringen. Üblich ist z.B., den Suppenlöffel auf der Untertasse zu reichen. Dies ist allerdings nur dann angebracht, wenn die Suppe nicht im tiefen Teller serviert wird. In diesem Fall gehört der Löffel zwingend zum vorbereiteten Gedeck.

Beim Eindecken muß darauf geachtet werden, daß die Schneide des Messers immer nach innen liegt, also zum Teller hin. Wenn man sich vorstellt, wie scharf Messer früher sein mußten, leuchtet diese Regel ein.

Wie aber steht es mit der Gabel? Oft taucht die Frage auf, ob die Zinken nach oben oder nach unten zeigen sollen. Üblich ist, die Zinken nach oben zeigen zu lassen. Ausnahme: Wird die Tafel mit kostbarem Silberbesteck gedeckt, so schickt es sich durchaus, die Gäste das eventuell eingravierte Wappen oder Monogramm auf der Unterseite sehen zu lassen…

***Selbst bei der Richtung, in die man das Besteck legt, gilt es einiges zu beachten. Die Zinken einer Gabel können auch nach unten zeigen – wenn man Besteck mit Wappen besitzt.***

# Welches Besteck wie benutzt wird

## Richtiges Essen beginnt mit dem richtigen Sitzen

*Messer, Gabel, Schere, Licht, sind (nur) für kleine Kinder nicht...*

Kaum zu glauben, aber es soll tatsächlich noch immer Menschen geben, die vom richtigen Umgang mit Messer und Gabel nicht den Hauch einer Ahnung haben. Und dabei handelt es sich mitnichten nur um all die Herren Schmitz, die ihre Kartoffeln samt Erbsen und Möhren mit der Gabel so lange in die braune Sauce quetschen, bis ein unappetitlich aussehender Brei entstanden ist. Es sind auch nicht unbedingt die Herren Schmitz, denen ein Suppenlöffel bestenfalls als Erfüllungsgehilfe ihrer mittäglichen Schlürforgien dient. Nein, vielmehr sind es Menschen wie du und ich, denen bei der Benutzung ihres Bestecks Fehler unterlaufen, die für andere bestenfalls geschmacklos, schlimmstenfalls peinlich sind.
Dabei geht es gar nicht um grobe Fahrlässigkeiten, sondern viel eher um Feinheiten, die dem Kenner des guten Benehmens letztendlich zeigen, daß sein Tischnachbar nicht im geringsten weiß, was die Etikette für die Benutzung des Bestecks vorschreibt.
Wichtigste Voraussetzung für den korrekten Umgang mit Messer und Gabel ist zunächst einmal die Sitzhaltung. Früher wurde gerade von jungen Damen die »Höhere-Töchter-Haltung« erwartet: mit steifem Rücken aufrecht und ohne Kontakt zur Stuhllehne sitzen.

*Bei den alten Römern war es üblich, die Mahlzeiten im Liegen einzunehmen. Diese Art der Nahrungsaufnahme aber hat sich zum Glück nicht bis in unsere heutige Zeit halten können – wohl auch deshalb, weil liegenderweise der Verdauungstrakt von einer starken Trägheit befallen wird.*

Dies ist auf die Dauer nicht nur unbequem, sondern kann neben einem verdorbenen Appetit auch noch Haltungsschäden hervorrufen. Die richtige Sitzhaltung schreibt eigentlich nur vor, daß man aufrecht, die gesamte Sitzfläche des Stuhles nutzend, etwa eine Handbreit vom Tisch entfernt sitzen sollte – nicht mehr und nicht weniger.
Ähnliches wie für die Sitzhaltung gilt auch für die Haltung der Arme bei Tisch: Die Arme sollten sich beim Essen eng am Körper befinden, die Hände nur bis zu den Handgelenken auf dem Tisch liegen.

### Die wichtigsten Regeln für den richtigen Umgang mit dem Besteck

#### Messer

Das Messer wird stets in der rechten Hand gehalten – auch dann, wenn Sie Linkshänder sind. Selbst wenn Ihnen die Handhabung umständlich erscheint, ist der Grund dafür ganz einfach: Sitzen nämlich ein Rechts- und ein Linkshänder nebeneinander und führen sie beide die Gabel zum Mund (der Rechtshänder mit der linken, der Linkshänder mit der rechten Hand), so würden sie unweigerlich mit den Ellbogen zusammenstoßen. Dafür, wie Sie das Messer halten, gibt es nur eine einzige Form. Leider ist die am meisten verbreitete die falsche: Das Messer wird nicht wie ein Bleistift in der Beuge zwischen Daumen und Zeigefinger gehalten.

Sondern: Sie greifen von oben zu, der Zeigefinger liegt oben auf dem Griff und kann so beim Schneiden Druck nach unten ausüben. Daumen und Mittelfinger dienen dazu, das Messer in der richtigen Balance zu halten. Auch wenn Sie nicht schneiden, sondern mit dem Messer schieben, ist dies der einzig richtige Griff.

## Gabel

Die Gabel wird immer so zum Munde geführt, daß sie eine waagerechte Linie nicht verläßt; am besten ist sie sogar noch ein wenig nach unten geneigt. Auch hierfür gibt es eine einfache Erklärung: Wer z.B. Erbsen ißt oder Sauce »gabelt«, wird schnell merken, daß bei korrekter Gabelhaltung nichts herunterkullern und -tropfen kann. Die Gabel wird ähnlich wie das Messer gehalten: Wenn Sie etwas festhalten oder aufspießen (bitte aber nicht die einzelnen Erbsen!), so liegt der Zeigefinger mit leichtem Druck auf dem Griff. Dient die Gabel dagegen als »Schaufel«, z.B. für Reis oder Kartoffeln, für Erbsen oder anderes Gemüse, so dreht man sie um: Der Stiel ruht dann in der Beuge zwischen Daumen und Zeigefinger. Absolut verboten: Die Gabel in der geballten Faust zu halten und die Speisen regelrecht aufzuspießen!

***Ganz unfein ist's, den kleinen Finger beim Umgang mit dem Besteck abzuspreizen. Der kleine Finger liegt bei allen Handgriffen mit dem Besteck eng am Ringfinger an.***

## Löffel

Der Löffelstiel liegt in der Beuge. Bei uns schiebt man den Löffel mit der Spitze zuerst in den Mund, in angel-

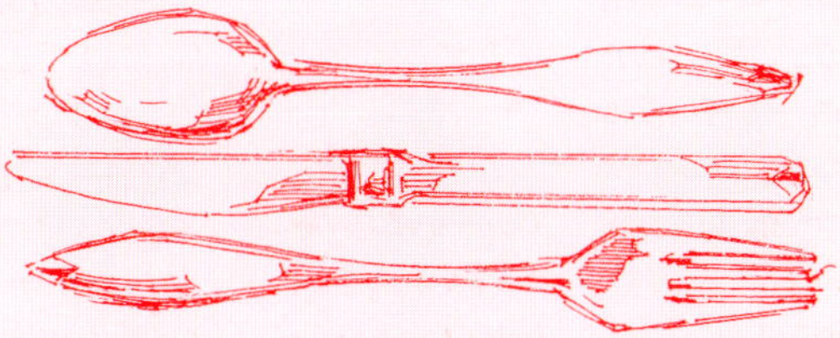

### Benutzen des Bestecks

- Das Messer wird in der rechten Hand gehalten.
- Die Gabel nimmt man in die linke Hand und führt sie so zum Mund, daß keine Sauce oder Teile des Essens herunterfallen können.
- Löffel können in der rechten oder in der linken Hand gehalten werden. Niemals aber dürfen sie zum Schlürfen benutzt werden.
- Auch sehr heiße Speisen werden nicht »kaltgepustet«.

sächsischen Ländern dagegen mit der Breitseite. Und natürlich wird der Löffel nicht bis zum Rande vollgeschöpft, so daß die Suppe überschwappt und wieder auf den Teller kleckert und dabei Spritzer auf Brust und Tischtuch verteilt. Dasselbe gilt übrigens auch für die Gabel: Man häuft sie nicht so voll, daß etwas herunterfällt oder Sie die »Ladung« nur mit weit aufgerissenem Mund bewältigen können.
Eine weitere Unsitte ist es, Suppe durch Pusten zur mundgerechten Temperatur zu bringen. Dieses manchmal verhaltene, oft aber auch orkanartige Blasen erzeugt nicht nur unangenehme Geräusche, sondern kann zu höchst peinlichen Situationen führen.

*Pusten und Schlürfen sind beim Suppe-Essen verboten. Das ist nicht nur eine leere Benimmregel, sondern hat durchaus seinen Sinn.*

**Man kann nicht alles in der Hand haben…**

Beim Essen wird häufig ein Schluck Wein oder ein anderes Getränk zwischendurch genossen, um den Gaumen geschmeidig und aufnahmefähig zu halten. Hierbei stellt sich die Frage: Wohin mit dem Besteck, wenn ich zum Glas greife?
Die meisten legen dann ihr Besteck dekorativ rechts und links auf dem Tellerrand ab. Für alle, die es noch nicht wissen: So etwas gehört sich nicht!
Wie leicht kann Gabel oder Messer vom Tellerrand abrutschen und häßliche Flecken auf dem Tischtuch oder dem Set hinterlassen! Ebenso leicht können Speisereste oder Saucen herabtropfen und herunterlaufen.

Außerdem kann unter Umständen durch das Ablegen des Bestecks der Tischnachbar unangenehm belästigt werden. Das beste wäre also, während des Essens überhaupt nichts zu trinken. Muß es aber dennoch einmal sein, wird das Besteck ordentlich auf dem Teller abgelegt – so, daß es nicht in die Speisen »sticht«, aber auch nicht unversehens abrutschen kann.

**»Bestecksprache«**

Nicht zuletzt gibt es noch so eine Art »Bestecksprache«. Gut ausgebildete Kellner (und Privatleute, die dies vielleicht bisher noch nicht wußten und daher dieses Buch gelesen haben) kennen sie, benutzen sie und wissen die Lage des Bestecks zu deuten.

*Laßt Blumen sprechen - und euer Besteck! Nicht nur Eingeweihte sollten diese Geheimsprache verstehen.*

Dieser »Geheimsprache« nach bedeutet ein mit den Spitzen gekreuztes Besteck, daß der Gast noch nicht mit dem Essen fertig ist oder gerne noch einen Nachschlag hätte. Liegen Messer und Gabel parallel nebeneinander (die Schneide des Messers zur Gabel), so bedeutet dies zunächst, daß das Essen beendet worden ist. Dies läßt sich jedoch noch verfeinern: Rechts unten (quasi auf fünf vor halb sechs) heißt, daß das Essen zu wünschen übrigließ; links unten (fünf nach halb sieben) zeigt an, daß alles in Ordnung war und es geschmeckt hat.

# In welchem Getränk »schwimmt« die Forelle am besten?

## Feinabstimmung von Speisen und Getränken

In jedem besseren Restaurant (und bei jedem um Form und Höflichkeit wissenden Gastgeber) ist es üblich, zu bestimmten Speisen auch nur bestimmte Getränke anzubieten. Sie sollen die Geschmacksnerven des Genießers sensibilisieren, den Gaumen geschmeidig und aufnahmefähig machen. Das Getränk ist Teil der Mahlzeit, alles sollte miteinander harmonisieren, nichts vom Geschmack des anderen unterdrückt werden.

*»Des Säuglings erster Klageton schallt um des Durstes willen, und sieh! der Knabe findet schon den Quell, um ihn zu stillen.«*
(G.H. Mostar)

Ein grober Fauxpas wäre es demnach, zum gespickten Rehrücken ein kühles Bier zu trinken. Natürlich können grundsätzlich Ausnahmen gemacht werden. Es mag sein, daß dem ein oder anderen Wein einfach nicht schmeckt oder nicht bekommt. Vielleicht ist einer der Gäste ein eingefleischter Biertrinker, der andere Getränke aus Überzeugung nicht anrührt. In diesen Fällen wird dem Betreffenden das richtige Getränk zwar angeboten; lehnt er es jedoch ab, so wird ihm wohl kein Mensch ernsthafte Vorwürfe deswegen machen.
Halten wir uns in diesem Buch aber besser an die vorgeschriebene Etikette, daran, was die allgemein gültigen Regeln zu Speisen und Getränken sagen. Und danach werden zu bestimmten Gerichten die passenden Getränke angeboten.

*Aus Höflichkeit sollte auch ein eingefleischter Biertrinker zur Forelle auf sein »kühles Helles« verzichten und auf Wein umsteigen. Zwar nimmt ihm ein Bier zum Fisch niemand wirklich übel, ein bißchen merkwürdig sieht es aber doch aus.*

**Welches Getränk zu welcher Speise?**
Grundsätzlich gilt, daß die Getränke sich den Speisen unterzuordnen haben. Im einzelnen heißt dies:
- Vor der Mahlzeit kann ein Aperitif genommen werden.
- Zu Vorspeise und Suppe werden keine Getränke gereicht.
- Fisch fühlt sich mit leichtem Weißwein am wohlsten.
- Helles Fleisch mag ebenfalls Weißwein, der ruhig etwas schwerer und süffiger sein darf.
- Dunkles Fleisch, vor allem alle Arten von Wild, entfaltet seinen Geschmack stilvoll bei einem guten Glas Rotwein, das Zimmertemperatur haben sollte, d.h. 18 Grad.
- Deftigere Speisen wie Schweins- oder Kalbshaxe werden üblicherweise mit einem kühlen Bier »begossen«, dem – zwecks besserer Bekömmlichkeit des oft reichlichen Fetts – durchaus ein Gläschen Korn oder ähnliches folgen darf.
- Zum Dessert gehört eine kleine Tasse Kaffee oder Mokka, je nach Geschmack auch Likör oder ein Glas Cognac.

## Die Form der Gläser wird durch die Getränke bestimmt

Wohl jedem ist es schon einmal aufgefallen, daß eine korrekt eingedeckte Tafel für ein mehrgängiges Menü vor jedem Teller mehrere, ganz unterschiedlich geformte Gläser aufweist. Die Erklärung ist im Grunde

genommen ganz einfach: Zum einen haben sich die unterschiedlichen Gläserformen aus Sitten und Gebräuchen herauskristallisiert.
Schwere Rotweingläser beispielsweise sind den groben Kelchen des Mittelalters nachempfunden. Zum anderen entfalten gewisse Getränke nur in speziell dafür vorgesehenen Gläsern ihren vollen Geschmack und ihr feines Aroma. Und wie bei den Speisen, so spielt letztendlich auch bei den Getränken der optische Genuß eine nicht unbeträchtliche Rolle. Ein frisch gezapftes Pils sieht in einer entsprechenden Pilstulpe einfach verlockender aus als in einem Cognacschwenker oder Wasserglas.

*Met wurde früher aus Hörnern getrunken, Wein aus Kelchen und Pokalen. Aber wer kann sich heute schon den Luxus eines gutgereinigten Ochsenhorns leisten?*

### Welches Glas zu welchen Getränken?

#### Cognac

Unser ehrenwerter Herr Schmitz behauptet von sich, ein großer Liebhaber und Kenner von Cognac zu sein (auch wenn er in der Regel statt des edlen Getränks ausschließlich einen eher billigen Weinbrand aus der Sonderangebotsklasse im heimischen Barfach seines Wohnzimmerschranks stehen hat). Herr Schmitz gönnt sich denn auch bisweilen vor, während und nach dem Essen einen kräftigen Schluck des »Warmmachers von innen«. Dagegen ist nichts einzuwenden, Herr Schmitz, aber auch hierbei leisten Sie sich einen unverzeihlichen Fehler: Cognac – und sei er noch so kostengünstig erworben – wird nun mal nicht aus kleinen Schnapsgläsern getrunken!
Die typische Form des Cognacschwenkers ist aus einem einleuchtenden Grund entstanden: Um seinen herrlichen Duft und sein volles Aroma entfalten und halten zu können, braucht dieses Getränk einfach den – am besten leicht vorgewärmten – Schwenker.

#### Sekt und Champagner

Die (Un-)Art, Sekt und Champagner in breiten Schalen zu reichen, ist leider weit verbreitet. Richtig ist, daß dieses Getränk kein ausgeprägtes Aroma hat, sein prickelnd erfrischender Geschmack jedoch dennoch geradezu nach einem passenden Glas dafür schreit. Schalen sind nur dann angebracht, wenn es sich um Cocktails mit Sekt oder Champagner handelt. Das einzig angemessene Behältnis für den puren Genuß ist ein hohes, schmales Kelchglas.

## Wein

Wohl kaum ein anderes Getränk paßt sich so unterschiedlichen Gläserformen an wie Wein. Fast könnte man meinen, der edle Rebensaft dürfe aus so ziemlich jedem Glas oder Becher genossen werden. Trotzdem aber gibt es einige grundsätzliche Regeln, deren Beachtung den Genuß noch steigert.
Als erstes gehört zu diesen Regeln, daß man Gläser mit Stiel auch immer an diesem anzufassen hat. Zum einen bleibt so die Temperatur des Weines am längsten unverändert, zum anderen verhindert diese Art der Berührung unappetitliche Fingerabdrücke auf dem Glas.

***Die Gläserformen wurden den verschiedenen Getränken nicht willkürlich zugeordnet, sondern sie entfalten den jeweils charakteristischen Geschmack am besten.***

Im einzelnen:

- Rotwein wird üblicherweise in großen, breitkelchigen Gläsern gereicht, die nur bis zu einem Viertel gefüllt werden sollten.
- Das Weißweinglas ist kleiner, das Dessertweinglas noch zierlicher.
- Sherry (so man ihn denn als Wein betrachtet) gehört in schmale, eher kleine Weingläser, die dem Sektkelch nicht unähnlich sind.
- Ein schwerer Bordeauxwein läßt sich am besten aus einem ebenso schweren, breiten Glas genießen.
- Leichte Rosé- und Weißherbstweine lieben ein leicht geschwungenes, filigran wirkendes Glas, welches nicht über die Hälfte seines Fassungsvermögens hinaus gefüllt werden sollte.
- Burgunder wird aus einem sehr breiten, sich nach oben hin verjüngenden Glas mit mittellangem Stiel genossen.

Selbstverständlich schmecken die meisten Weine auch aus Gläsern, die nicht ganz so stilvoll erscheinen. Man sollte auch wissen, daß es oft sehr gravierende, regional bedingte Unterschiede in den Gläserformen gibt. So wird beispielsweise im Südwesten Deutschlands Wein fast nur aus Viertellitergläsern mit Henkel getrunken. Im Rheinland, bekanntlich ein Weinland, wiederum genießt man den edlen Tropfen aus kleinen, schlichten Gläsern ohne Stiel.

Eine weitere weitverbreitete Weinglasform ist der sogenannte Römer, ein farbiges Kristallglas, aus dem der feine Rebensaft gleich so schmeckt, als genösse man ihn in Gesellschaft der erhabenen Cäsaren…

## Schnaps

Klarer, einfach oder doppelt gebrannter Schnaps wird in kleinen, oftmals geschwungenen Gläsern gereicht. Das Getränk selbst, aber auch die Gläser sollten – anders als bei Obstlern – eisgekühlt sein. Auch kleine Steinguttöpfchen eignen sich hervorragend zum Genuß von Schnaps.
Bei Jagdgesellschaften kann der Klare auch aus Zinn- oder Silberstamperln genossen werden.

***Haben Sie schon einmal versucht, ein Weißbier in ein Limonadenglas einzuschenken?***

## Bier

Wie beim Wein, so gibt es auch beim Bier ganz unterschiedliche Gläser. Am besten schmeckt dem wahren Kenner sein »Frischgezapftes« aus einem klassischen Ton- oder Keramikkrug, gerne mit Zinndeckel. Ist dieser Krug jedoch nicht zur Hand, so tut es auch ein anderes, der jeweiligen Biersorte angepaßtes Glas. Auf die verschiedenen Sorten – Pils, Kölsch, Alt, Weizen etc. – im einzelnen einzugehen würde den Rahmen dieses Kapitels sprengen. Jedoch sei soviel gesagt: Ein Pils wird aus einer »Tulpe« getrunken, ein Kölsch aus einer »Stange« – alles andere grenzt für den Liebhaber und wahren Kenner des Gerstensaftes an Blasphemie!

# Gespräche bei Tisch

## Die unerträglich aufdringlichen Schnorrer

**Ein abschreckendes Beispiel**
»Ach, Sie sind Arzt?! Na, das trifft sich ja gut. Wissen Sie, ich habe da nämlich seit ein paar Wochen so ein komische Ziehen und Drücken in der Magengegend. Schauen Sie, hier ungefähr. Ich weiß ja nicht genau, was da liegt, aber könnte es nicht sogar ein Geschwür sein? Ja, ich bin sogar fast sicher, daß es ein Geschwür ist, Herr Doktor. Oder was meinen Sie? Schauen Sie doch mal, genau hier…!«

*»Sei haushälterisch mit Spendung von Worten und Kenntnissen, damit es dir nicht früh an Stoffe fehle, damit du nicht redest, was du verschweigen sollst, verschweigen willst, und damit man deiner nicht satt werde.«*
(Freiherr von Knigge)

Kennen Sie, werter Leser, auch diese unangenehmen Typen, die, sobald sie den Beruf ihres Tischnachbarn erfahren, sofort und ungeniert irgendwelche kostenlose Ratschläge einfordern? Sie sind dermaßen lästig und unhöflich, daß ihnen eigentlich ein ganzes Kapitel für sich gebührt.
Da werden schon während der Vorspeise Hemden aus Hosen gezogen, um dem Tischnachbarn die nackte Haut des Bauches zu präsentieren, damit dieser eine schnelle Diagnose über die unerklärliche Rötung neben dem Nabel stellen kann. Das Gespräch beim Hauptgang dreht sich um lächerliche Streitigkeiten mit den lieben Nachbarn und die dazugehörigen Rechtsgrundlagen, weil die Dame zur Linken – welch glückliche Fügung des Schicksals! – zufällig eine bekannte Rechtsanwältin ist. Zum Nachtisch kann man sich schnell noch ein paar Steuerhinterziehungstricks vom Mann zwei Plätze weiter holen – wozu ist der Gute schließlich Finanzbeamter im höheren Dienst?
Ein gutgemeinter Rat für alle, die immer wieder von diesen Schnorrern (und nur als solche lassen sich die ewig langweiligen »Gesprächspartner« bei Tisch betiteln) belästigt werden: Geben Sie dem Mann (oder der Frau) die Telefonnummer Ihres Büros und lassen Sie einen Termin von Ihrer Sekretärin vereinbaren – Sie werden sehen, daß sich viele Fragen plötzlich in Luft auflösen!

*Man könnte meinen, unser Herr Schmitz sei tatsächlich einmal eingeladen worden…*

Tischgespräche sollten wie das Essen selbst sein: schmackhaft, bekömmlich und in übertragenem Sinn leicht verdaulich. Das heißt nicht, daß nur oberflächliche Plaudereien erlaubt sind. Man sollte sich jedoch nicht so in ein Thema steigern, daß man gar nicht mehr merkt, was man ißt.
Gespräche bei Tisch können sich, angefangen beim Wetter über das aktuelle Weltgeschehen bis hin zu Kunst, Literatur und Mode, um so ziemlich jedes Thema drehen – einige wenige Dinge ausgenommen, die hier einfach fehl am Platz sind. Dazu gehören die eigenen Zipperlein genauso wie die des jeweiligen Tischnachbarn, berufliche Sorgen und Witze, die so geschmacklos sind, daß alle Anwesenden bestenfalls aus Höflichkeit dem Erzähler gegenüber darüber lachen.

# Kartoffeln, Käse & Co.

**Vom Umgang mit Menschen zum Umgang mit Speisen**
Gewisse Speisen verlangen einfach, auf eine ganz bestimmte Art und Weise verzehrt zu werden. Und das sind nicht nur Exoten wie Artischocken, Austern oder Schnecken. Nein, auch für ganz »profane« Köstlichkeiten wie Kartoffeln, Eier oder Fisch gibt es »Verhaltensregeln«, die zu beachten sind. Hier folgen nun für alle, die nicht ganz so sicher sind im Umgang mit bestimmten Speisen, die Highlights auf dem Teller in alphabetischer Reihenfolge.

*»Wahrer Luxus sind für mich frische grüne Bohnen, wie es sie fast nur noch in ganz großen Restaurants gibt... Bald wird man Leute, die gerne grüne Bohnen essen, in ein Reservat stecken.«*
(Christian Millau, Restaurantkkritiker)

**Wie ißt man was?**

**– Ananas**
wird in Scheiben geschnitten und dann mit dem Obstbesteck gegessen.

**– Äpfel**
werden vor dem Servieren geschält, in mundgerechte Stücke geschnitten und dann mit dem Obstbesteck oder mit den Fingern gegessen. Das Kerngehäuse wird entfernt.

**– Apfelsinen**
schält man, indem man die Schale mehrmals mit dem Obstmesser anritzt und dann entfernt. Die Haut auf dem Fruchtfleisch wird ebenfalls abgezogen; dann die Apfelsine teilen und die Stücke mit den Fingern vom Obstteller nehmen.

**– Artischocken**
werden zumeist lauwarm als Vorspeise serviert. Gegessen werden sie, indem mit den Fingern von unten Blatt für Blatt aus der Frucht herausgezogen und dann in die gewünschte Sauce (stehen in Schälchen oberhalb des Gedecks bereit) getunkt wird. Da nur der untere, dickere Teil des Artischockenblattes genießbar ist, wird er mit den vorderen Zähnen gefaßt und »durchgezogen«. Der leere und ungenießbare Rest kommt auf den bereitgestellten Abfallteller.
Sind alle Blätter abgezupft, verbleibt der Boden mit dem sogenannten »Heu«. Dieses wird nicht mitgegessen (was man auch wirklich niemandem zumuten kann), sondern mit einem kleinen Löffel entfernt und ebenfalls auf den Abfallteller gelegt. Der Boden – »Lohn« für die mühevolle Zupfarbeit – ist so zart, daß er mühelos mit einem Löffel oder einer Gabel zerteilt, in die gewünschte

Sauce getaucht und dann genossen werden kann – hierfür ausnahmsweise aber bitte nicht die Finger benutzen.

**– Austern**
bergen schon vor dem Genuß gewisse Probleme unter ihrer harten Schale. Am besten nimmt man die Auster in einer mehrfach gefalteten Serviette mit der gewölbten Seite nach unten in die Hand und trennt dann die Schale an der rückwärtigen Nahtstelle mit einem speziellen Austernmesser. Weil sich neben dem Austernfleisch oft noch Meerwasser in der Schale befindet, sollte die Auster stets waagerecht gehalten werden. Wer im Umgang mit dem Austernmesser nicht geübt ist, kann sich mit der sogenannten Austernzange behelfen. Nach dem Öffnen haftet die Auster fest im unteren, tiefen Teil ihrer Schale. Sie kann nun gelöst und genossen werden. Ob man nun zunächst den Bart und den Darm (als kleiner schwarzer Punkt am unteren Teil sichtbar) entfernt, um die Auster dann zusammen mit ihrem Meerwasserbad zu schlürfen und ungekaut herunterzuschlucken oder ob man Bart und Darm mitißt (selbst das Kauen soll mancherorts dem wahren Kenner höchste Gaumenfreuden bereiten) – das ist reine Geschmackssache. Ich selbst bevorzuge die »klassische« Methode. Dabei entferne ich mit der Austerngabel Bart und Darm, beträufle sie mit etwas Zitronensaft, streue ein wenig Pfeffer aus der Mühle darüber und schlürfe das Fleisch zusammen mit dem Meerwasser aus.

*Bei Meerestieren und Obst sind die meisten Leute unsicher, wie sie »zugreifen« sollen. Einige Grundregeln stellen sicher, daß man sich keine Blöße gibt.*

**– Avocado**
wird meist halbiert und gefüllt als Vorspeise angeboten. Man hält die Frucht in der linken Hand und schält das Fruchtfleisch mit einem kleinen Löffel heraus.

**– Bananen**
Der Stiel der Banane wird mit den Fingern umgeknickt, dann die Frucht zunächst bis etwa zur Hälfte abgeschält. Die untere Hälfte verbleibt zunächst in der Schale, bis das bereits freigelegte Stück verspeist ist. Dann wird weitergeschält und der Rest aufgegessen.

**– Birnen**
Da sie meist sehr saftig sind, sollte man – gerade dann, wenn sie geschält serviert werden – ein Obstmesser und eine Gabel verwenden.

**– Brötchen**
sollten in einer etwas feineren Gesellschaft in mundgerechte Teile gebrochen und dann mit Butter bestrichen werden. Sie in der Hand zu halten, um sie dann mit einem Messer zu halbieren, kann unschöne Schnittwunden zur Folge haben. Sollen es belegte Brötchen sein, ist es besser, sie auf dem Teller festzuhalten, um sie dann auseinanderzuschneiden.

**– Eier**
Früher bestanden Frühstücksmesser aus einer Metallegierung, die bei Berührung mit Eiweiß anlief und sich äußerst unansehnlich verfärbte. Aus diesem Grund findet man auch heute noch in vielen Benimmbüchern die Regel, daß Eier niemals mit dem Messer zu köpfen sind. Demnach sind die Spitzen der Eier mit dem Eierlöffel abzutrennen, bzw. die Schale muß angeklopft werden, um dann die einzelnen Krümel abzuziehen. Aber welches Messer läuft heutzutage noch an? Und bedenkt man, wie unappetitlich das »Abpiddeln« der Schale besonders bei frischen weichgekochten Eiern sein kann, so ist das Abtrennen der Spitze mit dem Messer wahrscheinlich doch der ästhetischere Anblick.

*Hähnchen werden, ganz gleich, auf welche Art zubereitet, immer erst am Tisch tranchiert.*

**– Fische**
werden stilecht und korrekt nur mit einem speziellen Fischbesteck, bestehend aus Fischgabel und Fischmesser (wobei auch hier die Gabel mit der linken, das Messer mit der rechten Hand gehalten wird), verzehrt. Fehlt ein solches Besteck, kann auf zwei Gabeln zurückgegriffen werden. Einzige Ausnahme: der in den vergangenen Jahren bei uns etwas aus der Mode gekommene Aal. Um ihn in mundgerechte Bissen zerteilen zu können, bedarf es einfach eines scharfen Messers.

**– Geflügel**
Hier muß man, im Blick auf den korrekten Umgang, unterscheiden:
Das gebratene oder gegrillte Hähnchen verspeist man mit Messer und Gabel, da durch die üblicherweise mitgereichte Sauce die Finger doch sehr unappetitlich fettig würden.
Das gebackene Hähnchen »schwimmt« in der Regel nicht in einer Sauce,

kann also mit den Fingern verspeist werden. Allerdings sieht es manierlicher aus, wenn man nach dem Genuß der Flügel und Schenkel das Brustfleisch und den Rest mit Messer und Gabel ißt.
Eine Ente wird geviertelt und dann mit Messer und Gabel gegessen.
Gans und Truthahn werden der Länge nach in Scheiben geschnitten und ebenfalls mit dem Besteck verzehrt.

**– Gemüse**
wird in aller Regel nur mit der Gabel gegessen. Selbstverständlich darf dabei das Messer zu Hilfe genommen werden.

**– Hummer**
Das äußerst delikate Krustentier wird üblicherweise erst bei Tisch auf einem Brett der Länge nach halbiert und dann serviert. Von jeder Hälfte wird die Hummerschere durch einen kurzen Ruck abgelöst, ihr dickerer Teil dann mit dem Messer angeschlagen. So läßt er sich beim Essen leicht brechen. Dann kommt das Fischbesteck, ergänzt um eine spezielle Hummergabel, zu seinem Recht. Nachdem die Hummerschere zuerst vom Körper gelöst und dann selbst noch einmal getrennt wurde, werden die vier zweigliedrigen Beine direkt am Körper abgedreht. Die Hummergabel wird in der rechten Hand mit den Zinken nach oben gehalten. Die linke Hand hält den Hummerkörper fest. Mit dem löffelartigen Griff der Gabel wird nun der genießbare Teil des Tieres aus seiner Schale gehoben und mit dem Fischbesteck gegessen. Als nächstes werden die bereits angeschlagenen größeren Teile der Hummerschere auseinandergebrochen, und das Fleisch wird mit der Gabel herausgezogen. Der kleinere Teil der Schere wird ebenso behandelt, allerdings wird er vorher nicht auseinandergebrochen. Die Beine des Hummers werden mit den Fingern an den Gelenken auseinandergebrochen und dann »ausgesogen«.

*Nachdem der Hummer grob vorbereitet wurde, sollten die Finger in einem bereitstehenden Schälchen mit Zitronenwasser gereinigt werden.*

**– Kaviar**
sollte stets mit einem Perlmuttlöffelchen gegessen werden. Der ganz besondere Geschmack des Kaviars kann sich bei Berührung mit Metall verändern. Ob die Eier des Störs mit Zitrone beträufelt, mit Zwiebeln garniert, in speziellen Kaviarschalen gereicht oder auf Eis serviert werden, bleibt dem Geschmack des Genießers überlassen. Auch ob er pur gegessen oder mit dem Löffel auf ein Stück Brot gelegt wird, kann jeder für sich entscheiden – korrekt ist beides.

**– Käse**
ist eine Zwischenmahlzeit, die häufig zwischen Hauptgericht und Dessert serviert wird. Dazu werden diverse Brotsorten mit Butter gereicht. Wichtig ist, daß auf der Platte ein Käsemesser bereitliegt. Um den Gaumen des Gourmets auf den bevorstehenden Genuß vorzubereiten, beginnt man mit einem milden Käse, dem dann herzhaftere Sorten folgen. Hierbei ist zu beachten, daß bei verschiedenen Käsesorten jeweils die Teller gewechselt werden.

**– Kartoffeln**
dienen nicht nur dem Zweck, satt zu machen, sondern auch als Saucenträger. Das erklärt eigentlich auch schon, warum Kartoffeln nicht mit dem Messer geschnitten werden sollen: Eine glatte Schnittfläche kann kaum die raffinierte Sauce aufnehmen, die den »Erdapfel« geschmacklich erst so richtig zur Geltung kommen läßt. Früher liefen, ähnlich wie beim Ei, Messer bei Berührung mit der Kartoffelstärke an und verfärbten sich, was als weiterer Grund gelten mag. Wie auch immer Sie jedoch Ihre Kartoffeln genießen – ob mit dem Messer geschnitten oder mit der Gabel zerteilt –, eines ist nach wie vor tabu: das Zerquetschen der Kartoffel mit der Gabel! Der so entstehende, unter Umständen auch noch braune Brei kann beim Tischnachbarn schlimmstenfalls eine äußerst unappetitliche Erinnerung an Kleinkinder im Windelalter hervorrufen!

*Manche Speisen – wie etwa der Kaviar - erfordern sogar ein bestimmtes Besteck.*

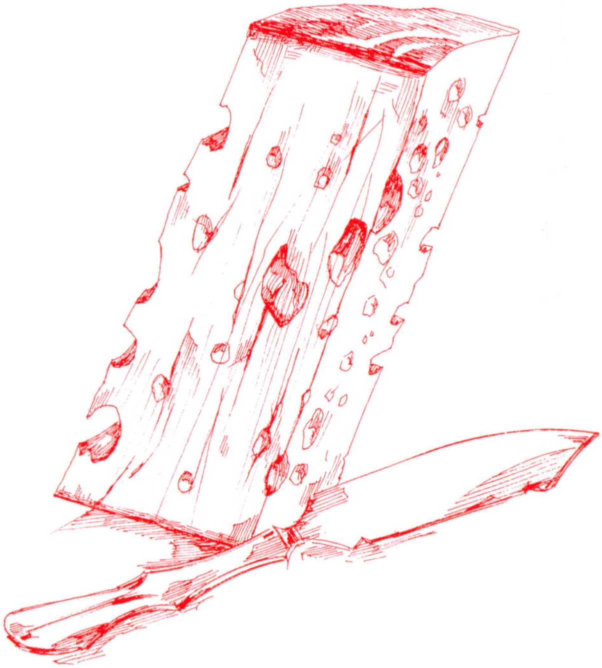

**– Kirschen**
werden frisch serviert und mit den Fingern gegessen. Den Kern läßt man hinter vorgehaltener Hand diskret auf den Teller fallen.

**– Krabben**
werden hierzulande meistens fertig gepult (also geschält) als Portion

serviert. Große Krabben, die bis zu zwei Kilogramm schwer werden können, werden wie Hummer und Langusten gegessen. Die kleineren Garnelen und Shrimps werden mit den Fingern geradegebogen (Kopf links, Schwanz rechts), bis die harte Schale bricht. Dann wird der Schwanzteil ruckartig vom Körper getrennt.
Die einzelnen Glieder der Schale werden nun gelöst, das Fleisch wird mit den Fingern gegessen.
Genießer saugen zudem noch die Köpfe der Krabben aus.

**– Krebse**
werden von Hand gegessen. Zum Auseinandernehmen sollten jedoch Teller, Gabel und Krebsmesser bereitliegen.

**– Mandarinen**
schält man mit den Fingern und ißt sie Stück für Stück ohne Obstbesteck (alles andere wirkt bestenfalls lächerlich).

**– Muscheln**
kommen als »großer Haufen« in einer Terrine, schwimmend in einer köstlichen Brühe oder Suppe auf den Tisch. Man nimmt eine der zweihälftigen Schalen und pult bei dieser ersten Muschel das gelblichweiße Fleisch mit der Gabel heraus. Die beiden, miteinander verbundenen, nun leeren Schalenhälften dienen jetzt als Besteck. Wie mit einer Zange zieht man mit ihnen das Fleisch aus den übrigen Schalen heraus und führt es zum Mund.

**– Pastete**
wird niemals mit dem Messer geschnitten, sondern stets nur mit der Gabel, eventuell auch mit dem Löffel gegessen.

*Bei Krabben, Hummer & Co. muß man erst die Schale brechen, bevor das Eßvergnügen beginnen kann.*

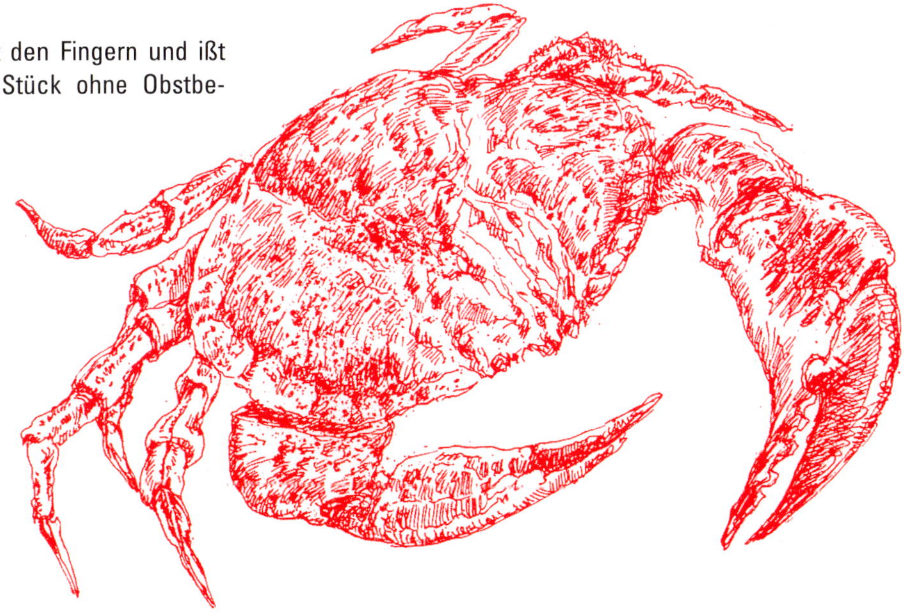

**– Pfirsiche**
werden, ganz gleich, ob sie geschält im Saft oder frisch und ungeschält auf den Tisch kommen, stets mit dem Obstbesteck gegessen.

**– Pflaumen**
bricht man mit den Fingern auf (Vorsicht vor Spritzern bei besonders saftigen Früchten!) und entfernt den Kern, den man dann hinter der vorgehaltenen Hand auf einen Teller legt. Das Fruchtfleisch wird mit den Fingern zum Mund geführt.

**– Salat**
darf, sofern er großblättrig serviert wird, mit dem Messer zerteilt werden.

**– Schnecken**
kommen in aller Regel in Spezialpfannen auf den Tisch. Man nimmt die Gehäuse mit einer Schneckenzange aus der Pfanne und legt sie auf den Teller oder direkt in den bereitliegenden Suppenlöffel. Mit der zweizinkigen Schneckengabel nimmt man dann das Fleisch aus dem Gehäuse, ißt es direkt von der Gabel oder legt es zunächst auf den Löffel, um die Schnecke vor dem Verzehr noch mit der heißen, flüssigen Butter aus dem Gehäuse zu übergießen.

*Obstkerne werden stets dezent hinter vorgehaltener Hand auf den Teller gelegt.*

**– Spaghetti**
sind eine Kunst für sich, denn die langen »Fäden« finden in unserer deutschen Küche kein Pendant. Entsprechend schwer tun sich viele beim geschickten Umgang mit ihnen. Könner legen sich drei oder vier Nudeln mit der Gabel auf den Tellerrand und wickeln sie dann geschickt um die Zinken. Weniger versierte Italienfans sollten aber den Gebrauch eines Löffels (in der linken Hand) nicht scheuen. Die Zuhilfenahme dieses Bestecks verschont vor hämischem Grinsen und wird selbst in Italien nicht mehr mit Verachtung bestraft. Auf gar keinen Fall aber dürfen Spaghetti mit dem Messer zerschnitten werden!

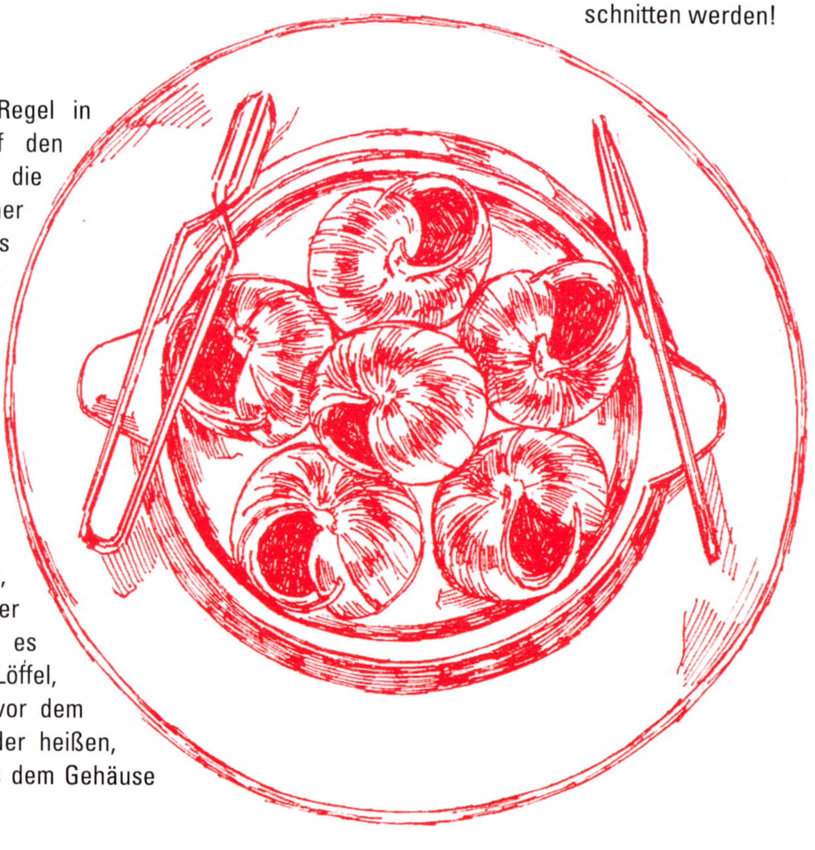

**– Spargel**
wird von Fachleuten immer mit der Spitze nach links auf dem Teller serviert. Ob Spargel nun mit der Hand gegessen oder mit dem Messer zerteilt wird, ist eine Streitfrage nur unter Gelehrten. Sicher ist jedenfalls, daß Spargel stets von der Spitze her gegessen wird.

**– Suppe**
kommt meist im tiefen Teller auf den Tisch. Daß sie nicht geschlürft oder kaltgepustet werden darf, ist bereits erwähnt worden. Den Teller gar zu kippen, um den Rest auszulöffeln, gilt in bestimmten Kreisen als grober Fauxpas. Anders verhält es sich, wenn die Suppe in Tassen serviert wird. In diesem Fall darf die Neige sogar ausgetrunken werden.

**– Weintrauben**
werden mit den Fingern einzeln von der sogenannten Rispe abgezupft und zum Mund geführt.

## Die Serviette – mehr als nur ein »Lappen«

Nun noch ein Hinweis auf die Benutzung eines kleinen Tuches, welches der erstaunte Herr Schmitz bisweilen neben seinem Gedeck findet. Die Rede ist – Sie ahnen es sicher schon – von der Serviette.

**Kleine Geschichte der Serviette**
Im Jahre 1654 wurde eine offizielle Tischordnung erstellt, in der es u.a. heißt, daß die Herren der Schöpfung doch bitte nicht in das Tischtuch schneuzen sollten. Und tatsächlich: Sie gewöhnten sich diese Unsitte ab und waren hocherfreut, als wenig später die Serviette an den Höfen Europas ihren Triumphzug antrat – konnten sie doch ihre Nase nun säubern, ohne das kostbare Tischtuch dafür zu mißbrauchen.

*Servietten dienten ursprünglich als Taschentücher – um die Tischtücher zu entlasten...*

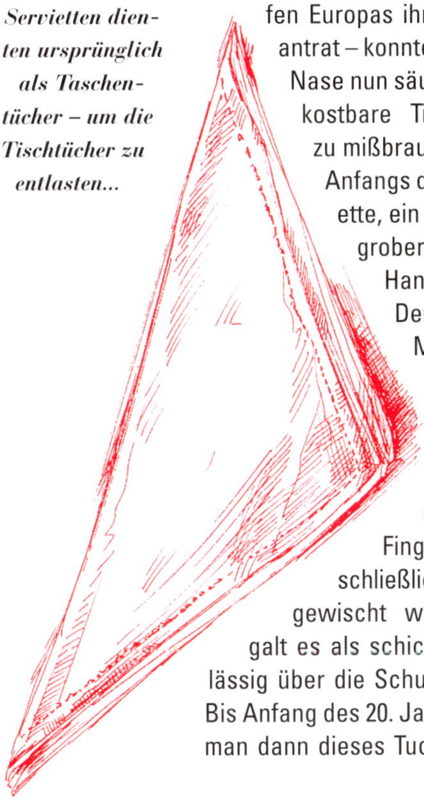

Anfangs diente die Serviette, ein zumeist großer, grober Lappen, als Handtuch.

Der Gebrauch von Messer und Gabel zum Essen war noch weitgehend unbekannt, und die fettigen Finger mußten ja schließlich irgendwo abgewischt werden. Damals galt es als schick, die Serviette lässig über die Schulter zu hängen. Bis Anfang des 20. Jahrhunderts trug man dann dieses Tuch um den Hals

## Das Tuch am Hals

- Die Serviette wird einmal gefaltet auf den Schoß gelegt.
- Eingesteckt im Krages des Hemdes hat sie nichts zu suchen.
- Sie wird benutzt, um sich zwischendurch die Lippen abzutupfen oder um Fettränder von Gläsern zu wischen.
- Erst wenn der Gastgeber das Mahl eröffnet hat, wird die Serviette benutzt.
- Nach dem Essen wird sie gefaltet links neben den Teller gelegt.

gebunden oder in den Kragen gesteckt, was allein von seiner Größe her äußerst praktisch war. Die Kleidung wurde so vor unangenehmen und schwer zu reinigenden Flecken bewahrt.
Heute ist das alles ganz anders. Zum einen ist die Serviette »geschrumpft«,

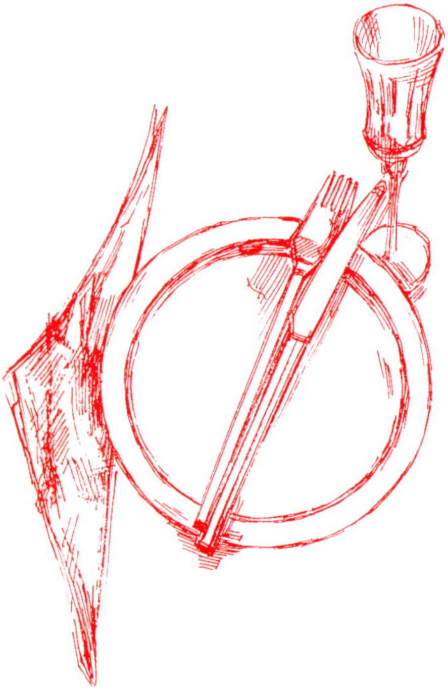

*Zu Zeiten, als die chemische Reinigung noch unbekannt war und auch die Tischmanieren noch nicht so ausgereift waren, daß die Kleidung vor häßlichen Flecken verschont blieb, war es durchaus angebracht, den ganzen Körper mit der Serviette zu bedecken.*

also kleiner geworden, zum anderen geht man auf ganz andere Weise mit ihr um.
Ihre Maße betragen höchstens noch 50 mal 50 Zentimeter, sie wird vor dem Essen einmal gefaltet auf den Schoß gelegt, jedoch erst dann, wenn der Gastgeber nach seiner Serviette greift und damit das Essen eröffnet.
Gedacht ist dieses Stück Stoff zur »kleinen Reinigung« während des Essens, also um sich vor dem Trinken kurz die Lippen abzuwischen, um Speise- und Fettränder am Glas zu vermeiden. Auch zum Abwischen des Mundes beim Essen benutzt man die Serviette (und nicht den Hemdsärmel).
Nach der Mahlzeit wird die Serviette entgegen ihrem Originalkniff gefaltet und links neben den Teller gelegt. Dies zeigt an, daß der Gast mit dem Essen fertig ist.
Servietten sollten immer aus Stoff sein; Servietten aus buntgefärbtem Papier haben viele Nachteile (nicht kompostierbar, nicht reißfest u.a.).

# Im Restaurant zeigt sich, wer es kann

## Im Restaurant wird gegessen – aber gesittet

Wo essen Leute, die es sich leisten können und die keine Lust haben, selbst ein großartiges Menü zuzubereiten? Richtig, im Restaurant. Da sich aber wohl die wenigsten von uns tagtäglich auf diesem Terrain bewegen, werden im Lokal (und hierbei ist es gleich, ob es sich um ein Etablissement der unteren, mittleren oder gehobenen Klasse handelt) immer wieder Fehler begangen, die zeigen, daß Gäste keine Ahnung vom korrekten Benehmen im Restaurant haben.

*»Bedienung!« »Kollege kommt gleich...« »Hallo, Bedienung!« »Tur mir leid, ist nicht mein Tisch!«*

Beginnen wir zunächst mit der Auswahl des Lokals. Schon hier muß mit Bedacht vorgegangen werden. Dabei kann man sich entweder nach einer Empfehlung richten oder auf eigene Erfahrungswerte zurückgreifen. Wichtig ist jedoch, daß die Einladung ins Restaurant den richtigen Rahmen hat, eine dem Anlaß und dem Gast angemessene Kategorie. Natürlich sollte nicht die »letzte Kaschemme« ausgesucht werden. Ein palastartiges Nobelrestaurant jedoch, für das der Gast im Falle einer Gegeneinladung erst einen Kredit bei seiner Bank aufnehmen müßte, wäre ebenso ungeschickt.

*Schon bei der Wahl des Restaurants zeigt sich, wer seine Gäste wirklich schätzt.*

**Dame oder Herr – wer öffnet die Tür, wer tritt zuerst ein?**
Früher war es üblich, daß zuerst der Herr ein Lokal betrat, sich umsah, dann der Dame die Tür aufhielt und sie hinter sich zum Tisch führte. Diese Sitte erscheint logisch, wenn man bedenkt, wie es in den »wilden« Zeiten in so manchem Gasthaus zuging.
Gasthäuser wurden von sogenannten »anständigen« Damen fast ausschließlich betreten, wenn sie sich auf Reisen befanden. Ihr männlicher Begleiter hatte die Pflicht, zunächst einmal zu prüfen, ob das Etablissement den Ansprüchen seiner Dame auch genügte. War dies nicht der Fall, so konnte er sie durch sein Vorausgehen vor dem Anblick derber Betrunkener oder Schlimmerem bewahren.

Noch heute halten viele an dieser Gepflogenheit des Mannes fest – obwohl es eigentlich kaum noch nötig ist, bedenkt man ihren Ursprung. Aber viele Damen wissen es auch heute noch zu schätzen, wenn ihr Begleiter ihnen die Tür zum Restaurant aufhält.

## Die Wahl des richtigen Tisches

Ein vorausblickender Gastgeber wird für den Abend einen Tisch im Restaurant seiner Wahl vorbestellen. Hierbei empfiehlt es sich, die Lokalität vorher in Augenschein zu nehmen, den besten Tisch auszuwählen. Welche Dame oder welcher Geschäftspartner möchte bei einem noblen Essen schon vom Rein und Raus vor der Toilettentür behelligt werden, im zugigen Bereich des Eingangs sitzen oder von mannigfachen Küchendüften eingenebelt werden?

**Wer geht vor, und wer geht nach?**
Bei einem Essen mit mehreren Personen geht der Gastgeber mit der ersten voraus zum bestellten Tisch. Die meisten Oberkellner in guten Restaurants werden dann die weiteren Gäste begleiten. Sollten Sie auf einen treffen, dem dieses höfliche Verhalten unbekannt ist, dann bitten Sie ihn diskret darum.
Dem Gastgeber obliegt es, seine Gäste zu begrüßen. Dementsprechend sollte er für sich selbst einen Platz wählen, von dem aus dies auch mühelos möglich ist, ohne daß alle anderen Anwesenden erst aufstehen müssen, um Platz zu machen. Zu diesem Zweck eignet sich ganz hervorragend der Aperitif an der Bar.

**Mißverstandene Höflichkeit**
Ein Kavalier der alten Schule ging einmal mit einer eher flüchtig bekannten Dame in ein Restaurant. Wie er es gelernt hatte, hielt er ihr die Tür auf, betrat als erster das Lokal und wollte seiner Begleiterin aus dem Mantel helfen. Diese aber drehte sich pfeilschnell um, ohrfeigte den armen Mann, der gar nicht wußte, wie ihm geschah, und blaffte ihn mit den Worten an: »Ich kann mich alleine ausziehen! Wenn ich das von Ihnen wünsche, sage ich es Ihnen!«
Was hatte dieser Kavalier falsch gemacht? Eigentlich gar nichts!
Sein einziger »Fehler« war, daß er an eine Feministin geriet, die den Begriff »Emanzipation« vielleicht doch allzu streng auslegte.

*Die gesellige Runde mit einem Drink an der Bar einzuläuten gibt Gelegenheit, einander zwanglos kennenzulernen. Auch wenn sich die Gäste untereinander schon kennen, ist ein gemeinsamer Drink ein angenehmer Beginn des Abends.*

Heute gilt es nicht mehr als chauvinistisch, wenn ein Herr einer Dame aus dem Mantel hilft. Viel eher bezeugt es den Respekt, den ER vor IHR empfindet, zeigt, daß der Kavalier seiner Begleiterin unbequeme und unansehnliche Verrenkungen ersparen möchte.

## Platzanbieten und Stühlerücken

In guten Restaurants werden die Gäste vom Kellner empfangen. Die Regel besagt, daß die Dame ihm direkt zum Tisch folgt, hinter ihr geht der Herr. Bietet sich kein Kellner als Begleiter an, so hat der Herr vorauszugehen und seinen Gästen die Wahl des Platzes zu überlassen.

**Ein ungehobelter Klotz**
Zum Thema »Platz anbieten« wollen wir wieder unseren Herrn Schmitz

bemühen. Früher war es so, daß er, trat einmal der seltene Fall ein, daß er zusammen mit seiner Frau in ein Restaurant ging, zielstrebig auf einen Platz zusteuerte und ihn in Beschlag nahm. Frau Schmitz war verärgert darüber und suchte sich griesgrämig einen Platz neben ihrem Göttergatten. Irgendwann jedoch machte sie Herrn Schmitz darauf aufmerksam, daß es sich eigentlich schicken würde, ihr den Stuhl zurechtzurücken. Herr Schmitz merkte sich dies, und kaum ergab sich eine neue Gelegenheit, wartete er, bis sich seine Frau einen Stuhl ausgesucht hatte, rückte ihn etwas vom Tisch ab und stieß ihn, kaum daß Frau Schmitz sich hocherfreut niederlassen wollte, in die Kniekehlen seiner Gattin.
Wohl jeder dürfte wissen, daß beiderlei Verhalten falsch war. Richtig wäre gewesen, wenn Herr Schmitz vorsichtig mit beiden Händen den Stuhl an der Lehne vorgeschoben hätte, während seine Frau sich langsam setzte. Dann erst nimmt Herr Schmitz selbst Platz.

*Die italienische Filmdiva Sophia Loren verließ einmal wutentbrannt ein Restaurant, weil sie am Tisch erfuhr, daß ihr Lieblingskellner kurz zuvor entlassen worden war.*

Auch die Sitte aufzustehen, wenn sich eine Dame am Tisch erhebt oder eine weitere hinzukommt, gilt als schicklich. Eine Ausnahme davon gibt es nur in größerer Runde, weil zuviel Unruhe entstünde, würde jeder Herr aufstehen, sobald eine Dame an den Tisch tritt. Zumindest aber sollte in diesem Fall ein Aufstehen wenigstens angedeutet werden.

## Die Qual der Wahl beim Essen

Bei der Auswahl der Speisen und Getränke kann es vorkommen, daß der Gastgeber gutgemeinte Empfehlungen ausspricht. Diese erleichtern nicht nur die Auswahl des Menüs, sondern geben auch einen diskreten Hinweis darauf, wieviel der Einladende in etwa auszugeben gedenkt. Natürlich muß man nicht unbedingt den Vorschlägen entsprechen, sollte sich jedoch, wenn man etwas anderes möchte, in etwa der vorgegebenen Preisklasse anpassen. Schließlich möchte man den Gastgeber ja nicht schädigen.

### Im Restaurant

- Der Herr betritt vor der Dame ein Restaurant.
- Beim Betreten des Lokals hilft der Herr der Dame aus dem Mantel.
- Beim Verlassen des Lokals hilft er ihr in den Mantel.
- Erhebt sich eine Dame bei Tisch oder kommt eine weitere hinzu, so steht der Herr auf.
- Der Herr bietet der Dame einen Platz an und rückt ihr den Stuhl zurecht.

Als Gastgeber stellt man niemals die etwas taktlose Frage: »Möchte jemand ein Dessert?« Besser klingt: »Welches Dessert möchten Sie?«

## Gleichberechtigung hat auch im Restaurant Einzug gehalten

Einer längst überholten Auffassung zufolge obliegt es immer dem Herrn, den Wein zu probieren und die Bestellung aufzugeben. Doch selbstbewußte Damen wissen heutzutage sehr wohl, welcher Wein ihnen schmeckt, und sie können ihn auch selbst kosten. Ähnliches gilt für die Bestellung der Speisen und Getränke. Galt der Herr früher als Mittler zwischen Dame und Kellner, so ist es heute doch eher üblich, daß Frauen selbst mit einem Restaurantbediensteten reden. Alles andere wäre eine Bevormundung, die sich keine Frau gefallen lassen sollte. Überläßt SIE es jedoch IHM von sich aus, die Bestellung aufzugeben, so nennt ER seine Wünsche höflichkeitshalber nach denen der Dame.

*Die Emanzipation der Frau zeigt sich nicht nur im Geldverdienen, sondern auch im Geldausgeben.*

**Muß wirklich immer der Mann die Rechnung begleichen?**
Preisfrage: Muß der Herr im Restaurant immer und unter allen Umständen die Rechnung bezahlen, oder darf heute auch die Dame zur Börse greifen?
Antwort: Sie darf!
Noch immer fällt es vielen Herren schwer, sich von einer Dame einladen zu lassen. Kein Wunder, galt doch noch bis in die sechziger Jahre hinein die unumstößliche Regel, daß Frauen erst gar kein Geld ins Restaurant mitnehmen brauchten. Aber wie viele Portemonnaies mögen wegen dieser Regel heimlich unter dem Tisch von einer Hand in die andere gewechselt sein, wie viele Männerohren mögen peinlich errötet sein, wenn SIE IHM diskret einen Schein zum Bezahlen zugesteckt hat!?

Heute gilt: Lädt SIE IHN ein, dann »darf« SIE auch bezahlen. Schließ-

lich verdient ein Großteil der Frauen heute eigenes Geld, über das sie nach Belieben verfügen. Warum sollte das Bezahlen einer Rechnung dann unschicklich sein?

Das Begleichen der Rechnung kann aber trotzdem noch zu unangenehmen Situationen führen. Um den Gast nicht dazu zu zwingen, krampfhaft wegzuschauen, wenn die Rechnung präsentiert wird, sollte der Gastgeber sich den Beleg nicht an den Tisch bringen lassen. Besser ist es, sich einen Moment zu entschuldigen, um die Rechnung direkt an der Kasse zu bezahlen.

## Was tut man, wenn's nicht geschmeckt hat?

Stimmt etwa mit dem Essen irgend etwas nicht, so sollten Reklamationen sofort angebracht werden. Hinterher zu meckern bringt gar nichts, dann ist bekanntlich das Kind schon längst in den Brunnen gefallen. Da wir aber nun schon einmal bei den guten alten Sprichwörtern sind, bedenken Sie bitte: »Wie man in den Wald hineinruft, so schallt es zurück.« (Der Ton macht die Musik!) Will sagen: Bringen Sie Ihre Beschwerde dem Kellner in ruhigem, angemessenem Ton vor. Er selbst ist ja nicht dafür verantwortlich, was aus der Küche kommt. Und sich als Gast wie ein kleiner König oder gar wie ein Möchtegern-Despot aufzuführen, ist

*Es gehört sich nicht, mit neugierigen Argusaugen auf die Rechnung zu starren, wenn der Gastgeber ausnahmsweise direkt am Tisch bezahlt.*

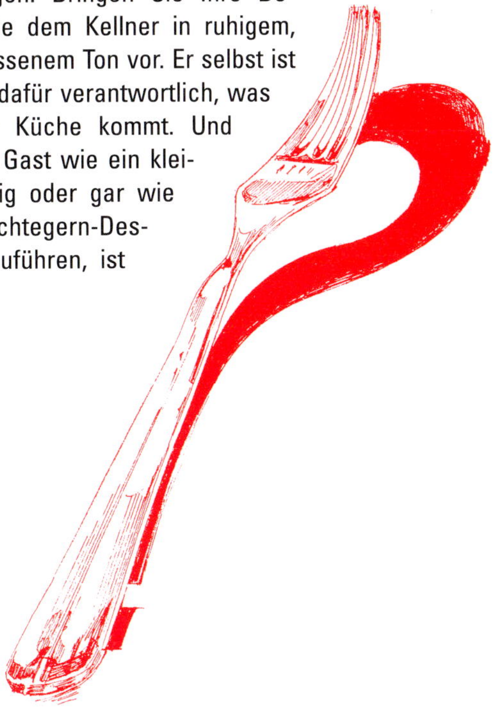

für alle Anwesenden nur peinlich. Außerdem erreicht man mit einer Beschwerde in ruhigem Ton mehr.

## Beim Verlassen des Lokals

Nach dem Essen gibt es speziell für den Herrn noch einige Benimmregeln zu beachten. Beim Verlassen des Lokals geht er voraus zur Garderobe und zieht sich seinen Mantel an. Dann erst hilft er der Dame in den ihren.

**Hitliste der unangenehmen Restaurantbesucher und Gäste**

Nicht nur die ewigen Meckerer sind für Kellner, Köche und Gastgeber eine Art biblischer Prüfung. Es gibt noch so manch anderen »Restauranttypen«, der die Nerven aller ganz extrem strapazieren kann – Menschen, die so unhöflich sind, daß sie meist nicht einmal merken, wie sie anderen den schönen Abend verderben. Trotzdem auf Platz 1:

**Die Meckerer**

Da wäre zunächst einmal jener zu nennen, dem man die himmlischsten Köstlichkeiten anbieten kann, ohne daß er sie zu würdigen weiß. »Das mag ich nicht« ist einer seiner typischen Sätze. Oder: »Zwiebeln im Salat stoßen mir auf, von Schweinefleisch bekomme ich Gicht, gegen Sellerie bin ich sowieso allergisch, und Pfeffer bringt mich schier um!« Eine besonders gemeine Variante dieses Schlags sind jene, die ihre Beschwerden grundsätzlich erst dann zur Sprache bringen, wenn das Essen bereits auf dem Tisch steht.

Ohne Vorwarnung wird dann ein schnödes Butterbrot verlangt, weil alle anderen liebevoll zubereiteten Speisen angeblich das reinste Gift sind. Der Gastgeber oder die übrigen Gäste fühlen sich dadurch zu Recht brüskiert, denn schließlich haben sie das Restaurant meist gerade wegen seiner guten Küche ausgewählt.

*Tip: Gönnen Sie dem Gast sein Butterbrot und ignorieren Sie ihn bei der nächsten Einladung!*

**Die Nachwürzer**

Eine weitere Plage für jeden, der stundenlang am Herd gestanden und sich größte Mühe bei der Zubereitung eines besonders ausgefallenen und schmackhaften Menüs gegeben hat, sind die »Nachwürzer« – eine besondere Spezies, die eigentlich jeder in seinem Bekanntenkreis findet. Der Sänger, Schauspieler und Showmaster Vicco Torriani, ein leidenschaftlicher Koch und Restaurantbesitzer, ist einmal in einer Folge der Sendung »Verstehen Sie Spaß?« auf einen solchen Menschen hereingefallen. Der »Lockvogel« bestellte sich ein phantastisches Essen, mit dem Torriani sich die größte Mühe gegeben hatte. Kaum aber waren die Speisen auf dem Tisch, begann der angebliche Feinschmecker, über alles Ketchup zu schütten – so lange, bis vom Essen selbst nichts mehr zu sehen war und Torriani kurz vor einem Nervenzusammenbruch stand.

*Tip: Schließen Sie den Gast bei der nächsten geselligen Runde aus.*

Diesen Typ gibt es aber leider nicht nur im Fernsehen. Wir begegnen ihm überall und zu jeder Zeit, fast instinktiv greift er zu Salzstreuer und Pfeffermühle, noch ehe er das Essen überhaupt probiert hat – eine grobe Beleidigung für jeden Koch und jede Köchin.

## Unliebsame Gäste

- Nörgeln Sie nicht am Essen herum.
- Würzen Sie nicht übertrieben nach.
- Probieren Sie auch ruhig mal Speisen, die Sie nicht kennen.
- Halten Sie sich mit Sonderwünschen zurück.
- Vergleichen Sie nicht das eine mit dem anderen Lokal.
- Machen Sie nicht ständig alles mies.
- Springen Sie auch mal bei unliebsamen Speisen über Ihren Schatten.
- Achten Sie nicht jedesmal voller Geiz auf Ihr Geld.

**Die Bauern**

Die nächste Kategorie der Miesmacher nenne ich, getreu einem weiteren alten Sprichwort, »Bauern« (was nicht im geringsten eine Herabsetzung des Berufsstandes oder eines Menschen mit diesem schönen Namen sein soll). »Was der Bauer nicht kennt, das ißt er nicht«, so das Sprichwort, und so auch das Verhalten bei Tisch der »Bauern«. Lädt man sie zum exklusiven Italiener ein, so bringen sie es prompt fertig, ein Jägerschnitzel zu bestellen. Eine Einladung zum Japaner lehnen sie von vorneherein ab, weil es da bekanntlich Sushi gibt, »und rohen Fisch rühre ich nicht an!«. Ähnliches kann man mit ihnen in allen möglichen Spezialitätenlokalen erleben.

Will man einen »Bauern« dennoch zum Freund haben, so sollte man sich am besten bei dessen Mutter erkundigen, was Sohnemann seit seiner frühesten Kindheit gerne zu sich nimmt.

*Tip: Im Zweifelsfall entlocken Sie Ihrem Gast mit der Empfehlung einer schlichten Erbsensuppe unerwartete Freudentränen.*

**Die Individualisten**

Die folgende Spezies der notorischen Appetitverderber ist vorzugsweise in Restaurants der gehobenen Mittelklasse zu finden. Es handelt sich um die Besserwisser, Egomanen und übertriebenen Individualisten. Man erkennt sie daran, daß sie die Speisekarte zur Hand nehmen, die Stirn in Falten werfen und immer wieder leise vor sich hinbrummelnd den Kopf schütteln. Kommt dann der Kellner, um nichtsahnend die Bestellung aufzunehmen, geht's los. Zwar hat sich der Egomane für ein Menü entschieden, das auf der Karte steht, aber so einfach will er es dem Personal dann doch nicht machen, jetzt werden jede Menge Sonderwünsche angebracht – nervig! »Statt der Suppe hätte ich gerne einen kleinen Salat, und kann ich statt der Pommes frites bitte Kroketten haben? Ist Ihre Sauce hollandaise wirklich gut? Ach, wissen Sie was, ich nehme doch lieber eine ganz normale Pfeffersauce

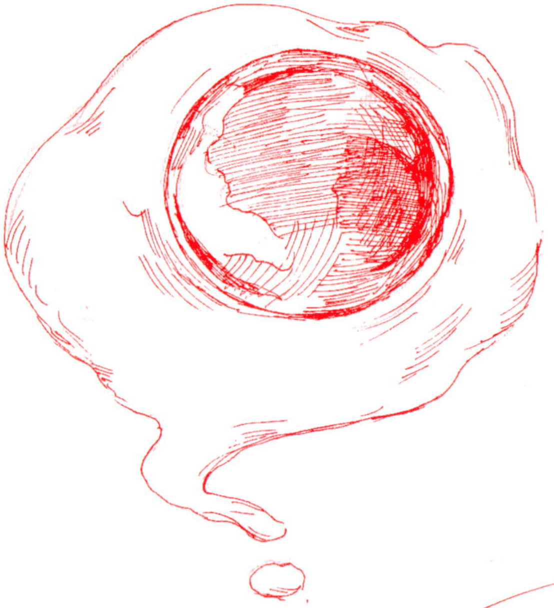

– aber bitte mit frischen grünen Pfefferkörnern. Und als Dessert wäre mir frisches Obst eigentlich lieber als die Mousse. Aber ansonsten alles so, wie es auf der Karte steht...!« – Armer Koch!

**Die Vergleicher**

Unter deutschen Touristen im Ausland findet man diesen Typ erschreckend oft: Es sind die Vergleicher, die – ganz egal, wo sie sich befinden und wie gut die Lokalität ist – immer noch einen draufzusetzen wissen. »In der kleinen Kneipe in Griechenland, du weißt schon, die mit dem urigen Wirt, war die Fischsuppe aber um Klassen besser«, hört man beispielsweise einen klassifizieren. Auch Restaurants in Deutschland bleiben vor den Vergleichern leider nicht verschont: »Also, ich weiß nicht, aber im ›Dona Rosa‹ ist die Calzone einfach krosser. Und die Lasagne ist bei ›Marios‹ auch nicht gerade das Gelbe vom Ei...«

**Die Miesmacher**

Dem Gastgeber und den Gästen ein schlechtes Gewissen bereitet immer wieder jene Gattung Miesmacher, die uns stets an sämtliche Hungerkatastrophen der Welt zu erinnern müssen glaubt. Selbstverständlich gibt es Biafra, Angola, Äthiopien und Indien, wo die Menschen nicht einmal das Notwendigste zum Essen haben. Wir wissen das, aber müssen wir es uns wirklich zu jeder Gelegenheit ins Gedächtnis rufen? Dürfen wir nicht genießen, weil in anderen Teilen der Welt vielleicht schon eine Handvoll Mais als Luxus gilt?

*Tip: Machen Sie nach einem opulenten Mahl eine kleine Spendensammlung für Bedürftige.*

**Die Naturfreaks**

Spartanisch erscheinen auch diejenigen, denen nach dem Genuß eines vorzüglichen Mahls nichts Besseres einfällt, als wahre Lobeshymnen auf die einfache Küche zu singen: »Wißt ihr, die Kalbsmedaillons und der gedünstete Spinat waren wirklich ganz toll. Aber ich wäre eigentlich auch schon mit einem guten Hüttenkäse und einem Glas Landwein zufrieden gewesen. Das schmeckt doch noch so richtig herzhaft nach Natur!« Spartanisch – oder ein Spielverderber?

*Tip: Servieren Sie beim nächsten Mal Hüttenkäse und Landwein!*

**Die Knauserer**

Als letzter in der Kategorie der Nörgler und Appetitverderber sei der »Knauserer« erwähnt. Was hat er uns alle schon genervt mit seinem ewigen: »Ich werde doch hier keinen Kaffee trinken, wenn ich ihn mir zu Hause um mehr als die Hälfte billiger machen kann!« Oder: »Großer Gott, ich fasse es nicht! Das sind ja Preise hier wie in der Apotheke!«

Der typische »Knauserer« beschwert sich selbst dann noch über die Preise in einem Lokal, wenn er eingeladen wird – gerade so, als meinte er, den Gastgeber vor unnötigen Ausgaben für sich selbst bewahren zu müssen. Solche Leute sind auch mit viel Mühe nicht zu bekehren – der Geiz steckt zu tief in ihnen. Am besten bewahrt man sich vor dem »Knauserer«, indem man ihn nicht mehr einlädt. Für seine anderen Gäste ist man ja ein guter Gastgeber.

*»Mensch, der du lebst unter Menschen – lebe!*
*Mensch, der du zu lachen verstehst – lache!*
*Mensch, der du Trauer trägst – traure!*
*Denn nur der Strolch und Tagedieb scheut das Licht der Sonne!*
*Allen andren sei gesagt:*
*Tuet euch zusammen und singet!«*

## Kapitel 6

# Gewusst wie in der Öffentlichkeit

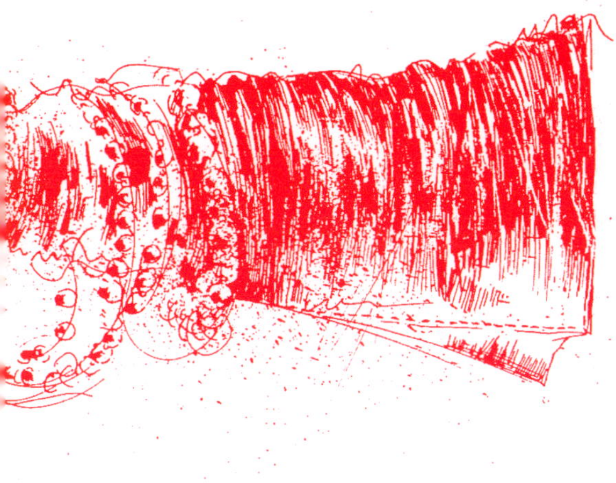

**Auf einen Blick**

**Vom Benehmen in Theater, Kino und Kirche**
Pommes, Popcorn, Pünktlichkeit

**Titel und Anreden**
Ich, du, er, sie, es

**Ist der Handkuss noch zeitgemäss?**
Küsse, Knickse, Diener

**Verhalten beim Amtsbesuch**
Bürger und Beamte

**Wie man sich beim Arzt benimmt**
Warte- und Behandlungszimmer

**Höflichkeit im Strassenverkehr**
Rambo und Radfahrer

**Telefon und Anrufbeantworter**
Laut und leise

# Überall, wo man Menschen trifft

## Allgemeine Regeln in der Öffentlichkeit

Wohl die meisten von uns begegnen mehr oder weniger regelmäßig anderen Menschen – seien es die Nachbarn auf der Straße, beim Einkaufen oder bei einer Einladung zu einer Party. Selbst dann, wenn wir tief im Grunde unseres Herzens Eigenbrötler sind, müssen wir, wollen wir in einem ganz umfassenden Sinn gesund bleiben, zumindest hin und wieder soziale Kontakte knüpfen. Dies kann im engsten Freundeskreis genausogut geschehen wie unter vielen im Theater oder Kino.

*»...und dann malte sie sich aus, wie berückend doch so ein illustres Leben dahinrauschen mußte, in dem sich Ausschweifung an Ausschweifung, Orgie an Orgie, Sinnengenuß an Sinnengenuß reihte...«*

(aus: „Pariser Abenteuer« von Guy de Maupassant)

Wie man sich im Umgang mit seinen Freunden, im Familienkreis und bei Bekannten benehmen sollte, wurde bereits in den vorigen Kapiteln beschrieben. Wie aber steht es in der eher doch anonymen Öffentlichkeit? Wie geht man mit Menschen um, die man nicht kennt (und auch nicht unbedingt kennen möchte), die man ein einziges Mal in seinem Leben trifft und dann nie wieder, die einem im Grunde genommen piepegal sein können?

► Sie ahnen es sicher schon, liebe Leserin, lieber Leser, auch in der Öffentlichkeit (und gerade da!) gibt es Benimmregeln, die man kennen und an die man sich halten sollte, gerade wenn man sich nicht allein, sondern in Begleitung einer anderen Person befindet.

*Manch einer glaubt, sein gutes Benehmen zu Hause lassen zu können und in der Öffentlichkeit »die Sau rauslassen« zu dürfen. Aber gerade außerhalb der eigenen vier Wände zeigt sich, wer die Regeln kennt und Lebensart besitzt.*

### Blickrichtung und Augenkontakt

Unser lieber Herr Schmitz hat es sich zur Gewohnheit gemacht, wenn er zusammen mit seiner Frau in der Stadt ist und in einem gemütlichen Straßencafé seinen heißgeliebten Weinbrand zu sich nimmt, stets und ständig nach anderen Passanten Ausschau zu halten – und dies nicht etwa, um vielleicht das ein oder andere bekannte Gesicht in der Menge zu erspähen. Nein, Herr Schmitz, dieser Schwerenöter, schaut zu gern nach anderen Damen!

Daß dieses unhöfliche Verhalten seine Gattin zutiefst verärgert, ja verletzt, wird wohl jeder nachvollziehen können.

Lieber Herr Schmitz! Die Augen sind auf diejenige oder denjenigen gerichtet, mit dem man ausgegangen ist und sich unterhält. Alles andere, Glotzen und Starren, zeugt von Ihrem mangelnden Feingefühl.

## Telefon und Zärtlichkeiten

Oft zu großem Ärger führt die Unsitte einiger Damen und Herren, eine öffentliche Telefonzelle als eine Art »zweites Zuhause« zu betrachten. Da wird mit der besten Freundin stundenlang darüber lamentiert, daß der werte Gatte mal wieder bis spät in die Nacht dem Gerstensaft gefrönt hat; oder endlose Versuche werden unternommen, trotz des wiederholten Besetztzeichens doch noch eine Verbindung zu bekommen, oder die

Geduld anderer Wartender wird über Gebühr dadurch strapaziert, daß man während des Gesprächs in seinem Portemonnaie nach passendem Kleingeld kramt.

Diese kleinen gelben (neuerdings in Weiß-Pink gehaltenen) Häuschen sind, wie ihr Name schon sagt, öffentliche Telefonzellen, also für jeden zugänglich. Heutzutage, da fast jeder Privathaushalt über einen Telefonapparat verfügt, sollten öffentliche Telefone dringenden Nachrichten vorbehalten sein. Eine Menschenschlange draußen im Regen darauf warten zu lassen, daß auch sie endlich mal Anschluß bekommen, ist einfach unhöflich und sollte nicht vorkommen.

*Verliebte sollten daran denken, daß sie nicht allein auf der Welt sind.*

Apropos Anschluß. Bisweilen soll es ja vorkommen, daß Mann und Frau eben jenen aneinander finden. Schön für die beiden, schön für alle, denen beim Anblick eines frischverliebten Pärchens das Herz aufgeht.

Weniger schön jedoch ist, wenn das Paar auch in der Öffentlichkeit gar nicht voneinander lassen kann. Allzu heftig empfundene Zärtlichkeit sollte besser an Orten ausgelebt werden, wo sich kein anderer belästigt fühlt – was keinesfalls heißt, daß dem spontanen Bedürfnis nach einem Kuß auf der Straße nicht nachgegeben werden soll.

Immer dann aber, wenn drei Personen etwas zusammen unternehmen, ist für Verliebte Rücksichtnahme ganz besonders angebracht; denn keiner fühlt sich gern als »fünftes Rad am Wagen« (in diesem Fall als drittes). Wie mißachtet, zurückgesetzt und ausgeschlossen muß man sich vorkommen, wenn die beiden anderen einander ständig liebkosen und umarmen, in ihrer Welt versunken scheinen, in der man selbst nichts verloren hat.

Gleiches gilt selbstverständlich auch für Streitereien in der Öffentlichkeit. Eine Diskussion über die angebliche Kaufwut der Ehefrau wird nicht auf die Straße geführt, sie geht keinen Außenstehenden etwas an und führt höchstens zu hämischem Grinsen der unfreiwilligen Zuschauer.

*Das Schlüsselwort heißt Selbstbeherrschung. Mit ihr läßt sich so manche Situation meistern, die sonst größte Peinlichkeiten nach sich ziehen würde.*

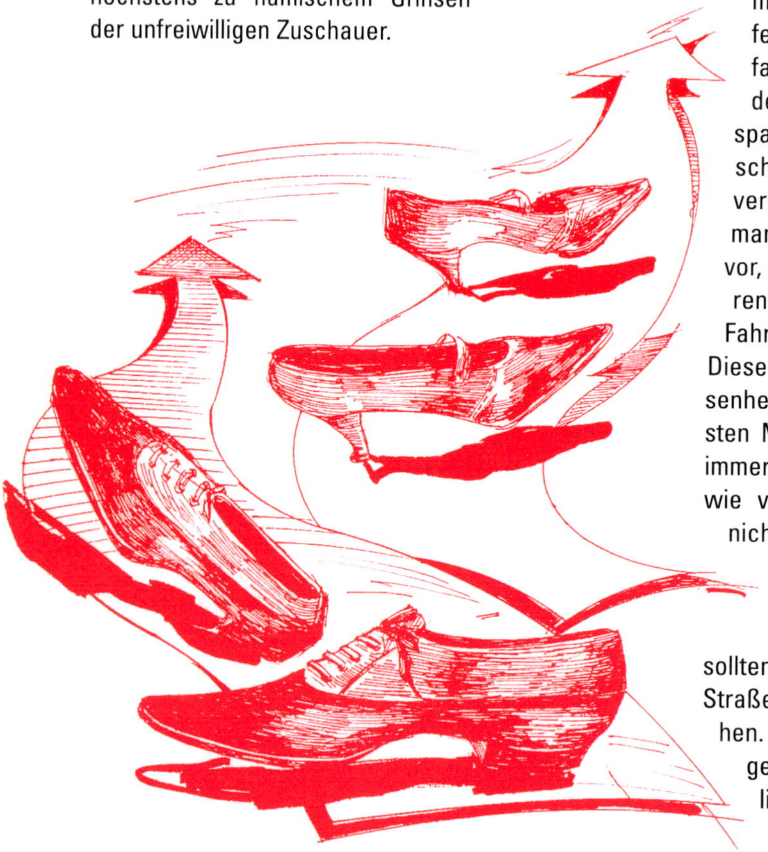

**Die vergessene »Rechts-geh-Regel«**

In früheren Jahrhunderten war es üblich (und oft auch notwendig), daß Herren ein Schwert oder einen Degen trugen. Dieser fand üblicherweise an der linken Seite der Hüfte Platz, damit im Streitfall die Waffe schnell und einfach mit der rechten Hand gezogen werden konnte.

Aus dieser Zeit stammt die Regel, höherrangige Personen – und vor allem Damen – rechts neben sich gehen zu lassen. Später, als Schwerter, Säbel und Degen gewissermaßen out waren und man sich auf kleinere, handlichere Waffen besann, hielt man dennoch an dieser Regel fest. Der Grund dafür war einfach: Da man üblicherweise auf der rechten Seite der Straße spazierenging und flanierte und schon damals meist der Rechtsverkehr vorherrschte, bewahrte man die Dame seines Herzens davor, daß sie aus Versehen angefahren oder durch vorbeifahrende Fahrzeuge bespritzt wurde.

Diese Regel ist heute fast in Vergessenheit geraten, obwohl z.B. die meisten Mütter sie rein instinktiv noch immer beibehalten. Es ist eben nach wie vor ungefährlicher für Kinder, nicht am Straßenrand zu laufen.

Noch immer aber gilt: Der Höherrangige und die Dame sollten rechts bzw. auf der dem Straßenrand abgewandten Seite gehen. Demzufolge kann die »Rechts-geh-Regel« nach Bedarf natürlich auch umgekehrt werden, nämlich dann, wenn man die

Auslagen der Geschäfte auf dem Bürgersteig an der linken Straßenseite bestaunen möchte.

*Spazieren drei Personen nebeneinander, so gilt der mittlere Platz als Ehrenplatz.*

## Treppauf, treppab

Früher war es absolut undenkbar, daß ein Mann hinter einer Dame die Treppe hinaufging. Der Mann sollte nicht die Waden und Fesseln der Frau sehen können. Später, als Röcke und Kleider immer kürzer wurden, sollte ihm durch das Vorgehen auf der Treppe erst recht der Anblick intimer Stellen verwehrt werden.

Heute ist diese Regel überholt. Die Waden einer Frau zählen längst nicht mehr zum »Intimbereich«, und wer tiefere Blicke gewähren möchte, ist selbst »schuld« daran...
Es kann sogar einen äußerst praktischen Aspekt haben, wenn die Männer hinten gehen: Trägt SIE z.B. hochhackige Schuhe und rutscht aus, so kann ER sie auffangen, wenn er hinter ihr ist.

*»Die Parole ›Ladies first‹ haben die Männer wahrscheinlich beim Treppensteigen erfunden.« (Jane Fonda)*

## Alles Müll, oder was?

»Wir Menschen gehen mit unserer Erde um, als hätten wir noch eine zweite im Kofferraum« – dieser Satz, frei nach Jane Fonda, findet vor allem in Städten täglich seine Bestätigung. Und ich meine damit nicht nur die Autoabgase, die rußenden Fabrikschornsteine oder die Unmengen von Abfall, sondern auch die vielen tausend Kleinigkeiten, die scheinbar von jedermann zu jeder Zeit an jedem Ort achtlos zurückgelassen werden. Ganz bestimmt möchte ich hier nicht

den Moralapostel spielen. Aber ich meine, daß es zur Höflichkeit und zum guten Benehmen einfach dazugehört, Ordnung und Sauberkeit auch in der Anonymität der Öffentlichkeit zu bewahren. Wer wirft schon seinen Abfall über den Gartenzaun des Nachbarn? Und sind nicht alle Menschen, denen wir begegnen, auf irgendeine Art unsere Nachbarn?
Vielleicht täte es unseren Städten gut, wenn jeder von uns in dieser Hinsicht aufmerksamer wäre. Sollte dann doch jemand mal »aus Versehen« ein Stück Papier nicht in die dafür aufgestellte Tonne werfen, so ist es nur höflich, ihm zu sagen: »Ent-

schuldigen Sie, ich glaube, Sie haben da etwas verloren!«

### »Tretminen« und »Notschäufelchen«

Höchst unangenehm sind die »Tretminen«, die Hundehaufen. Daß auch Hunde ihre Notdurft irgendwo verrichten müssen, versteht jeder. Aber müssen sie dies unbedingt in der Fußgängerzone tun? Wohl keinem Hundebesitzer schadet es, wenn ihn einer auf das Malheur seines geliebten Vierbeiners aufmerksam macht – vielleicht noch mit dem diskreten Hinweis auf spielende Kinder. Hundehalter, die auf Formen im täglichen Miteinander bedacht sind, haben für solche Fälle sowieso stets ein »Notschäufelchen« bei sich.

*Die Zeit in der Warteschlange vor der Kasse kann man sich mit ein wenig »Gehirnjogging« verkürzen: Rechnen Sie doch einmal im Kopf den gesamten Wert Ihrer eingekauften Waren auf den Pfennig genau zusammen – oder versüßen Sie sich die Zeit mit einem gekonnten »Augenflirt«!*

Viele Städte und Gemeinden haben »Hundeklos« in öffentlichen Anlagen eingerichtet oder Automaten aufgestellt, aus denen man sich Schäufelchen und Papiertüte für Bellos Notdurft ziehen kann. In der Schweiz gibt es öffentliche Angestellte, die dieses Problem per »Hundehaufen-Motorrad« elegant lösen.

### Geschäft ist Geschäft

Gerade beim Einkaufen zeigt sich sehr oft, wie unhöflich, ungehobelt und taktlos mancher Zeitgenosse ist. Da wird in der Schlange vor der Supermarktkasse gedrängelt und gestoßen, Einkaufswagen werden in Kniekehlen gerammt, und man soll sogar schon manchen handfesten Streit zwischen gestreßten Hausfrauen inmitten von Zigaretten und Süßigkeiten beobachtet haben.

Grundsätzlich sollte man immer bedenken, daß auch die anderen unter Streß stehen und gerne nach Hause möchten. Niemand schätzt es, nach dem Gewühl zwischen den Regalen noch in einer endlosen Schlange stehen zu müssen. Aber mit ein wenig Rücksichtnahme und Höflichkeit läßt sich diese Zeit des Wartens überbrücken. Und mal ehrlich: Was macht es schon, wenn man die junge Mutter mit dem nörgelnden Kleinkind auf dem Arm vorläßt? Kommt es wirklich auf die halbe Minute an, wenn jemand nur eine Tüte Milch kauft und darum bittet, schnell mal vorzudürfen, weil sein Wagen im Halteverbot steht? Ein dankbares Lächeln für diese kleine nette Geste der Aufmerksamkeit sollte jedem von uns Lohn genug sein.

## Auch Personal muß höflich sein

Viele große Warenhäuser und Supermärkte haben Lehrgänge für ihr Personal eingerichtet, die unter dem Motto »Kundendienstliches Verhalten« stehen. Dies scheint auch wirklich nötig, wenn man sich einmal das Verhalten von Verkäufern und Verkäuferinnen genauer ansieht.
Hat man als Kunde in einem Supermarkt überhaupt einmal das Glück, jemanden vom Personal anzutreffen, nachdem man orientierungslos durch das Labyrinth der Regalreihen auf der Suche nach einem ganz bestimmten Produkt geirrt ist, so passiert es nur allzuoft, daß man unweigerlich das Gefühl bekommt, jemanden bei irgend etwas ungemein Wichtigem gestört zu haben. Meist handelt es sich bei dieser wichtigen Tätigkeit um das Einräumen von Regalen, das Etikettieren von Waren oder einen Schwatz zweier Angestellter.

*Möchte der Kunde sich ein Angebot im Geschäft nur einmal anschauen, um Preisvergleiche anzustellen, so ist das sein gutes Recht.*

Eingeschüchtert von einer verärgerten bis arrogant-gleichgültigen Miene, bringt man dann seine Frage vor und erhält zur Antwort: »Muß drüben irgendwo bei den Haushaltswaren sein!« – worauf die deprimierende Suche von vorne beginnt.
Ein Tip für Kunden, die für ihr Geld eine vernünftige Bedienung erwarten: Lassen Sie sich nicht abspeisen, fragen Sie höflich, aber bestimmt, ob der- oder diejenige Ihnen nicht genau zeigen könnte, wo Sie das Gewünschte finden. Schließlich hat der Geschäftsführer sein Personal nicht nur für Handlangerarbeiten eingestellt.

Eine weitere unhöfliche Geste seitens des Personals ist die bittersaure Miene, wenn ein Kunde sich das Angebot in Ruhe betrachtet und dann, ohne gekauft zu haben, das Geschäft wieder verläßt. Ein Kunde hat immer das Recht, eine Ware zu prüfen. Ebenso darf er selbstverständlich den Kauf ablehnen, ohne daß ihm

deswegen bittere Vorwürfe gemacht werden.

## Der Kunde ist König – und sollte sich zu benehmen wissen

Trotz allem aber sollten Kunden immer bedenken, daß heutzutage von vielen Geschäftsführern zuerst am Personal gespart wird, daß also die Angestellten eines Einkaufscenters unter enormem Streß stehen und nicht überall gleichzeitig sein können. Sie herablassend und arrogant nach dem Motto »Ich bin der Kunde, also König, und du bist der Sklave« zu behandeln, ist in gar keinem Fall angebracht.

***Um wieviel reicher wäre doch unser Alltag, wenn ein zufriedener Kunde im Supermarkt einfach so einmal der hilfreichen und freundlichen Verkäuferin eine kleine Aufmerksamkeit schenken würde!***

Auch sollte berücksichtigt werden, daß gerade in besonders großen Geschäften mit einem reichhaltigen Warenangebot eine Angestellte an der Käsetheke nicht unbedingt wissen muß, in welchem Regal der Haushaltsabteilung gußeiserne Pfannen zu finden sind. Sie danach zu fragen wäre sinnlos.

### Vom höflichen Umgangston

Einmal durfte ich eine Szene beobachten, in der es der Verkäuferin in einer Bäckerei gelang, einen allzu »königlichen« Kunden clever in die Schranken zu weisen.

Der Kunde, ein älterer Herr in beigem Trenchcoat und mit Hut, kam nach einigen Minuten endlich an die Reihe. Die junge Verkäuferin war trotz der Hektik freundlich und fragte lächelnd: »Was darf es sein?«

»Ich bekomme ein Roggenbrot«, brummte der Mann unfreundlich, wobei er die Hände in den Manteltaschen vergraben hielt und ein Gesicht machte, als wäre die arme Verkäuferin schuld an allem Elend dieser Welt.

Die Verkäuferin stutzte einen Augenblick und fragte dann verschmitzt lächelnd: »Woher wollen Sie das wissen?«

Um die »Moral von der Geschicht'« auf den Punkt zu bringen:

Der Satz »Ich bekomme...« hat etwas so Endgültiges, Bestimmtes, gerade so, als hätte der Kunde ein unumstößliches Recht auf die Ware. Natürlich soll er sein Roggenbrot haben, und natürlich hat er auch ein Recht darauf. Jedoch kann der Wunsch danach auch anders ausgedrückt werden. Ein »Ich hätte gerne ein Roggenbrot« oder »Könnte ich bitte ein Roggenbrot bekommen?« klingt doch viel freundlicher und weniger aggressiv.

Nicht zuletzt sollten Kunden daran denken, daß auch Verkäufer und Kassiererinnen einen Anspruch auf eine Art »optisches Wohlgefallen« haben. Das bedeutet nichts anderes, als daß es sich einfach nicht gehört, schlampig und unsauber ein Geschäft zu betreten. Sicher muß man sich zum Einkaufen nicht besonders herrichten; Lockenwickler, Pantoffeln und die vor Schmutz starrende Arbeitshose aber müssen es nicht unbedingt sein.

Der Kunde ist zwar König; sich jedoch als solcher aufzuführen zeigt, wie wenig er seiner Rolle gerecht wird.

*Auch Verkäufer sind Mitmenschen und keinesfalls Bedienstete!*

## In Theater und Oper

Richten wir unser Augenmerk jetzt auf Institutionen, in denen »höhere« Kultur zu bewundern ist. Die Rede ist von Theater und Oper.

Beiden gemeinsam ist die unumstößliche Regel, daß man zur Aufführung pünktlich erscheint!

Natürlich kann es jedem einmal passieren, daß er nicht mehr rechtzeitig einen Parkplatz in der Innenstadt gefunden hat oder aus einem anderen Grund zu spät dran ist. In diesem Fall wäre es äußerst unhöflich, denjenigen, die bereits auf ihren Plätzen sitzen, durch ein hastiges Hereinstürmen den Genuß des ersten Aktes oder der ersten Takte der Ouvertüre zu verderben.

Deshalb ist es üblich, daß Nachzügler erst gar nicht vor Ende des ersten Aktes oder der ersten Sequenz hereingelassen werden. Sie müssen warten, bis der zweite Teil des Stückes beginnt.

In Theater und Oper kennt der Besucher in der Regel seinen Sitzplatz schon vor Beginn der Vorstellung. Weiß man, daß man einen der Mittelplätze belegt, wäre es noch einen Tick unhöflicher, gerade erst in letzter Minute zu erscheinen. Alle ande-

### Kunde und Personal

- Der Kunde hat dem Personal gegenüber immer höflich zu bleiben.
- Gleiches gilt für das Verhalten des Personals gegenüber dem Kunden.
- Der Kunde verlangt nicht, er bittet um etwas.
- Auch im Geschäft ist eine ordentliche Kleidung zu tragen.
- Körpergerüche stören auch in der anonymen Öffentlichkeit.

ren in der Reihe müssen dann nämlich aufstehen, was unweigerlich zu erheblicher Unruhe führt.

**Aufstehen und Aufstehen lassen**

Ist es aber nun mal passiert, daß man doch zu spät kommt, so sollte man sich entschuldigend mit dem Gesicht zu den bereits Anwesenden zu seinem Platz durchschlängeln. Diejenigen, die schon Platz genommen haben, sollten in diesem Fall nicht sitzenbleiben, krampfhaft ihre Knie anziehen und ihre Füße unter dem Sitz verstecken. Besser und höflicher ist es, kurz aufzustehen, um den ohnehin schon sehr schmalen Durchgang zwischen den einzelnen Sitzreihen ein wenig zu verbreitern. Nach den Pausen gelten die gleichen Regeln wie zu Beginn des Stückes: Rechtzeitig den Platz einnehmen, damit andere nicht unnötig behelligt werden.

*Ein schöner Rücken kann entzücken – ein schöner Bauch aber auch…*

## Kleidung im Theater

Nach wie vor gibt es in Theater, Oper und Operette eine Kleidervorschrift. Auch wenn sie im Laufe der vergangenen Jahre etwas gelockert wurde, ganz so lässig und leger wie zu einem Fernsehabend beim besten Freund sollte man doch nicht zur Aufführung erscheinen.
Zumindest bei Premieren schreibt die Etikette vor, daß Herren im Smoking oder dunklen Anzug, die Damen im festlichen Cocktail- oder Abendkleid erscheinen.

Vielleicht mag einer nun einwenden, daß Kultur für jeden zugänglich zu sein hat, eben auch für notorische Jeans-und-Pullover-Träger. Stimmt, Kultur soll jeder genießen dürfen, und niemand hat das Recht, einen Menschen aufgrund seiner Kleidung davon auszuschließen.
Vielleicht aber sollte man bedenken, daß eine gewisse Kleidung ganz einfach von Respekt dem Künstler gegenüber zeugt, daß ein einheitliches Bild im Zuschauerraum die Augen der Darbietenden erfreut. Schließlich möchte man ja auch nicht, daß der Hamlet-Darsteller oben auf der Bühne in Turnschuhen und mit Baseballkappe auftritt, oder?
Andererseits sollte die Kleidung gerade im Theater nicht allzu streng und konservativ wirken. Ein Theaterbesuch ist schließlich kein Opernball, und Frack und langes Abendkleid könnten unter Umständen sogar völlig deplaziert wirken.

*Wo neben dem Ohren- auch ein Augenschmaus geboten wird, sind große, ausladende Damenhüte tabu.*

Ein Wort noch zum Thema »Applaus«. Jeder Künstler freut sich, wenn er für seine Darbietung Applaus als Lohn vom Publikum entgegennehmen darf. Im Theater wird üblicherweise nach jedem Akt applaudiert (immer vorausgesetzt, die Darbietung war gelungen). Zwischendurch darf auch ruhig mal der sogenannte »Szenenapplaus« erfolgen, wenn eine einzelne Szene dem Publikum besonders gut gefallen hat. Peinlich wird es jedoch, wenn nur ein einzelner Zuschauer vor Freude in die Hände klatscht und sich dann hochnotpeinlich errötend den Blikken aller ausgesetzt fühlt...

*Applaus ehrt den Künstler, doch sollte man nicht zu oft klatschen, um die Vorführung nicht zu stören.*

Bei einem klassischen Konzert wartet man mit dem Applaus bis zum Ende der Sinfonie. Klatschen nach einzelnen Sätzen – wie es in letzter Zeit, z.B. beim Schleswig-Holstein-Musikfestival, einreißt – stiftet oft Verwirrung und kann im Extremfall sogar das gesamte Orchester irritieren.

**Merke**
Das Theaterfoyer ist weder Umkleidekabine noch Schminkraum.

**Tip**
Kulturinteressierte Damen verwenden für den Abend im Theater (oder in der Oper) besser einen Lippenlack oder einen haltbaren Lippenstift. Das Nachziehen der Lippen während der Pausen im Theaterfoyer ist unschicklich. Ebensogut könnte man sich die Fingernägel reinigen oder die Strumpfbänder richten...

## Im Kino gilt fast das gleiche

Im Kino kommen Nachzügler und Kleidungsindividualisten wesentlich besser weg. Anziehen darf sowieso jeder, was er will, und meist kann man auch noch mitten im Film den Vorführraum betreten. Jedoch kann es natürlich auch hier ganz erheblich stören, wenn jemand im Halbdunkel (womöglich noch dann, wenn der erste Mord geschieht!) stolpernd und vor sich hinfluchend einen freien Platz sucht, anderen dabei auf die Füße tritt, als schwarzer Schatten auf der Leinwand vorbeihastet und sich dann noch womöglich auf den nächstbesten, ihm gänzlich unbekannten Schoß fallen läßt.

**Störende Nebengeräusche**

Einer der größten Unterschiede zwischen Theater und Kino ist der, daß im letzteren fast hemmungslos geknabbert und getrunken werden kann.

Natürlich darf man während der Filmvorführung seine Tüte Chips oder Erdnüsse essen, seine Gummibärchen und Lakritze lutschen. Ähnlich aber wie laute Gespräche, Lachen und gar das Verraten von Pointen, kann das ständige Knistern und Rascheln mit Tüten auf die Umsitzenden schier nervtötend wirken und zu manch unkontrolliertem Wutausbruch führen. Also: Wenn man mit der Knabberei schon nicht bis nach der Vorstellung warten kann, dann sollte man seine Leckereien wenigstens einigermaßen dezent und leise genießen.

*Nur wenig kann Menschen mehr in Rage bringen als ein überhörter »Schlüsselsatz« in einem Film, der durch die unnötigen und rücksichtslosen Geräusche des Sitznachbarn übertönt worden ist!*

Ein weitverbreitetes Ärgernis stellen Menschen dar, die während der Vorführung (gleich, ob Theater, Oper, Konzert oder Kino) ständig husten, sich räuspern oder schnaufen. Diese Geräusche stören ganz empfindlich. Ratsam wäre deshalb, im Falle einer Erkältung an diesem Abend zu Hause zu bleiben. Schauen Sie sich den Film eine Woche später an, oder warten Sie, bis er auf Video erscheint.

Gerade im Kino, wo meist keine so exklusive Atmosphäre herrscht wie im Theater, kommt es bisweilen zu

regelrechten Rangeleien zwischen Sitznachbarn. Grund dafür sind abgelegte Kleidungsstücke auf dem Nebenplatz und vor allem der Streit um die Armlehne!
Die Lehne ist für beide Plätze, zwischen denen sie befestigt ist, da. Arrangieren Sie sich mit Ihrem Sitznachbarn, damit Sie beide ungestört und bequem sitzend den Film genießen können. (Für den Fall, daß Sie keine Lust haben, sich zu arrangieren, empfiehlt sich die meist nicht so gut besuchte Spätvorstellung – oder das bereits erwähnte »Pantoffelkino« auf der heimischen Wohnzimmergarnitur.)

## Verhalten in der Kirche

Wie im Theater und im Kino gilt das Zuspätkommen zum Gottesdienst in der Kirche als äußerst unhöflich. Zum einen wird der Geistliche unter Umständen unterbrochen, zum anderen aber entsteht Unruhe, wenn Nachzügler sich einen Platz in den Sitzreihen suchen müssen (schon weil jedes Geräusch in der Kirche überlaut hallt).
Aber auch in der Kirche kann es natürlich mal vorkommen, daß sich der ein oder andere aller guten Vorsätze zum Trotz verspätet. Anders als im Kino aber wendet der Zuspätkommende sich auf der Suche nach einem Platz immer dem Altar zu (»um Gott nicht den Rücken zu kehren«), während er sich durch die Sitzreihe bemüht. Noch besser allerdings ist es, wenn diejenigen, die bereits sitzen, einfach aufrücken, so daß das Ende der Bank frei wird.

*Ob im Theater, im Kino oder in der Kirche – jeder, der sich unter Menschen begibt, die vielleicht auch noch dichtgedrängt sitzen, sollte darauf achten, daß er nicht zu streng riecht. Dies gilt für den Körpergeruch genauso wie für knoblauch- oder nikotingeschwängerten Atem und aufdringliches Parfüm.*

*Kirchen sind ein Ort der Besinnung, der Meditation und der religiösen Einkehr, kurz: ein Ort des Schweigens.*

Für sämtliche kulturellen Veranstaltungen (und im weitesten Sinne gehören ja auch Kirchenbesuche dazu) gilt: Zum einen entschuldigt man sich selbstverständlich, wenn man, aus welchem Grund auch immer, für Unruhe gesorgt hat. Zum anderen gehört es zur Lebensart, seine Platznachbarn dezent zu grüßen, sobald man sich hingesetzt hat – das gilt auch für fremde Personen. Schließlich ist man in solchen Situationen für eine gewisse Zeit sozusagen aneinander gebunden, man kann dem anderen nicht ausweichen und ist

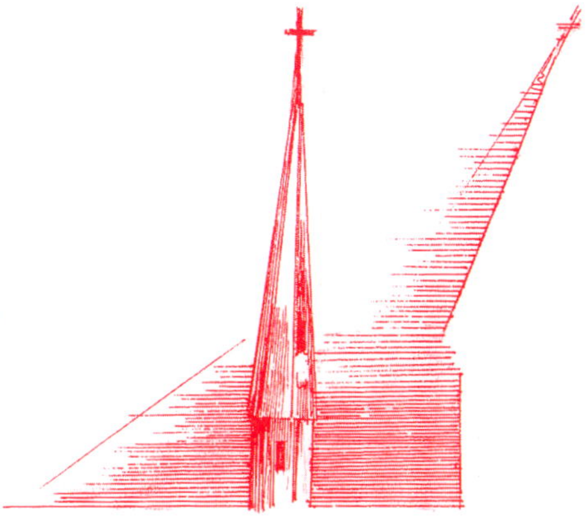

darauf angewiesen, daß der Nebenmann sich zu benehmen weiß. Da schafft ein freundliches »Guten Tag« gleich die richtige Atmosphäre.
Menschen, die eine Kirche, ganz gleich welcher Konfession, betreten, sollten all dies bedenken. Gerade dann, wenn sie beispielsweise als Touristen in einem anderen Land oder einer fremden Stadt die berühmten Altarfresken oder kostbaren Schnitzereien bewundern möchten. Besonders Urlauber machen in dieser Beziehung immer wieder eklatante Fehler.

erhalten nur Männer die Erlaubnis, die Republik zu betreten. Tragen sie Ohrringe, auffällige Kettchen oder sonstiges Geschmeide, werden sie höflich, aber bestimmt gebeten, diese für die Dauer ihres Aufenthalts in den Klöstern abzulegen. Gleiches gilt für Fotoapparate, Videokameras und Radios, die auf Athos ebenfalls verpönt sind.
In Moscheen und buddhistischen Tempeln wäre, um ein weiteres Beispiel zu nennen, etwas regelrecht strafbar, worüber sich bei uns keiner überhaupt Gedanken macht: das Betreten der geweihten Orte mit Schuhen! Besucht man eine türkische Moschee, sollte man darauf achten, niemals vor einem Betenden vorbeizugehen, denn damit stört man dessen Kontakt zu Gott.
In jüdischen Synagogen und auch in türkischen Gotteshäusern gilt es als Gotteslästerung, keine Kopfbedekkung zu tragen – bei uns hingegen wäre es äußerst unhöflich, den Hut in der Kirche aufzubehalten.

**Andere Länder, andere Sitten**

In vielen Ländern verletzt und beleidigt es die Gläubigen, wenn Touristen z.B. in Shorts und T-Shirt die Gotteshäuser betreten, durch ihr Outfit die heilige Stätte quasi entweihen. So werden Urlauber im Petersdom in Rom erst gar nicht eingelassen, wenn sie zu legere Freizeitkleidung tragen.
Noch strenger sind die Regeln auf dem heiligen Berg Athos in Griechenland. Dort kontrollieren Grenzbeamte der Mönchsrepublik nicht nur die Kleidung der Besucher, sondern auch deren Schmuck. Ohnehin

***An religiösen Stätten sollte man stets auf die jeweils angemessene Kleidung achten.***

Wer – zumal im Urlaub – sichergehen will, daß er keinen Fehler macht und niemanden beleidigt, sollte sich vor dem Besuch eines Gotteshauses oder Tempels erkundigen, was die dortige Etikette vorschreibt.
Hierzulande sind die Richtlinien bezüglich der Kleidung in Kirchen nicht gar so streng. Dennoch sollte man sich, um den Gottesdienst nicht zu stören und um die anwesenden Gläubigen pietätvoll zu achten, entsprechend verhalten. Dies bedeutet vor allem: sich nicht lautstark unterhalten und nur unauffällig fotografieren.

# Wer Titel hat, der hat auch Ehr'

## Die korrekte Anrede gegenüber Titelträgern

Es gibt in unserem Land eine schier unendliche Menge von Dr., Prof., Dipl.-Ing., Dipl.-Psych. u.a. – was nichts anderes heißt, als daß der Betreffende mit dem aufregenden Kürzel vor seinem Namen einen Beruf studiert oder erlernt hat, dessen Bezeichnung er zu tragen berechtigt ist.

*„Küss die Hand, gnä' Frau«. »Habe die Ehre, Herr Oberkommerzienrat!«*

Diese Berechtigung äußert sich nicht nur darin, daß jenes Kürzel der Berufsbezeichnung vor dem eigentlichen Namen im Telefonbuch stehen darf. Die oder der so Betitelte hat auch das Recht, mit seinem Titel angesprochen zu werden.

Natürlich gibt es auch andere Berufsbezeichnungen, die bei der Anrede der betreffenden Person berücksichtigt werden. Noch immer ist es z.B. vielerorts üblich, daß ein Handwerkslehrling (Auszubildender) seinen Ausbilder mit »Meister« anspricht. Im Krankenhaus hört man nur selten ein »Frau Koslowski«, sondern eher »Schwester Koslowski« oder »Schwester Frederike«.

Auf Briefköpfen, Klingelknöpfen oder in Telefonbüchern jedoch findet man vor dem Namen wohl nie die Berufsbezeichnung »HdwrkMtr.« oder »Exam. KrSchwtr.«.

Der einfache Unterschied ist der, daß anfangs erwähnte Kürzel meist für Berufe stehen, die einen zu einem akademischen Titel berechtigen – und der wird auch heute noch wesentlich höher geschätzt als andere Berufe.

*Das »Fräulein« hat heutzutage ausgedient – außer ein Fräulein besteht auf dieser Anrede.*

**»Herr Doktor«**

Wie Adelstitel (siehe erstes Kapitel Seite 32) ist auch der Doktortitel bei uns ein Bestandteil des Namens. Die korrekte Anrede für promovierte Leute lautet dementsprechend »Herr/Frau Doktor Schmitz« (auf diese Weise gelangt unser Freund tatsächlich noch zu einem akademischen Titel).

Zu einer Art »Ersatznamen« mutiert der erworbene Titel gar, wenn es sich um einen Doktor der Medizin handelt. In diesem Fall lautet die Anrede »Guten Tag, Herr Doktor«.

Hat unseren Herrn Schmitz gar der Bock geritten und hat er seine akademische Laufbahn in der Form weiterverfolgt, daß er habilitierte und zum Professor avancierte, so läßt man in der Anrede den niedrigeren Titel weg. Sie lautet nun also »Guten Tag, Herr Professor«.

Alte Bezeichnungen wie »Magnifizenz« (Rektor) oder »Spektabilität« (Dekan) sind heute weitestgehend in Vergessenheit geraten und finden keine Beachtung mehr.

**Tip**
Eine Möglichkeit, um devotes Verhalten zu vermeiden und den richtigen Titel zu verwenden: Wenn Sie sich nicht ganz sicher sind, wie jemand anzusprechen ist, gibt es einige Stellen, die Auskunft geben können: beispielsweise die Sekretärin oder Vorzimmerdame desjenigen oder derjenigen – oder greifen Sie auf sogenannte Amtskalender zurück, in denen Berufstitel und Anreden nachzulesen sind. Im Zweifelsfall stellt aber auch ein einfaches »Herr« oder »Frau« nicht unbedingt einen Fauxpas dar.

*Auch Geistliche tragen irdische Namen...*

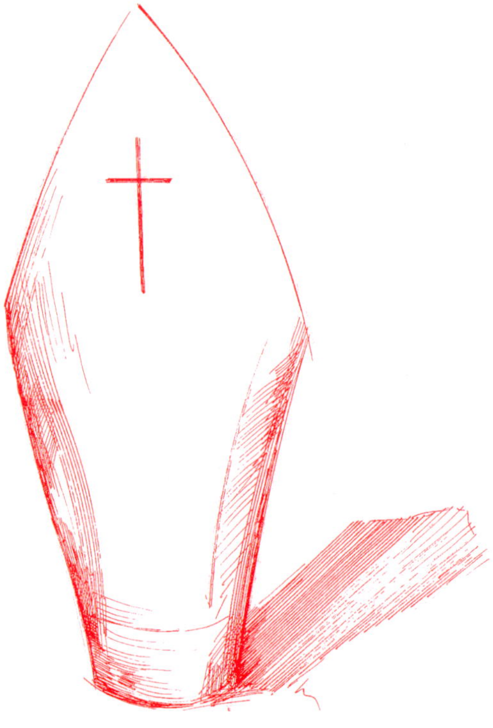

## Titel der Geistlichkeit

Früher wurde eigentlich jeder, der einen Talar trug, mit »Hochwürden« angeredet. Diese Regel hat sich im Laufe der Zeit sehr gelockert, heute sagt man eher »Herr Pfarrer«, »Herr Pastor«, »Herr Bischof« oder (seltener) »Herr Rabbiner«.
Das »ehrwürdiger Vater« für Mönche und Ordensbrüder ist im allgemeinen durch ein »Pater Schmitz« (jetzt ist er auch noch ins Kloster gegangen) bzw. »Bruder Josef« abgelöst worden. Gleiches gilt für Nonnen, die vor ihrem Namen kein »Ehrwürdige Mutter« oder »Ehrwürdige Schwester« mehr tragen.

**Bischof, Kardinal, Papst**
Überholt sind heute auch Titel wie »Eure Exzellenz« (Bischof) oder »Eure Eminenz« (Kardinal). Einzig das Oberhaupt der katholischen Kirche, der Papst, wird noch genauso wie früher angesprochen, nämlich mit »Eure Heiligkeit« oder »Heiliger Vater«. »Herr Papst« wäre in diesem Fall völlig daneben.

## Die Anrede im Schriftverkehr

Steht man einem Menschen Auge in Auge gegenüber, kann und muß man nicht zwangsläufig dessen Titel wissen. Schließlich steht ja niemandem auf der Stirn geschrieben, ob er einen Doktortitel vorneweg hat.
Anders sieht es allerdings im Schriftverkehr aus. Egal, ob private oder

## Schriftliches

- Bei offiziellen Briefen ist stets der Titel des Adressaten zu nennen.
- Schreiben an Eheleute sind in der Anschrift auch als solche zu kennzeichnen.
- Im Schreiben selbst ist immer die Frau zuerst in der Begrüßungsformel zu nennen.
- Schreiben an Ämter und offizielle Stellen sind mit »Sehr geehrte Damen und Herren« zu beginnen.
- Bei der Grußformel am Ende des Briefes muß zwischen Behörden, Ämtern und sonstigen offiziellen Stellen und Privatleuten unterschieden werden.

behördliche Schriftstücke, die korrekte Anschrift ist hier wichtig und Ausdruck der Höflichkeit und des Respektes.

Im privaten Bereich wird in der Anschrift bei Briefen an Eheleute oder zusammenlebende Paare korrekterweise stets zuerst der Name des Mannes genannt (in der Anrede auf dem Brief oder der Karte selbst ist es dann umgekehrt).

Meistens kennt man beide Vornamen des Paares, dem man einen Brief schreibt. In diesem Fall ist es nur höflich, diese auch außen auf dem Umschlag niederzuschreiben. Also: »Herrn Josef Schmitz und Frau Anneliese Schmitz« oder »Herrn Josef und Frau Anneliese Schmitz«.

*Um eine Frau nicht mit Mißachtung zu strafen, sollte man auf dem Kuvert immer auch ihren Vornamen dazuschreiben.*

Die international gebräuchliche Form der Anschrift sieht nur den Vornamen des Mannes vor. Sie lautet: »Herrn und Frau Josef Schmitz«. Ich persönlich ziehe es aber vor, beide Vornamen zu nennen – schließlich heißt Frau Schmitz ja nicht Josef...

**Früher gebräuchlich, heute überholt:**

- »Herrn Schmitz und (Frau) Gemahlin«
- »Herrn Josef Schmitz und Frau (Gattin)«
- »Herrn Josef Schmitz und Frau Anneliese«

Akademische Titel und Ehrentitel finden nur beim Titelträger selbst Verwendung. Also z.B.: »Herrn Doktor Josef Schmitz und Frau Anneliese Schmitz«. Hat der Empfänger des Schreibens gleich mehrere Titel, so werden diese nur in der Adresse auf dem Briefumschlag vollständig genannt. In der Briefanrede selbst beschränkt man sich auf den höchsten Titel.

## Die Begrüßungsformel im Brief

Etwas anders sieht die Sache bei der Anrede auf dem Schreiben selbst aus. Wie bereits erwähnt, kommt hier immer zuerst der Name der Frau, dann erst der des Mannes: »Liebe Frau Schmitz, lieber Herr Schmitz...« oder »Liebe Frau Schmitz, sehr geehrter Doktor Schmitz...«.
Bei Briefen an Behörden, Vereine, Institutionen u.ä. ist es immer vorteilhaft, den Namen des für die jeweilige Angelegenheit zuständigen Sachbearbeiters oder Angestellten zu kennen und ihn in der Anrede zu verwenden. Beamte lieben es einfach, mit ihrem Namen statt z.B. mit »Hochverehrtes Arbeitsamt« angeschrieben zu werden!

*Empfehlenswert, weil einen Tick persönlicher, ist es, die Anrede am Anfang des Schreibens und die Grußformel am Ende handschriftlich zu verfassen.*

Kennt man den Namen jedoch nicht, so fangen Schriftstücke immer mit der Formel »Sehr geehrte Damen und Herren« an.

### Grußformeln am Ende

Im privaten Schriftverkehr steht üblicherweise ein »Bis dann«, »Liebe Grüße«, »Alles Gute« oder einfach nur »Tschüß«. Behördliche oder geschäftliche Briefe schließen mit der Formel »Mit freundlichen Grüßen«. Ein »Hochachtungsvoll« oder »Mit vorzüglicher Hochachtung« klingt heute einfach antiquiert und sollte nur noch in Briefen an Personen verwendet werden, die eine besondere Achtung und einen gehörigen Respekt auch wirklich verdient haben. Im Normalfall reicht ein freundlicher Gruß.

# »Ich küsse Ihre Hand, Madame«

## Muß der Handkuß sein?

Allen Unkenrufen zum Trotz: Der Handkuß ist noch nicht ausgestorben!
Ob diese althergebrachte Form der Begrüßung jedoch noch zeitgemäß und angebracht ist, muß jeder für sich selbst entscheiden. Sicher spielt die Frage der Umgebung eine große Rolle dabei. Bei einer Party im Freundeskreis würde es wohl eher aufgesetzt, wenn nicht gar lächerlich wirken, die Gastgeberin mit einem Handkuß zu begrüßen. Beim Empfang zu einem Ball wiederum wird er fast erwartet.
Der stilvolle, formvollendete Handkuß stellt eine Verbeugung vor der Dame dar, ist Zeichen der Verehrung und Achtung. Er sollte jedoch ausschließlich auf geschlossene Räumlichkeiten (wozu in diesem Fall auch Terrassen zählen) beschränkt bleiben. Auf der Straße wirkt er mit Sicherheit deplaziert.

*»Man nehme sanft die Hand der Dame an deren Fingerspitzen, hebe sie leicht an, und beuge sich deutlich vor. Sodann tue man so, als wolle man die Handoberseite küssen, halte jedoch kurz zuvor inne, und richte sich wieder auf. Niemals dürfen die Lippen die Haut berühren, niemals ein küssendes Geräusch zu hören sein...«*

### Einmal Handkuß, immer Handkuß!

Der Herr, der eine Dame mit einem Handkuß begrüßt hat, muß diese Geste der Hochachtung auch allen anderen anwesenden Damen zuteil werden lassen – und das kann bei größeren Empfängen unter Umständen äußerst anstrengend werden und zu nicht unerheblichen Rückenschmerzen führen. Eine der Damen jedoch auszulassen käme einem Affront gleich; müßte sie doch die fehlende Geste als einen Mangel an Respekt- und Ehrbezeugung deuten.
Umgekehrt kann es leicht als Anbiederung verstanden werden, wenn nur der höchstrangigen Dame diese Art der Ehrbezeugung zuteil wird.

*Oft machen Kavaliere alter Schule sich heute lächerlich, wenn sie eine Dame mit Handkuß begrüßen. Er gilt bei vielen als längst überholt.*

Andererseits kann ein vom Mann erzwungener Handkuß peinlich werden. Viele Damen weigern sich heute, mit einem Handkuß begrüßt und hofiert zu werden. Sie strecken dem Herrn eher burschikos die Hand entgegen und erwarten einen ganz normalen Händedruck. Hat aber nun der Herr die Hand der Dame ergriffen und dreht sie so zurecht, um den berühmten Kuß anzubringen, kann es leicht zu Mißhelligkeiten kommen, wenn die Dame ihre Hand einfach

zurückzieht und der Herr in einer leichten Verbeugung (womöglich noch mit geschürzten Lippen) wie erstarrt dasteht und gar nicht weiß, wie ihm geschieht.
Der Handkuß darf nur über nackter Haut angedeutet werden, nicht über Woll-, Seiden- oder Lederhandschuhen.

## Küßchen hier und Küßchen da…

Weiter verbreitet und üblicher als der Handkuß ist das sogenannte Begrüßungsbussi. Meist ist es mit einer leichten Umarmung verbunden und wird ebenfalls nur angedeutet. Nur wirklich innige Freunde und Familienangehörige (und Russen!) küssen dabei tatsächlich die dargebotenen Wangen.

*Das Begrüßungsbussi sollte selbstverständlich immer ohne Kaugummi im Mund erfolgen. Der oder die Geküßte sollte mit Rouge u.ä. sparsam umgehen. Es sollte sich auf die Wangen beschränken.*

**»Bruderkuß« gestern und heute**
Seinen Ursprung hat der »Bruderkuß« in der Bibel. Später im Mittelalter wurde er als Ehrung zusammen mit der sogenannten Umhalsung (Umarmung) Rittern zuteil, die vom König in den Orden aufgenommen wurden.
Hierzulande und in der heutigen Zeit ist der Bruderkuß keine zwingende Notwendigkeit. Er darf, muß aber nicht gegeben, er kann, muß aber nicht erwidert werden.

## Da knickt der Diener ein

Knicks (Damen) und Diener (Herren) gehören heute eigentlich zu Relikten, die man in der Regel getrost vergessen kann. Nur äußerst selten kommt der Durchschnittsbürger in die Verlegenheit, die männliche oder weibliche Ausführung dieser Verbeugung anbringen zu müssen. Allenfalls Diplomaten oder Gäste gekrönter Staatsoberhäupter müssen noch wissen, wie man als Herr formvollendet den Kopf, in manchen Ländern gar den Körper in der Hüfte, zu neigen hat.

### Diener und Knicks in alten Zeiten

In alten Zeiten entbot man seinem Gegenüber die Ehre des Dieners, um ihm anzuzeigen, daß man keinen Helm trug, sich also gewissermaßen schutzlos und voller Vertrauen dem anderen in die Hände begab.

*Hofknicks und Diener, früher von jedem artigen Kind verlangt, kommen heute fast nur noch dort zur Geltung, wo ihr Ursprung liegt: bei Hofe, so man denn einmal in die Verlegenheit kommen sollte, einer echten Majestät zu begegnen.*

Der Hofknicks, oft verbunden mit einem demütig zu Boden gerichteten Blick, sollte nichts anderes beweisen, als daß die Dame sich dem Manne (oder der ranghöheren Dame) unterwarf. Von Unterwerfung der Frauen will heute kaum noch jemand etwas hören, und ein Kniefall (Ursprung des Knickses) vor den Herren der Schöpfung wird von keiner Frau mehr verlangt, oder? Trifft man allerdings auf echte Majestäten, gehört der Hofknicks immer noch dazu.

### Küssen und Co.

- Ein Handkuß ist heute zwar nicht mehr modern, aber dennoch angebracht.
- Wird der Handkuß einer Dame gegeben, so haben auch alle anderen anwesenden Damen ein Recht darauf.
- Der Begrüßungskuß wird nur flüchtig an der Wange des zu Begrüßenden gegeben.
- Diener und Hofknicks zur Begrüßung werden heute nur noch bei hochoffiziellen Anlässen gefordert.

# »Grüß Gott, Herr Amtsschimmel«

## Der Beamte als solcher

Beamte sind eine Gattung für sich: Sie wissen um ihre soziale Stellung, die mit ihrem Rang und der dazugehörigen Dienstbezeichnung steigt, haben einen gesicherten Pensionsanspruch, und manchmal könnte man meinen, der ein oder andere Staatsdiener hielte vehement am traditionell preußischen Autoritätsnimbus fest.

Um es vorwegzunehmen: Ich habe nichts gegen Beamte. Ganz im Gegenteil. Meiner Meinung nach brauchen wir sie, sie erfüllen enorm wichtige Funktionen, und ohne Beamte wären wir in manchen wirtschaftlichen und in den meisten Dienstleistungsbereichen arm dran!

Häufig aber habe ich den Eindruck, daß einige Beamte sich ihrer wichtigen Funktion allzu bewußt sind, daß mancher von ihnen vergessen hat, was er eigentlich ist: ein Diener des Staates, und der Staat sind wir alle, ist jeder einzelne Bürger.

*»Das große Haus war voll vom Geräusch hastender Schritte. Der Bau war winklig wie ein Labyrinth mit einem Gewirr von Korridoren. Zahllose Türen führten zu den einzelnen Diensträumen. Jeder Beamte schritt gewichtig in sein Zimmer.«*

(aus »Die Erbschaft« von Guy de Maupassant).

### Hilfsbereitschaft und Höflichkeit

Auf einem Postamt konnte ich einmal beobachten, wie eine recht alte, offensichtlich sehbehinderte Frau einen Einschreibebrief aufgeben wollte. Der Beamte hinter dem Schalter gab ihr den dafür nötigen Zettel mit den Worten »Müssen Se erst ausfüllen« zurück. Die Frau war verwirrt, fragte, ob dies nicht der Beamte für sie tun könne. »Ist Pflicht vom Absender«, meinte dieser nur und wandte sich dem nächsten Kunden zu.

*Beamte ersten, zweiten oder dritten Grades gibt es nicht. Es gibt nur Menschen in unterschiedlichen Berufen, die einander stets mit Höflichkeit und Respekt begegnen sollten.*

Eine solche Art der Behandlung Kunden gegenüber muß nicht sein. Ganz sicher wäre dem Beamten kein Zacken aus seiner imaginären Krone gefallen, wenn er die halbe Minute Zeit aufgewendet hätte, um die paar Worte für die Frau zu schreiben.

Ein anderes Beispiel zeigt, daß umgekehrt auch der Bürger dem Beamten das Leben schwermachen kann:

Ein Antragsteller betrat einmal die Amtsstube eines Beamten, ohne anzuklopfen. Der Beamte beging nun den Fehler, den Mann belehren und zu Höflichkeit erziehen zu wollen. Er forderte ihn auf, den Raum nochmals zu verlassen und vor dem Eintreten anzuklopfen. Der Antragsteller wiederum weigerte sich, meinte, daß der Beamte sich ja schließlich

nicht in seiner Privatsphäre befinde, und was ihm denn überhaupt einfalle, sich als Oberlehrer aufzuspielen. Er solle jetzt endlich seinen Antrag entgegennehmen und bearbeiten. Genau dies verweigerte der Beamte. Das Ende der Geschichte: Der Antragsteller reichte eine Dienstaufsichtsbeschwerde gegen den Beamten ein; diesem wurde vom Gericht das Recht abgesprochen, mit den gleichen Regeln der Höflichkeit und des Anstandes behandelt zu werden wie jeder andere. Seitdem muß niemand mehr anklopfen, wenn er eine Amtsstube betritt...

An eines sollten Sie immer denken: Auch Staatsdiener sind Menschen, die mit Respekt behandelt werden wollen. Sie sind nicht unsere Herren, aber ebensowenig unsere Sklaven, die zu kuschen haben, wenn wir auf den Plan treten.

***Wer hat nur die Behauptung aufgestellt, daß Beamte nicht auch das Recht haben, nach den Grundregeln des Anstandes behandelt zu werden?***

Für jeden von uns sollte es selbstverständlich sein anzuklopfen, wenn wir einen verschlossenen Raum betreten, einen guten Tag zu wünschen, ehe wir unser Anliegen vortragen, und ein »Danke«, »Bitte« und »Auf Wiedersehen« so anzubringen, wie wir es von anderen uns gegenüber auch erwarten. Gewiß sollen Beamte uns, die wir ein Teil des Staates sind, »dienen«. Da wir aber in der Regel etwas von ihnen wollen, sei es eine Briefmarke, eine Meldebescheinigung oder die Rückzahlung unserer Einkommensteuer, müssen wir Beamte stets mit der gebührenden Höflichkeit behandeln.

# Helfer in der Not: der Arzt

## Termine absprechen und einhalten

So unangenehm uns alle der Gedanke berührt, wir müssen uns ihm stellen: Jeder kann einmal krank werden, jeder muß zuzeiten einen Arztbesuch auf sich nehmen.
Dabei sollte man stets bedenken, daß nicht der Arzt es ist, der etwas von uns will, sondern daß wir etwas von ihm wollen. Und so sollten wir uns benehmen.
Takt, Höflichkeit und gutes Benehmen beginnen schon im Vorfeld unseres Besuches.

*„Ein guter Arzt rettet, wenn nicht immer von der Krankheit, doch von einem schlechten Arzte.«*
(Jean Paul)

**Herr Schmitz, der Patient**
Nehmen wir einmal an, Herr Schmitz hat eine Erkältung. Nachdem Kamillentee und Wadenwickel nichts geholfen haben, entschließt sich der Gute endlich, doch einen Arzt zu konsultieren. Wie es sich gehört, ruft Herr Schmitz zunächst bei dessen Sprechstundenhilfe an, um sich einen Termin geben zu lassen (da sieht man mal, daß Herr Schmitz doch einen gewissen Anstand hat).
Tja, und jetzt macht unser lieber Herr Schmitz den ersten groben Fehler. Die Sprechstundenhilfe war so nett, sich von seiner Schniefnase erweichen zu lassen, und gab ihm einen Termin für den Nachmittag. Kurz vor der vereinbarten Stunde jedoch – o Wunder – fühlt Herr Schmitz sich plötzlich schlagartig besser! Das Fieber ist wie weggeblasen, die Nase beinahe trocken, und auch das üble Kratzen im Hals ist verschwunden.

»Wozu soll ich mich jetzt noch stundenlang ins Wartezimmer setzen?« fragt Herr Schmitz sich erleichtert und streckt sich behaglich auf dem Sofa vor dem Fernseher im Wohnzimmer aus.

Daß ein solches Verhalten wie von Herrn Schmitz äußerst unhöflich ist, muß nicht weiter erklärt werden.
Am folgenden Morgen jedoch fühlt sich Herr Schmitz wieder so schlecht, daß er befürchtet, jeden Augenblick das Zeitliche segnen zu müssen. Tja, und was tut unser armer Herr Schmitz jetzt wohl? Richtig, er fährt zum Arzt – diesmal allerdings ohne vorherige Terminabsprache.
Auch dieses Verhalten zeugt nicht eben von einer guten Kinderstube, wie man so schön sagt.

Wichtige Regel also bei Arztbesuchen: Abgesprochene Termine müssen nach Möglichkeit eingehalten werden. Kann man aus irgendeinem Grund nicht rechtzeitig oder gar nicht erscheinen, so ist die Sprechstundenhilfe des Arztes darüber zu informieren – wer weiß, vielleicht wartet ein anderer Patient ja ebenfalls dringend auf einen Termin!

Terminabsprachen sind auch für den Arzt verbindlich, sofern keine Notfälle dazwischenkommen. Kein Patient muß heute Wartezeiten von mehreren Stunden in Kauf nehmen. Kommt dies öfter vor, so empfiehlt sich ein Arztwechsel.

Unangemeldete Arztbesuche sind ausnahmslos Notfällen vorbehalten. Sicher wird jeder Arzt bemüht sein, einen Patienten, dessen Erkrankung man nicht unbedingt als Notfall bezeichnen kann, nach einem kurzen Telefonat auch ohne Termin zwischendurch dranzunehmen. Einfach unangemeldet in der Praxis aufzutauchen gehört sich jedoch nicht!

## Im Wartezimmer

Nachdem man sich bei der Sprechstundenhilfe seines Arztes angemeldet hat, betritt man das Wartezimmer. Auch hier gehört es sich – wie bei allen verschlossenen Türen –, vor dem Eintreten anzuklopfen.
Der Neuankömmling im Wartezimmer grüßt die bereits Anwesenden und fragt dann höflich, wer der letzte vor ihm war. In der Regel wird die Sprechstundenhilfe die Patienten der Reihe ihres Erscheinens nach aufrufen. (Ausnahmen, z.B. bei Patienten mit großen Schmerzen, Müttern mit kleinen Kindern etc., bestätigen die Regel.)

*Hollywoodfiesling Jack Nicholson hat eine große Leidenschaft: das Üben auf seiner Geige. Dies tut er, wo immer er sich befindet. So jüngst zum Ärger aller Anwesenden im Wartezimmer seines Arztes – bis dieser dem Star höchstpersönlich mit Rauswurf aus der Praxis drohte.*

## Bei der Untersuchung

Befindet man sich endlich im Behandlungszimmer des Arztes, ist es oft nötig, sich seiner Kleidung zu entledigen. Kluge Patienten wissen dies und ziehen sich deshalb von vorneherein Sachen an, die leicht zu öffnen und auszuziehen sind.
Selbstverständlich sollte für jeden sein, daß er frische Kleidung trägt und sich vorher rundum gewaschen hat. Ein allzu aufdringliches Parfüm, Make-up und Nagellack können eine umfassende Untersuchung erschweren, wenn nicht gar unmöglich machen. Oft sind ja Merkmale wie Körpergeruch, Beschaffenheit der Fingernägel oder die Gesichtsfarbe für die Diagnose aufschlußreich.

# Rücksicht im Straßenverkehr

## Das Gesetz der Straße

Bei kaum einer anderen Gelegenheit wird man mit so unhöflichem, rücksichtslosem und ungehobeltem Verhalten konfrontiert wie im Straßenverkehr. Da wird gedrängelt und geschnitten, gehupt und gerast, als wären Gesundheit und Leben der anderen nichts wert. Dabei spricht die Zahl der Verkehrsunfälle und – noch erschütternder – die der Verkehrstoten eine eindeutige Sprache. Dabei wäre es mit ein wenig Rücksichtnahme und Toleranz so einfach. Wieviel Zeit kostet es denn wirklich, wenn man vor der Ampel anhält, die schon Gelb zeigt, statt noch einmal Gas zu geben und durchzurasen? Fußgänger müssen oft unnötig lange am Zebrastreifen stehen, ehe sich endlich einmal ein Autofahrer erbarmt und anhält. Und dann muß sich der Fußgänger noch sputen, weil dicht neben ihm der Motor schon wieder aufheult. Ein freundliches Handzeichen seitens des Autofahrers, eine Geste, daß er den nachfolgenden Verkehr so lange aufhält, bis der Fußgänger sicher die andere Straßenseite erreicht hat, wäre nett und schafft für Sekunden Freunde.

*»Die Welt am Ende des 19. Jahrhunderts steht unter dem Zeichen des Verkehrs.«*
(Kaiser Wilhelm II., 1891)

## PS-Rowdys unter sich

Beinahe amüsant ist es doch immer wieder, als Fußgänger an einer für den Autoverkehr rotgeschalteten Ampel zu stehen und sich hämisch die verbissenen Gesichter hinter den Windschutzscheiben zu betrachten. Da wird neidisch zum Nebenmann geschielt, weil unter dessen Motorhaube mehr PS arbeiten; da wird krampfhaft die Ampel im Auge behalten, um beim ersten Anzeichen des Farbwechsels garantiert sofort den Fuß auf dem Gaspedal zu haben; da wird mit Kupplung und Gas so lange herumgespielt, bis dicker Qualm aus dem Auspuff die Straße vernebelt und der Kavalierstart die Pneus kreischen läßt.

Sicher, als mehr oder weniger unbeteiligter Fußgänger kann man sich schon darüber amüsieren.

Als aktivem Teilnehmer im mobilen Straßenverkehr jedoch können einem solche »Autorambos« nicht nur lästig, sondern sogar lebensgefährlich werden.

Neben den Fußgängern sind besonders die Radfahrer als schwächstes Glied in der Verkehrskette zu betrachten. Auf sie ist in höchstem Maße Rücksicht zu nehmen, sie haben eben keine von Ingenieuren ausgetüftelte und erprobte Knautschzone. Gerade vor Ampeln, wenn die Möchtegern-Michael-Schumachers ihre Straßenrennen veranstalten, stehen Zweiradfahrer meist in der ersten Reihe und werden dann nur allzu leicht übersehen. Diese sind dann die wahren Verlierer des Rennens…

**Was beleidigende Worte und Gesten kosten**

- »Blöde Kuh«, »Schlampe«, »Idiot« o.ä. 150 DM
- Ausgestreckter Mittelfinger 2200 DM
- Ring aus Daumen und Zeigefinger 1350 DM
- An die Stirn getippter Zeigefinger (gegen Polizisten) 2000 DM
- »Blödes Weib« oder »Wegelagerin« (Politessen) 1200 DM

(Quelle: ADAC)

**Promis auf Asphaltparkett**

Unhöflichkeit und Rowdytum im Straßenverkehr sind keineswegs das Privileg anonymer Raser. Auch prominente Zeitgenossen fahren, kaum daß sie von einer schützenden Karosse umgeben sind, öfter mal aus der Haut. Ein paar Kostproben aus der großen Welt gefällig?

*Für manche gelten andere Gesetze, kaum daß sie im Auto sitzen.*

- TV-Schönling Sascha Hehn wollte in München an einer Tankstelle in verkehrter Richtung aus der Waschstraße fahren. Ein Taxifahrer machte den Schauspieler (»Schwarzwaldklinik«, »Traumschiff«) auf sein Versehen aufmerksam, worauf Hehn regelrecht ausflippte und den Taxifahrer als »dumme Sau« betitelte.
- Boris Becker hat schon einiges wegen überhöhter Geschwindigkeit berappen müssen. Sein Freund und Sportlerkollege Carlo Thränhardt mußte sich, nachdem er eine Frau angefahren hatte, sogar schon einmal wegen des Verdachts auf fahrlässige Körperverletzung verantworten.
- Der Schauspieler Heiner Lauterbach rammte einen anderen Wagen und stand kurz darauf wegen Fahrerflucht vor Gericht.

*Beleidigungen in Worten oder Gesten können teuer werden – besonders im Straßenverkehr.*

- Joan Kennedy fiel so oft wegen Trunkenheit am Steuer unangenehm auf, daß ihr der Führerschein entzogen wurde.
- Die Hollywood-Diva Zsa Zsa Gabor ohrfeigte einen Polizisten, der sie wegen überhöhter Geschwindigkeit angehalten hatte – und wanderte dafür drei Tage ins Gefängnis.
- Manfred Krug spuckte einem Mann aus lauter Wut ins Auto, wofür er zu einer Geldbuße von 6000 DM und zu zwei Monaten Fahrverbot verurteilt wurde. Dann verpaßte er einem anderen Verkehrsteilnehmer eine Ohrfeige und rammte daraufhin auch noch einen Jeep.
- Queen Elizabeth höchstpersönlich raste einmal derart durch den Windsor Park, daß sie einen ihrer braven Untertanen völlig übersah. Erst im letzten Moment konnte sich der arme Mann durch einen gewagten Sprung in die Büsche vor der bedrohlichen Kühlerhaube seiner geschwindigkeitsberauschten Herrscherin retten.

*In den oftmals vollbesetzten öffentlichen Verkehrsmitteln ist zuvorkommendes Verhalten besonders wichtig.*

Diese »Persönlichkeiten« sollte man sich in ihrem alltäglichen Verkehrsverhalten sicher nicht zum Vorbild nehmen.

## Öffentliche Verkehrsmittel

Kennen Sie den?
Eine ältere Dame fragt einen Jugendlichen im Bus, ob dieser ihr nicht seinen Platz anbieten möchte, schließlich habe er die jüngeren Beine. Antwortet der Bengel: »Nö, ist doch besser, wenn wir erst mal das alte Zeug abnutzen!«
Finden Sie nicht witzig? Ist es auch nicht. Aber leider muß man in Bussen und Bahnen, im Zug und im Taxi immer wieder feststellen, daß einige

## IM STRASSENVERKEHR

- Verkehrsregeln sind dazu da, daß sie eingehalten werden.
- Defensive Fahrweise ist ein Ausdruck von Höflichkeit.
- Rücksichtnahme hilft jedem Verkehrsteilnehmer.
- Beleidigende Gesten und Worte können geahndet werden.
- Drängler und Raser gefährden nicht nur sich, sondern auch andere.

Zeitgenossen nicht gerade laut »Hier!« gerufen haben, als die Höflichkeit verteilt wurde.

**Nicht nach dem Ellenbogenprinzip!**
Hier einige Regeln zum Verhalten in öffentlichen Verkehrsmitteln, die sicher dazu beitragen können, das menschliche Miteinander netter und höflicher zu gestalten.

- Älteren Menschen und Behinderten ist in Bussen und Bahnen immer Platz zu machen.
- Wenn der Wagen nicht gerade nur halb besetzt ist, läßt man speziell gekennzeichnete Behindertensitzplätze immer frei.
- Manche Menschen – etwa Ältere oder Behinderte – sind nicht so schnell wie andere. Darum gehört es sich, so lange am Einstieg zur Straßenbahn stehenzubleiben, bis auch die Langsameren zusteigen können.

*Als wahrer Kavalier erweist man sich nicht bei seiner Angebeteten, sondern auf der Straße.*

- Einsteigende Fahrgäste warten, bis alle anderen an der jeweiligen Haltestelle ausgestiegen sind.
- Fahrgästen mit viel Gepäck, Behinderten oder Müttern mit Kinderwagen ist man beim Einsteigen behilflich.
- Sitzplätze sollten nicht mit Gepäck belegt werden. Dafür gibt es in öffentlichen Verkehrsmitteln extra freie Stellen in der Nähe der Türen. Man hat sein Gepäck auf diese Weise trotzdem in Sichtweite, behindert aber niemanden.

# Höflichkeit digital

## Kann man überhaupt unhöflich telefonieren?

Ja, man kann!
Das fängt schon bei der Zeit an, wenn manche Leute meinen, sie müßten unbedingt noch zum Hörer greifen. Mehr als einmal habe ich erlebt, daß liebe Verwandte und gute Freunde zu nachtschlafender Zeit bei mir angerufen haben, um mir irgendwelches belangloses Zeug zu erzählen.
Das kann – wenn es unter bestimmten Freunden nicht üblich ist, erst nach 22 Uhr miteinander zu telefonieren – den gemütlichen Abend, das besinnliche Gespräch unter vier Augen oder gar die wohlverdiente Nachtruhe empfindlich stören. Allem Ärger und allen guten Vorsätzen wie »Beim nächsten Mal lasse ich es einfach klingeln« zum Trotz geht fast jeder an den Apparat – es könnte ja ausnahmsweise mal etwas wirklich Wichtiges sein.

*Wahre Höflichkeit zeigt der moderne Mensch, wenn er statt des gewünschten Gesprächspartners nur dessen Anrufbeantworter am Apparat hat und trotzdem nicht entsetzt auflegt, sobald der Piepston zu hören ist.*

Höfliche Menschen rufen vor 21 Uhr an. Allerdings auch nicht unbedingt dann, wenn gerade die Nachrichten im Fernsehen laufen, wenn Menschen mit ihren Familien gewöhnlich am Abendbrottisch sitzen oder wenn die Kinder ins Bett gebracht werden.
Gespräche am Telefon sollten sich nicht um so belanglose Dinge drehen, daß der Gesprächspartner vor Langeweile dem Einschlafen nahe ist. Am ehesten merkt man das, wenn der andere nur noch einsilbig antwortet und von sich aus keine Fragen mehr stellt, die das Gespräch verlängern würden.
Andererseits ist es unhöflich, während des Gesprächs ständig dazwischenzuquasseln und vom eigentlichen Thema des Gesprächs abzulenken. Auch Tätigkeiten wie Essen, den Abwasch erledigen, den Schreibtisch aufräumen u.ä. sollten beim Telefonieren unterbleiben.

## Elektronischer Angstgegner: der Anrufbeantworter

Heutzutage haben nicht nur Firmen und Geschäftsleute einen Anrufbeantworter eingeschaltet. Diese elektronischen »Ersatzgesprächspartner« erfreuen sich auch unter Privatleuten immer größerer Beliebtheit.

**Den Ansagetext begrenzen**

Der Text sollte nicht nur laut und deutlich gesprochen sein, er darf auch nicht unendlich in die Länge gezogen werden. Schließlich ist es stets das Geld des Anrufers, das durch eine schier endlose Ansage, und sei sie noch so witzig und originell, verplempert wird.

Als Ansagetext auf dem Anrufbeantworter genügen eigentlich der Name des Anschlußinhabers, ein kurzer Hinweis darauf, daß nicht er selbst, sondern eben der Apparat spricht, und unter Umständen die Telefonnummer. Selbst das übliche »Sprechen Sie bitte nach dem Piepston« (»Pfeifen Sie nach dem Sprechton«, »Warten Sie auf das Signal«, »Bitte sprechen Sie jetzt« usw.) muß heute nicht mehr zwingend mit aufs Band – jeder Fernsprechteilnehmer sollte inzwischen wissen, wann er auf einem Anrufbeantworter seine Nachricht hinterlassen kann.

Leider kann nicht jeder etwas mit diesem meist hilfreichen, oft aber auch nervtötenden Gerät anfangen. Viele Leute hören sich noch brav die Ansage an und legen dann, kaum daß sie aufs Band sprechen könnten, einfach wieder auf.

Zum Teil liegt das an einer Art Angst, etwas sagen zu müssen, ohne direkt eine Antwort zu bekommen. Zum Teil aber entspringt ein solches Verhalten auch schlichter Unhöflichkeit, gar Arroganz, nach dem Motto »Ich habe es doch nicht nötig, mit einer Maschine zu reden!«.

*Inzwischen gibt es eigene Bücher mit Empfehlungen für den Ansagetext eines Anrufbeantworters für Leute, die sich nicht selbst den Kopf zerbrechen mögen.*

Anrufer, die einen Telefonanrufbeantworter am anderen Ende der Leitung haben, sollten zumindest kurz ihren Namen aufs Band sprechen. Woher soll denn der andere sonst wissen, daß er angerufen wurde und zurückrufen soll?

Auch der Anrufer sollte laut, langsam und deutlich auf das Band sprechen. Die Angabe des Datums und der Zeit ist dabei eine Art besonderer Service, den man ruhig geben sollte.

## Modeseuche Handytelefone

Stellen Sie sich vor, Sie sitzen in einem guten Restaurant. Das Essen ist vorzüglich, leise Musik spielt im Hintergrund, Kerzen verbreiten ein warmes Licht, und die Stimmung ist so richtig nett romantisch.
Plötzlich piepst es am Tisch neben Ihnen, der junge Typ da greift in seine Jackentasche, holt eines dieser kleinen Telefone, genannt Handys, hervor und beginnt zu telefonieren!
Jede Wette, die Stimmung ist dahin...
Immer mehr Menschen meinen, mittels Funktelefon ihre Wichtigkeit beweisen zu müssen. Galt früher ein Rolls-Royce oder eine Rolex-Armbanduhr als Statussymbol, so haben heute die Handys – vor allem bei jungen Emporkömmlingen – diesen Platz eingenommen.

*Handy nur dann gebrauchen, wenn wirklich zwingende Gründe für eine ständige Erreichbarkeit vorliegen! Absolut verboten sind diese Geräte in Kirchen, bei Trauerfeiern, auf Beerdigungen und in Krankenhäusern (den Arzt natürlich ausgenommen).*

Gepiepst und »gefunktelefoniert« wird überall: im schon erwähnten Restaurant, im Kino, im Theater, in der Straßenbahn und auf dem Wochenmarkt. Und dabei handelt es sich beileibe nicht nur um wichtige geschäftliche Gespräche. Es wäre ja noch zu verstehen, wenn einem Börsenmakler Hunderttausende von DM verlorengingen, wäre er nicht jederzeit und überall erreichbar. Auch einem Arzt, der vielleicht zu einem Notfall gerufen werden muß, ist diese Art der »Telefonitis« selbstverständlich zu verzeihen.
Aber zum Ärger der meisten drehen sich die Gespräche am Handy oft um irgendwelche privaten Dinge, die die unfreiwilligen Zuhörer kaum interessieren oder etwas angehen. Da werden oft Banalitäten ausgetauscht, nur um das Handy »vorzuführen«.

## Checkliste

- Darf ein Mann in Begleitung auch anderen Frauen hinterherschauen, sich gewissermaßen »Appetit« holen?
- Sollte man tief empfundene Gefühle dem geliebten Partner gegenüber auch unbesorgt in der Öffentlichkeit demonstrieren?
- Sollte der Herr immer vor einer Dame die Treppe hinaufgehen?
- Ist es in Ordnung, die Kassiererin im Supermarkt zum schnelleren Arbeiten aufzufordern, wenn man in der Schlange steht?
- Steht man im Kino oder im Theater kurz auf, um einen Nachzügler zu seinem Platz in der Sitzreihe durchzulassen?
- Behält der Herr in der Kirche seinen Hut auf?
- Schreibt man bei der Begrüßungsformel im Brief zuerst den Namen des Mannes?
- Darf der Handkuß auch über einer »behandschuhten« Hand erfolgen?
- Darf man eine Amtsstube betreten, ohne anzuklopfen?
- Sollte man der Höflichkeit halber schweigen, wenn man am Telefon nur den Anrufbeantworter erwischt?

Wenn Sie diese Fragen neunmal mit Nein und einmal mit Ja beantwortet haben, dann wissen Sie, was das sechste Kapitel sagen wollte.

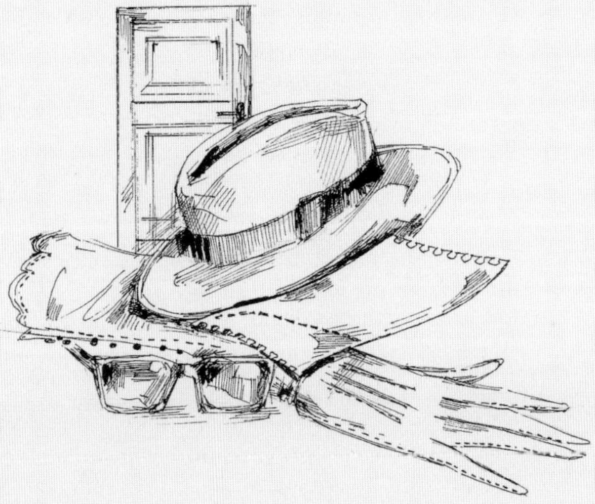

*»Feinde sind Menschen, die einem Böses wollen. Man muß vor ihnen auf der Hut sein, sich schützen, allzeit bereit warten, bis sie sich nähern. Feinde lauern überall: in der Straßenbahn, im Büro, am Strand, in der Schlange vor der Supermarktkasse... Freunde und sogar Verwandte können zu Feinden werden. Manche Feinde nisten sich gleich im Haus nebenan ein – dann nennen sie sich Nachbarn...«*

## Kapitel 7

# Auf gute Nachbarschaft

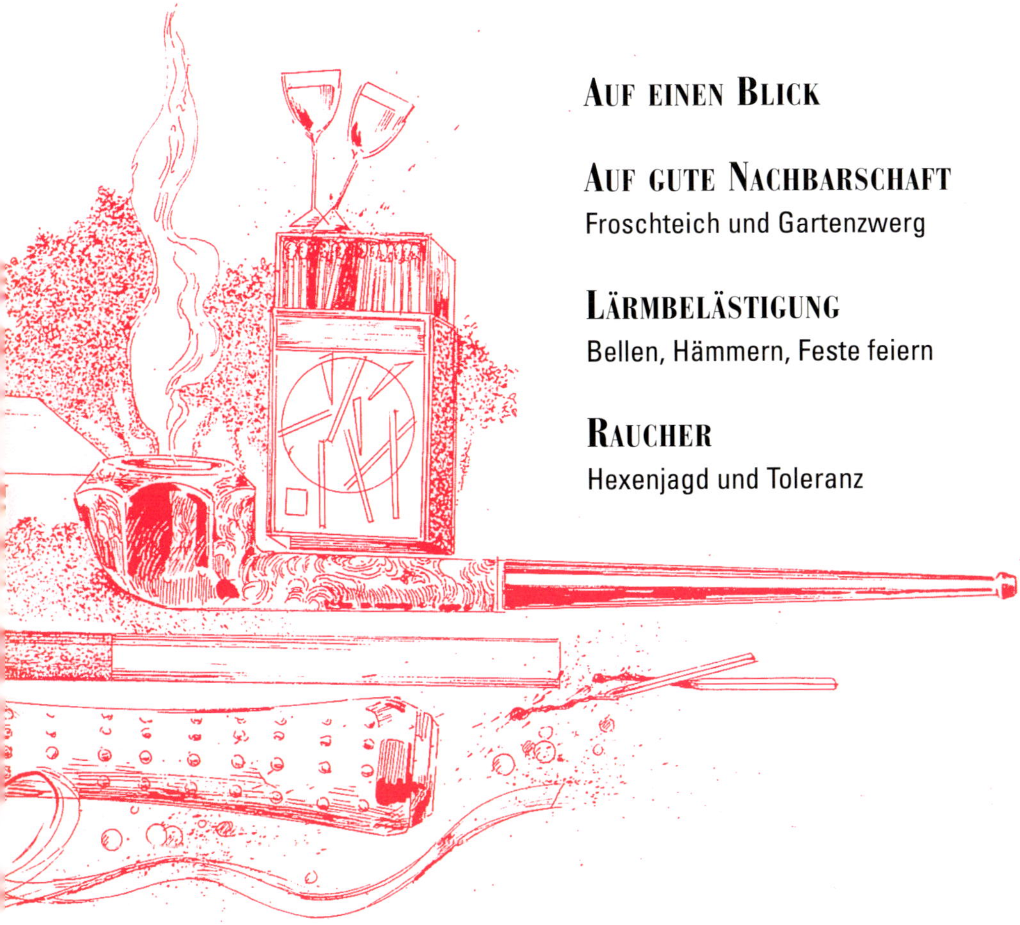

**Auf einen Blick**

**Auf gute Nachbarschaft**
Froschteich und Gartenzwerg

**Lärmbelästigung**
Bellen, Hämmern, Feste feiern

**Raucher**
Hexenjagd und Toleranz

# Nachbarn – Freunde und Helfer in der Not?!

## Nachbarn sind auch nur Menschen

Fast täglich lesen wir davon in der Zeitung oder hören mal wieder von einem dieser kuriosen Fälle in Rundfunk und Fernsehen: Da klagt ein Nachbar gegen den nächsten, weil die Frösche in dessen Gartenteich ein paar Phon zu laut quaken; Prozesse bis in die höchste Instanz werden geführt, weil die Gartenzwergsammlung auf Nachbars Grundstück angeblich eine optische Beleidigung darstellt; wieder andere zerren einander in schönster Regelmäßigkeit Jahr für Jahr vor Gericht, obwohl sie den eigentlichen Grund ihres Streites schon längst vergessen haben.

*»Es kann der Frömmste nicht in Frieden leben, wenn es dem bösen Nachbar nicht gefällt.«*
(Schiller)

### Nur noch zum Lachen...

Mir ist ein Fall bekannt, da beschäftigten zwei Familien, deren Grundstücke aneinandergrenzten, über Generationen hinweg Anwälte und Richter. Als die Streithähne alt und krank geworden waren, führten deren Kinder die Fehde weiter. Nichts schien die beiden Familien besänftigen zu können, eine friedliche Einigung rückte mit jedem Gerichtstermin in weitere Ferne. Und das alles nur, weil einer der Nachbarn vor vielen Jahren einmal den überhängenden Ast eines Baumes abgesägt hatte, der auf dem Grundstück des anderen stand...

Obwohl die ganze Angelegenheit, lächerlich wie sie war, hoffnungslos verfahren schien, gab es zum Schluß doch noch ein Happy-End: Die Tochter des einen und der Sohn des anderen Nachbarn verliebten sich ineinander und heirateten. Dies war endlich Anlaß genug, beide Familien zusammenzuführen und sich miteinander zu versöhnen.

*Man muß seine Nachbarn nicht lieben und verehren. Sehr wohl aber muß man sie respektieren und so nehmen, wie sie sind – auch mit all ihren kleinen, lästigen Fehlern.*

Fast jeder von uns hat Nachbarn, Menschen also, die direkt in der Wohnung unter uns oder im Haus nebenan wohnen, vielleicht auch nur ein paar Häuser weiter in unserer Straße. Nachbarschaft ist etwas, was jedem gewissermaßen heilig sein sollte, was gepflegt und aufgebaut werden muß.

### Nachbarschaftshilfe

Nachbarschaften entstanden mit der Gründung erster Siedlungen, Orte und Städte. Menschen beschlossen, seßhaft zu werden, suchten sich dafür einen guten Platz aus, meistens in der Nähe eines Wassers, der ihnen alles bot, was sie zum Leben brauchten. Hatten sie einen solchen Ort gefunden, war es klar, daß sie nicht lange allein blieben. Und für unsere Vorfahren war es teilweise sogar lebenswichtig, gute Nachbarn zu haben. Man konnte einander helfen, Häuser zu bauen, konnte im Tauschhandel die Geschicke und Talente des anderen nutzen, war nicht allein mit sich und seinen Ängsten, wenn die Götter zürnten und drohten, per Unwetter den Himmel über einem einstürzen zu lassen.

Sicher ist es gerade heute so, daß in Ballungsgebieten, in Wohnsilos und Hochhäusern Nachbarn oft störend sein können. Sie nerven durch Lärm, mißachten die Hausordnung oder räuchern rücksichtslos beim sommerlichen Grillfest ihre Würstchen in dichten Qualmwolken.
Andererseits kommt es immer wieder vor, daß vor allem ältere Mitbürger völlig unbemerkt von ihren unmittelbaren Nachbarn sterben und erst Wochen später durch einen Zufall gefunden werden. Dies zeigt, wie gleichgültig Menschen einander geworden sind, wie anonym und kalt viele von uns heute mit ihren Nachbarn umgehen.

*Nachbarn sind unsere unmittelbaren Mitmenschen – wir sollten daher ein gutes Verhältnis zu ihnen aufbauen.*

Doch gerade heute, da viele Lebensbereiche durch Aggressivität und Härte gekennzeichnet sind, tut jedem ein nettes Wort über den Gartenzaun, eine liebgemeinte Geste oder einfach nur ein Plausch von Balkon zu Balkon gut.

**Auf gute Nachbarschaft**

Wenn jemand irgendwo neu hinkommt, so erwartet man von ihm eigentlich, daß er sich zunächst einmal vorstellt. Dies gilt selbstverständlich auch unter Nachbarn.
Das Bekanntmachen kann auf unterschiedliche Arten geschehen. Der eine mag es vorziehen, in der unmittelbaren Nachbarschaft eine Runde

zu drehen und sich bei jedem einzelnen vorzustellen, während der andere vielleicht wartet, bis seine neue Wohnung fertig eingerichtet ist, um dann die Nachbarschaft zu einer kleinen »Kennenlernparty« einzuladen. Beide Möglichkeiten tragen dazu bei, daß man schneller Kontakt zu seinen nächsten Mitmenschen bekommt und als gleichwertiger Nachbar akzeptiert wird.

Mit dem Vorstellen kann man eine Art Vorwarnung vor eventuellen Belästigungen verbinden, etwa: »Hallo, ich bin Ihre neue Nachbarin, Karin Schmitz. Ich wollte mich schon mal im voraus entschuldigen, weil es sein kann, daß durch die Renovierung ein bißchen Lärm entsteht...« Nach dieser höflichen Ankündigung wird sich ganz bestimmt kein Nachbar beschweren kommen, wenn beim Tapezieren mal etwas auf den Boden fällt.

*Niemand kann sicher sein, daß er seine Nachbarn nicht doch irgendwann einmal braucht – sei es zum Blumengießen im Urlaub, für eine Tasse Mehl oder ersatzweise für die Entgegennahme eines wichtigen Pakets von der Post.*

Trotzdem sollten Sie sich beim Renovieren an die »offiziellen« Zeiten der Hausordnung halten: Nach 22 Uhr sollten Sie die Bohrmaschine nicht mehr betätigen und vor 8 Uhr morgens auch nicht.

# Krach und Radau

## Lärm – ein notwendiges Übel?

Lärmbelästigung – ob wirklich unumgänglich oder vermeidbar – gehört mit zu den am meisten vor Gericht verhandelten Streitigkeiten, seien es die schon erwähnten Frösche in Nachbars Garten, die zu laut quaken, die Stereoanlage des Nachwuchses, die Bohrmaschine des Heimwerkers oder die Toilettenspülung und der Badewannenabfluß. Es gibt wohl kein Geräusch des ganz normalen Alltags, das nicht schon zu Auseinandersetzungen unter Nachbarn geführt hätte. Selbst so kuriose Dinge wie Besteckklappern beim Essen und allzu heftige akustische Begleitung des Intimlebens haben Gerichte beschäftigt.

*»Der Esel schrie, der Hund bellte, die Katze miaute, und der Hahn krähte, dann stürzten sie durch das Fenster in die Stube, daß die Scheiben klirrten...«*
(Die Bremer Stadtmusikanten).

Natürlich ist es nicht nötig, den Motor seines Wagens frühmorgens um fünf erst einmal eine halbe Stunde lang warmlaufen zu lassen (ganz abgesehen davon, daß dieses rüpelhafte Verhalten auch noch strafbar ist!), ebenso wie überlaute Musik bei einem Gartenfest nicht sein muß. Kindern und Jugendlichen schadet es ganz sicher nicht, ihre Hi-Fi-Anlagen auf eine Lautstärke einzustellen, die eine normal geführte Unterhaltung noch zuläßt. Bohren, Sägen, Hämmern und Feilen müssen – insbesondere in einem Mietshaus mit mehreren Parteien – nicht ausgerechnet in die frühen Morgen- und in die späten Abendstunden verlegt werden.

***Einem Gerichtsurteil zufolge ist niemand verpflichtet, einen nachträglichen Schallschutz in eine Wohnung einbauen zu lassen. Auch dann nicht, wenn sich der Nachbar in der daruntergelegenen Wohnung durch normale Schrittgeräusche belästigt fühlt.***

## Man soll die Feste feiern, wie sie fallen

**»Wo man singt...?«**
Feste wollen gefeiert werden, und zu einer ordentlichen Party gehört nun mal auch Musik. Die aber sollte aus Rücksicht nicht unbedingt so laut sein, daß in der Wohnung nebenan der Putz von der Wand rieselt. Musik muß nach 22 Uhr auf Zimmerlautstärke gestellt werden – andernfalls kann sich der Nachbar über Störung der Nachtruhe beschweren. Aber es geht auch anders: Wie wäre es denn, wenn man den Nachbarn zur nächsten Party einfach mit einlädt? Das kann so manche Distanz überwinden und hat nebenbei auch noch den Effekt, daß er sich nicht über die Musik beschweren kann.

Niemand kann erwarten, daß jeder Nachbar ein Partylöwe ist. Einige Tage vor der geplanten Feier sollten Sie daher einen Rundgang machen und alle, die sich belästigt fühlen könnten, informieren. Diese höfliche Vorankündigung auf das Ereignis mit der Überreichung einer Flasche Likör, eines Blumenstraußes oder einer Schachtel Pralinen zu verbinden, erweist sich dabei als geschickter Schachzug. Kleine Geschenke erhalten bekanntlich die Freundschaft – und haben schon manches dicke Eis gebrochen und ersparen unter Umständen Polizeibesuch wegen Ruhestörung.

## Haustiere – nicht überall gern gesehen

Muschi und Maunzi, Fifi und Bello, Hansi, Peter, Bodo und Struppi – sie alle sind oft lieber gesehen als Kinder, aber eben nicht immer. Haustierhaltung wird grundsätzlich im Mietvertrag erlaubt oder nicht, auch wenn die Rechtsprechung heute dazu übergegangen ist, die Tierhaltung generell zu tolerieren. Leider aber können Tiere – ganz gleich welcher Art und Gattung – oft zum lästigen Übel für zwei- und vierbeinige Mitbewohner des Hauses werden.
Das fängt etwa schon damit an, daß der unmittelbare Nachbar im Haus vielleicht ein echter Tierfreund ist, aber eine Allergie gegen Katzenhaare hat. Eine Frechheit wäre es dann, seinem »Dachhasen« zu erlauben, ausgerechnet auf der Fußmatte dieses Nachbarn sein Mittagsschläfchen zu halten.

*Und Herr Schmitz hat auch einen Hund...*

**Herr Schmitz, der Tierfreund**

Unser Herr Schmitz bezeichnet sich selbst als großen Tierfreund. So hat er sich unlängst einen Hund angeschafft, von dem Nachbarn hinter vorgehaltener Hand behaupten, er sei eine Kreuzung zwischen nordamerikanischem Grizzly und bengalischem Tiger. Tatsächlich ist »Django« äußerst leicht reizbar, oft genug gar regelrecht aggressiv. Vor allem kleinere Artgenossen hat »Django« zum Fressen gern...
Herr Schmitz bestreitet vehement, er habe seinen vierbeinigen Hausgenossen einzig aus dem Grund ange-

schafft, um endlich einmal von der Nachbarschaft respektiert zu werden. Gleichwohl sieht er genüßlich grinsend drein, wenn »Django« mal wieder Nachbars Pudel jagt, wenn die Leute respektvoll die Straßenseite wechseln, kaum daß er ihnen mit seinem Vierbeiner entgegenkommt, wenn selbst der hartgesottene Briefträger nur zögerlich die Zeitung in den Briefschlitz wirft, um dann schleunigst weiterzugehen.
Menschen, die sich einen Hund anschaffen, weil sie mit ihren Ängsten nicht fertig werden oder weil sie sich damit Geltung und Respekt verschaffen wollen, gibt es leider allzu viele. Bedenkt man, daß hierzulande Jahr für Jahr etwa 20 000 Vorfälle bekannt werden, bei denen Tiere Menschen verletzen, sollte man sich ernsthaft überlegen, ob es für manchen Zeitgenossen nicht besser wäre, auf seinen vierbeinigen Freund zu verzichten.

*Tiere sind in Geschäften selten gern gesehen, in Lebensmittelgeschäften gar verboten! Einzige Ausnahme: der Blindenhund.*

Auf alle Fälle aber muß die Nachbarschaft – und dazu gehören auch andere Tiere – vor Belästigungen durch den eigenen Hund, die Katze und den krächzenden Papagei geschützt werden. Kaum etwas ist so lästig, wie mitten in der Nacht durch ausgiebiges Gebell oder Gejaule aus dem Schlaf gerissen zu werden.
Ein Tierhalter, der sich zu benehmen weiß, wird immer darauf achten, daß sein kleiner Liebling seine Notdurft nicht ausgerechnet da erledigt, wo andere hineintreten oder wo gar Kinder spielen könnten. Hunde sind an der Leine zu führen, und seien sie

## Tierhalter

- Halten Sie sich nur Tiere, mit denen Sie zurechtkommen.
- Tiere zu halten, um andere zu schocken, ist dumm.
- Sorgen Sie für Ihr Tier.
- Erziehen Sie Ihr Tier.
- Nehmen Sie Rücksicht auf Menschen, die keine Tiere mögen.
- Sorgen Sie dafür, daß sich niemand durch Ihr Tier belästigt fühlt.
- Bringen Sie Ihr Tier nicht ungefragt zu Gastgebern mit.

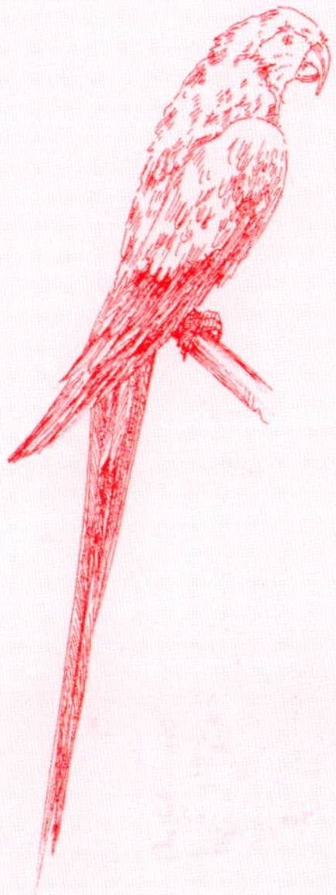

noch so friedfertig. Es gibt schließlich Menschen, die haben von Natur aus Angst vor Hunden; diese Angst ist zu respektieren, und dazu gehört z.B. auch, daß man seinen Hund nicht an fremden Hosen schnuppern läßt. Der Hinweis »Keine Angst, Bello beißt nicht« reicht da nicht aus – Bello könnte schmutzige Pfoten haben, die unangenehme Spuren auf dem hellen Mantel des Spaziergängers hinterlassen.

**Überlegungen vor dem Kauf**

Am besten sollte sich jeder Tierfreund schon vor dem Kauf eines Hausgenossen fragen, ob das Tier vielleicht zu Ärger in der Nachbarschaft Anlaß gibt. Wichtig ist auch die Überlegung, ob man wirklich willens und stark genug ist, eine deutsche Dogge so zu erziehen, daß man ihrer später Herr wird. Im Zweifelsfall sollte man besser auf einen Goldfisch im Aquarium zurückgreifen – bei dem ist mit weitaus weniger Streß, Verletzungsgefahr und vor allem Lärm zu rechnen…

*So mancher Liebhaber exotischer Hausgenossen kommt zum Glück gar nicht erst in die Versuchung, sein Tierchen zu einer Einladung mitzubringen – wer nimmt auch schon einen Leguan mit zum Kaffeekränzchen?*

Ein heikles Thema ist auch die Frage, ob Herrchen seinen Hund mit zu Besuch bei Freunden und Verwandten nehmen darf. Ganz wichtig in diesem Fall ist, daß der oder die zu Besuchende vorher gefragt wird – und daß Herrchen nicht verärgert reagiert, wenn »Bello« eine Absage erhält. So viel Verständnis muß eben ein Tierhalter aufbringen.

# Viel Rauch um nichts...

## Rauchen – vom Laster zur Belästigung

### Der Trick des J.R.

Der amerikanische Schauspieler Larry Hagman (J.R. Ewing aus der Serie »Dallas«) hat es sich zur Gewohnheit gemacht, stets einen kleinen Taschenventilator bei sich zu tragen. Den schaltet er ein, sobald sich ein Raucher auch nur in seine Nähe wagt, um dem Übeltäter seinen Qualm ins Gesicht zu blasen. »Dieses kleine Gerät ist wirklich ein Segen«, so Hagman in einem Interview. »Dank ihm muß ich heute die rücksichtslosen Raucher nicht mehr eigenhändig erwürgen!«

Nur wenige andere Themen werden heute so heftig diskutiert wie der berühmte »blaue Dunst«. Für die einen ist Pfeifen-, Zigarren- und Zigarettenqualm der Inbegriff von Gemütlichkeit und Entspannung, für die anderen hingegen eine nicht hinzunehmende Belästigung, eine ernsthafte Gesundheitsgefährdung, die eigentlich bestraft gehört.

*»Drei Wochen war der Frosch so krank, jetzt raucht er wieder, Gott sei Dank.«*
(Wilhelm Busch)

### Merke

Die wichtigste Grundregel für alle Raucher sollte schon deshalb lauten: Rücksichtnahme auf Nichtraucher auch da, wo kein offizielles Rauchverbot besteht!

Ein höflicher Raucher wird, sofern er sich in Gesellschaft befindet, immer zuerst seine Mitmenschen fragen, ob sie der Qualm stört. Ist dies der Fall, dann hat die Zigarette in der Schachtel zu bleiben. Erhält er jedoch die Erlaubnis, so sollte es selbstverständlich sein, daß man seinem Gegenüber den Qualm nicht direkt ins Gesicht bläst.

Aus Amerika ist vor einigen Jahren eine Welle zu uns übergeschwappt, die einige gerne als »hysterisches Gesundheitsgehabe« oder als »Hexenjagd auf Raucher« bezeichnen. Gemeint ist die oft recht derbe Art, wie Raucher diskriminiert werden. Selbst draußen auf der Straße hat so mancher inzwischen Hemmungen, sich seinen geliebten »Glimmstengel« anzuzünden – von geschlossenen Räumen, öffentlichen Gebäuden oder selbst bei sich zu Hause im stillen Kämmerlein ganz zu schweigen.

*In England versuchen die geschmähten Raucher seit kurzem, ihre Lieblingsbeschäftigung wieder salonfähig zu machen: Sie gründeten elitäre Raucherclubs.*

Im dichten Gedränge, z.B. in der überfüllten Fußgängerzone am Freitagnachmittag, sollte der Raucher Vorsicht walten lassen. Wie schnell ist doch ein Loch in einen teuren und obendrein noch fremden Mantelstoff gebrannt...

Zweifellos ist Rauchen eine Sucht. Ebenso unbestritten ist die Tatsache, daß der Nikotingenuß nicht nur für den Raucher selbst, sondern auch für seine Mitmenschen schädlich ist. Nach Meinung von Medizinern ist das passive Rauchen genauso schädlich wie das direkte Inhalieren des Zigarettenrauchs.

Aber auch für Nichtraucher gehört es sich nicht, seinen qualmenden Mitmenschen wie ein Subjekt zweiter Klasse zu behandeln. Der freundliche Hinweis darauf, daß man seine eigene Gesundheit nicht durch den Qualm eines anderen ruinieren möchte, ist allemal besser, als sein Gegenüber gleich anzugiften. Beiderseitige Toleranz ist im übrigen das beste Mittel, um Streitigkeiten erst gar nicht aufkommen zu lassen.

*Raucher und Nichtraucher sollten freundschaftlich miteinander umgehen.*

**Wo das Rauchen verboten ist**

- Nichtraucherabteile im Zug und in der U-, S-Bahn.
- Besonders gekennzeichnete Bereiche im Restaurant.
- Fahrstühle.
- Bestimmte Räume in Behörden.
- Großraumbüros (wenn es nicht ausdrücklich gestattet ist).
- Verwaltungsgebäude (teilweise)
- Tankstellen.
- Bestimmte Bereiche des Flugplatzes.
- Park- und Kaufhäuser.
- Ausgetrockneter Wald (im Sommer).
- Kirchen, Museen, Schwimmbäder und ähnliche öffentliche Gebäude.
- Kinderzimmer und Küchen.
- Arztpraxen und Krankenhäuser.

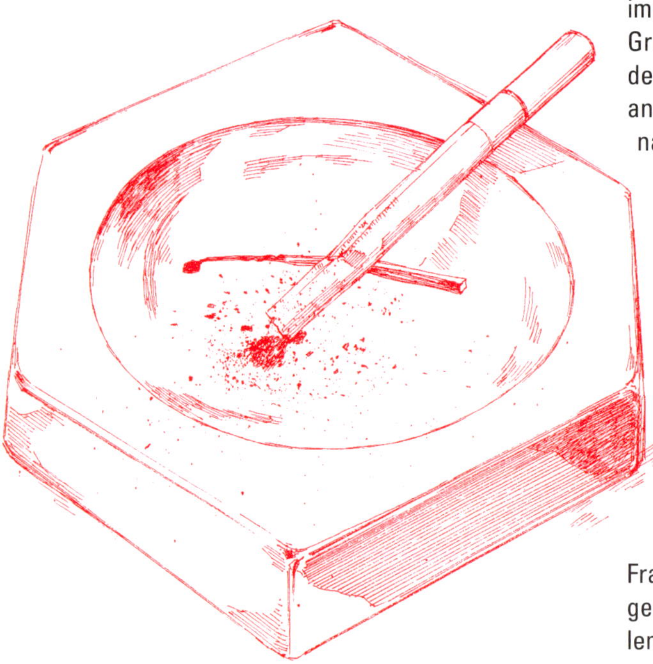

Grundsätzlich gilt die Regel: Wo ein Aschenbecher steht, darf – nach vorherigem Fragen – geraucht werden (außer im Auto).
Besonders im Restaurant, aber auch im privaten Kreis gehört es zu den Grundregeln der Höflichkeit, zumindest so lange nicht zu rauchen, wie andere noch am Essen sind. Auch nach der Mahlzeit fühlen sich viele durch den Rauch im Nachgeschmack des feinen kulinarischen Genusses beeinträchtigt.

**Rauchende Frauen**

Früher galt es für Frauen allgemein als unschicklich zu rauchen. Auf der Straße qualmten und pafften nur Damen zweifelhaften Rufs, die ohnehin nichts zu verlieren hatten. Inzwischen dürfen Frauen rauchen, wo immer sie mögen (außer in oben genannten Fällen); manchmal ernten sie aber auch heute noch mißbilligende Blicke in der Öffentlichkeit. Scheren Sie sich nicht drum! Stecken Sie sich auf der Straße, an der Bushaltestelle oder vor dem Schaufenster ruhig eine »Kippe« an, wenn Ihnen danach zumute ist! Natürlich müssen Sie die Zigarette löschen, bevor Sie das Geschäft oder den Bus betreten.

## Die hohe Kunst des Feuergebens

Wo Rauch ist, da ist auch Feuer. Diese alte Weisheit hat bis heute – besonders natürlich in Raucherkreisen – nichts von ihrer Gültigkeit verloren. In früheren Zeiten zogen sich die Herren nach einem Diner ins Raucherzimmer zurück. Dort legten sie zum gemütlichen Paffen eine extra Raucherjacke an: den Smoking.
Beim Feueranbieten gibt es natürlich einige Regeln zu beachten.

***Auch wenn es in gewissen Kreisen als schick gilt: Nach dem Aperitif, also auch zwischen den einzelnen Gängen, sollte bei Tisch generell auf den »blauen Dunst« verzichtet werden.***

In gemischter Gesellschaft ist es der Herr, der der Dame Feuer anbietet. Dabei sollte er darauf achten, daß die Flamme in der richtigen Höhe zur Zigarette gehalten wird. Muß die Dame sich erst tief bücken oder hoch recken, um mit der Spitze ihrer Zigarette an die Flamme zu gelangen, hat der Herr irgend etwas falsch gemacht...
Gleiches gilt auch für die Entfernung und die Größe der Flamme. Die Dame sollte sich weder vorbeugen müssen, noch sollte die Flamme den halben Filter der Zigarette ankokeln. Aller Höflichkeit zum Trotz verboten ist es, sich zum Feuergeben über den Tisch zu beugen. Das sieht nicht nur komisch aus, sondern kann auch recht unangenehme Folgen haben. (Man denke nur an umkippende Weingläser!)

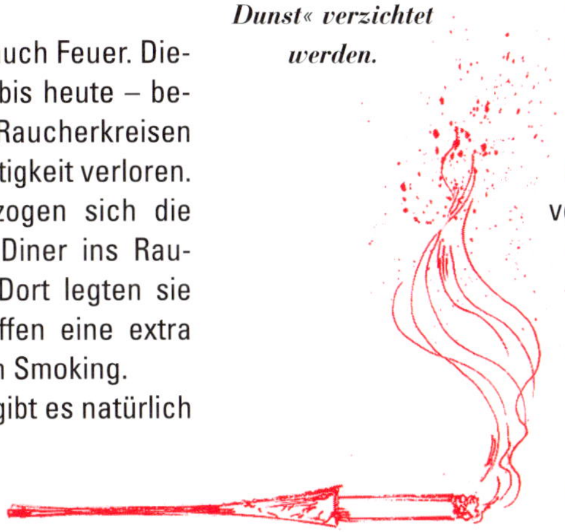

### RAUCHEN

- Rauchen Sie niemals in als Nichtraucherzonen gekennzeichneten Räumen.
- Sich in Gesellschaft ungefragt eine Zigarette anzuzünden ist unhöflich.
- In Park- und Kaufhäusern gilt absolutes Rauchverbot.
- Verboten ist Rauchen auch in sommerlichen Waldgebieten.
- Im Kinderzimmer und in der Küche ist der blaue Dunst tabu.
- Krankenhäuser und Arztpraxen sind ebenfalls qualmfreie Zonen.

*»Wie da so allmählich alle hinweg-
schwinden und man am Ende weit mehr
Nahe und Nächste ›drüben‹ hat als hier,
wird man unversehens selber auf dies
Drüben neugierig und verlernt die Scheu,
die der noch fester Umbaute davor hat.«*

(Hermann Hesse)

## Kapitel 8

# Taktgefühl bei Krankheit und Tod

**Auf einen Blick**

**Wie benehme ich mich im Krankenhaus?**
Besuch, Gespräch und Abschied

**Beileidsbezeugungen**
Zwischen Trauer und Trost

# Auch im Krankenhaus gelten Anstandsregeln

## Krankenbesuche

Im Krankenhaus zu liegen ist für die meisten Menschen äußerst unangenehm. Mindestens ebenso unangenehm ist es vielen aber, den Darniederliegenden einen Besuch abzustatten. Manche haben einen regelrechten Horror vor allem, das nach Krankenhaus »riecht«, so daß sie wirklich nur im äußersten Notfall ein solches Gebäude betreten. Und dabei ist es ganz egal, ob einer ihrer Lieben wegen eines Unfalls, einer schweren Krankheit oder wegen einer Geburt dort liegt.

*»Ihr seid glücklich und froh, wie sollt ein Scherz euch verwunden? Doch der Kranke fühlt auch schmerzlich die leise Berührung.«*
(Goethe)

Oft ist es schon der Anblick von Menschen in weißen Kitteln, der manche erblassen läßt; trotzdem kann jeder von uns in die Lage geraten, einen Krankenbesuch abstatten zu müssen. Natürlich kann man versuchen, diesen Besuch mit Ausreden so lange hinauszuzögern, bis der Kranke wieder entlassen ist – immer wird dies aber nicht gelingen.
Für all die Fälle, in denen ein Krankenbesuch unumgänglich ist, hier nun einige Ratschläge und Regeln zum Verhalten im Krankenhaus.

*Es gab jemanden, den schauderte vor Ärzten so sehr, daß er sich weigerte, Freunde zu besuchen, die krank waren. Bis er selbst einmal darniederlag und nicht aufgrund seiner Krankheit, sondern vielmehr vor Einsamkeit beinahe gestorben wäre.*

## Die richtige Zeit für den Besuch

Ein Krankenbesuch, der Freude bereiten und Trost spenden soll, muß zunächst zeitlich richtig geplant sein. Strenge Besuchszeiten, wie es sie noch vor gar nicht allzu langer Zeit gab, sind heute in sehr vielen Krankenhäusern passé. Innerhalb gewisser Grenzen kann im Grunde genommen jeder kommen und gehen, wann er will. Gibt es dennoch einmal vorgeschriebene Besuchszeiten, so sind diese selbstverständlich einzuhalten.
Außerdem gilt es zu bedenken, daß einerseits der Kranke Ruhe und Abwechslung in einem ausgeglichenen Maß braucht und daß andererseits auch der reibungslose Ablauf im Krankenhaus nicht gestört werden sollte.

Vor dem überraschenden, wenn auch gutgemeinten Besuch im Krankenhaus sollte man sich telefonisch bei der Oberschwester oder bei anderen zuständigen Stellen erkundigen, ob der Patient überhaupt Besuch empfangen darf.

Möchten also mehrere Freunde, Verwandte und Bekannte einen Krankenbesuch abstatten, so wäre es ratsam, sich untereinander abzusprechen, wer wann seinen Besuch macht. Niemandem ist damit gedient, wenn plötzlich ein ganzer Schwarm lieber Bekannter seine Genesungswünsche überbringt – am wenigsten dem Kranken selbst, der dann für eine Stunde Hektik und Streß hat, den Rest des Tages aber vor Langeweile schier vergeht.
Die Dauer seines Besuchs sollte man nicht ins Unendliche ziehen. Zum einen kann es den am Krankenbett Sit-

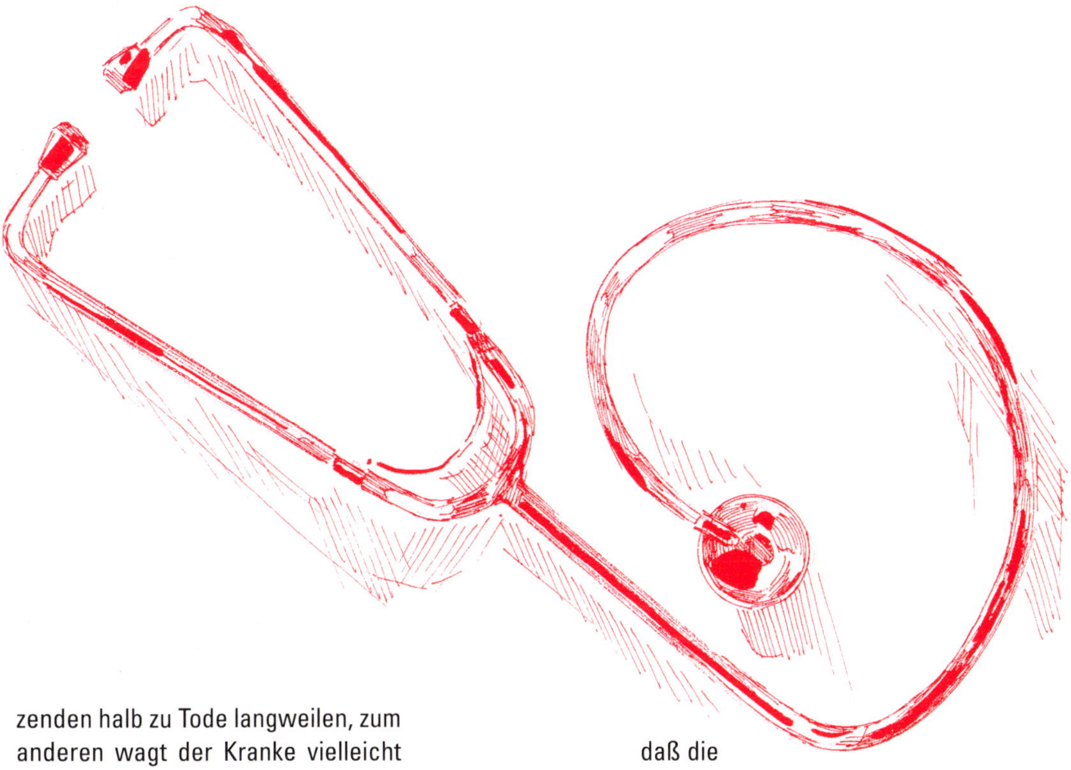

zenden halb zu Tode langweilen, zum anderen wagt der Kranke vielleicht nicht, den Besuch zum Gehen aufzufordern, obwohl ihm Ruhe in diesem Augenblick am besten bekäme.

**Pause für den »Glimmstengel«**

Daß das Rauchen im Krankenzimmer selbst verboten ist, dürfte allgemein bekannt sein. Wer von diesem Laster absolut nicht lassen kann, für den sind in den meisten Krankenhäusern extra Raucherzimmer oder -ecken eingerichtet.

Aber ist es wirklich nötig, seinen Besuch derart in die Länge zu ziehen, daß man zwischendurch am »Glimmstengel« ziehen muß? Die Entschuldigung »Bin gleich wieder da, ich gehe nur mal schnell auf dem Flur eine rauchen« ist fast schon eine Beleidigung für den Kranken. Sie zeigt ihm, daß die Zigarette dem Besucher wichtiger ist als er selbst.

*Der Krankenbesuch erfordert besondere Benimmregeln – nimmt man doch auf jemanden Rücksicht, der momentan eindeutig schwächer ist.*

Wenig ratsam ist auch, den Besuch zu den Essenszeiten abzustatten. Der Kranke wird dann kaum die Zeit haben, sich eingehend mit seinem Besuch zu beschäftigen, oder er läßt seine Mahlzeit kalt werden. Ganz besonders gilt dies für den Besuch nach einer Geburt. Hier sind unangemeldete Besucher immer fehl am Platz, eine Abstimmung untereinander ist sehr empfehlenswert, damit Mutter und Kind nicht über Gebühr belastet werden. Schließlich brauchen die beiden (oder drei) ja auch ihre Zeit, um sich erst einmal aneinander zu gewöhnen. Man sollte sich also vor dem Krankenhausbesuch nach den Essenszeiten erkundigen.

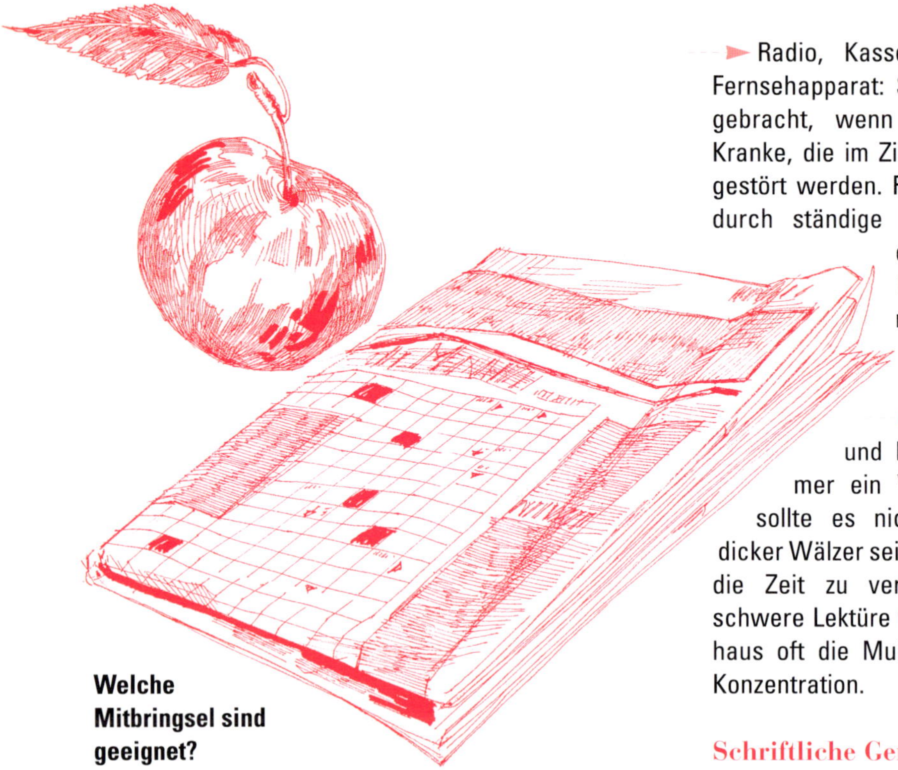

**Welche Mitbringsel sind geeignet?**

► Blumen: Sind zwar schön und zeigen dem Kranken, daß er geliebt wird; aber vielbesuchte Patienten »ertrinken« leicht in einem Blumenmeer. So werden auch schnell die Vasen knapp, und die Schwestern wissen mit den vielen Sträußen nicht wohin.

► Pralinen, Obst, Säfte u.ä.: Können unter Umständen den zur Heilung notwendigen Diätplan durcheinanderbringen. Am besten, man erkundigt sich vorher, was für den Kranken bekömmlich ist.

*Blumen werden gern geschenkt, doch muß man genau überlegen, welche Art am besten paßt.*

In jedem Krankenhaus ist es verboten, dem Kranken Topfpflanzen mitzubringen. In der Erde können Ungeziefer und Krankheitserreger verborgen sein, die die Genesung beeinträchtigen.

► Radio, Kassettenrekorder und Fernsehapparat: Sind nur dann angebracht, wenn dadurch andere Kranke, die im Zimmer liegen, nicht gestört werden. Fühlen sich andere durch ständige Beschallung oder durch nur von Werbung unterbrochene Game-Shows belästigt, sind solche Geräte tabu.

► Kreuzworträtsel und Lesestoff: Fast immer ein Volltreffer. Jedoch sollte es nicht unbedingt ein dicker Wälzer sein, um dem Kranken die Zeit zu verkürzen. Für allzu schwere Lektüre fehlen im Krankenhaus oft die Muße und die nötige Konzentration.

## Schriftliche Genesungswünsche

Es kann vorkommen, daß ein persönlicher Besuch im Krankenhaus nicht erwünscht (was man dem Kranken im übrigen nicht übelnehmen darf) oder aus irgendeinem Grund nicht möglich ist. In diesem Fall werden oft ersatzweise Blumen geschickt.
Auch hier bereiten kurze, nicht zu stark duftende Sträuße Freude, noch besser aber wäre ein kleines Gesteck, für das nicht extra noch eine Vase gesucht werden muß.
Wie wäre es, sich bei einem schriftlichen Genesungswunsch einmal als Dichter zu versuchen? Allein schon die Mühe, die der Verfasser eines kleinen Gedichts sich gemacht hat, spendet Freude und kann so manchen Kranken aufrichten.

Geschickte Blumensträuße eignen sich hervorragend, um seine Visitenkarte oder, besser, einen ganz persönlichen schriftlichen Genesungswunsch beizufügen. Dabei kann man durchaus auf vorgedruckte Karten zurückgreifen. Netter aber ist gerade in diesem besonderen Fall ein handgeschriebener Brief, der all das enthält, was man auch bei einem persönlichen Besuch sagen würde.

## Das Gespräch am Krankenbett

Ob man will oder nicht: Als Besucher im Krankenhaus muß man sich wohl oder übel in den meisten Fällen die gesamte Krankheits- und Leidensgeschichte des Patienten anhören – und nicht selten noch zwei oder drei andere zusätzlich, wenn es sich um ein Mehrbettzimmer handelt.

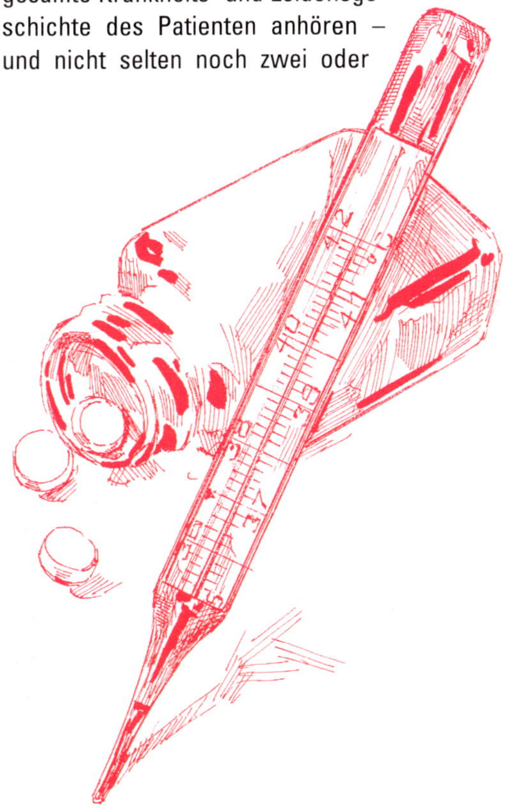

*Das Gespräch sollte dem Kranken die Möglichkeit geben, sich seine Sorgen von der Seele zu reden.*

Besucher sollten rücksichtsvoll auf die Erzählungen, auf die Klagen und auch auf die heiteren Episoden des oder der Kranken eingehen. Selbst wenn es manchmal auf die Nerven gehen kann – für den Kranken ist das Gespräch über sein Leiden wie Balsam auf seine Seele.

Lärm, laute Rufe oder andere störende Geräusche sind auch auf dem Krankenhausflur zu vermeiden. Rücksichtnahme den Patienten gegenüber ist hier das oberste Gebot!

Keinesfalls aber sollte man den ohnehin labilen Gemütszustand des Kranken auch noch mit Erzählungen und Vergleichen eigener Leiden belasten, auch nicht, wenn es sich um Vorkommnisse einer dritten, unbeteiligten Person handelt, deren Krankheit oder Leiden gar mit dem Tod endete.
Als Besucher sollte man sich zurückhalten und zuhören. Einfach nur still dazusitzen ist jedoch auch nicht angebracht. Am besten, man geht behutsam auf den Kranken ein, stimmt ihm zu und beruhigt ihn, ohne ihn zu langweilen. Aufregende Schauergeschichten vor dem Schlafengehen oder alltägliche Belanglosigkeiten sind kein geeigneter Gesprächsstoff am Krankenbett.

## Das Verhalten des Patienten

**Der »muntere« Kranke**
Es gibt Kranke, die eigentlich ohne allzu große Umstände umherlaufen

und einen entsprechend »normalen« Alltag verleben können. Von ihnen kann einiges in bezug auf Höflichkeit und Anstand erwartet werden.
Dazu gehört z.B., daß sie nicht im Krankenzimmer heimlich rauchen oder sich mal ein Schnäpschen zwischendurch gönnen. Auch Radiogeräte und Fernsehapparate dürfen nur dann eingeschaltet werden, wenn andere Kranke sich dadurch nicht belästigt fühlen (was übrigens auch für das Öffnen und Kippen der Fenster im Zimmer gilt!).
Eine besonders nette Geste des Patienten wäre es – sofern er in der Lage ist aufzustehen –, mit seinem Besuch den Raum zu verlassen und das Besuchszimmer aufzusuchen.
Schwestern und Pfleger sind nicht das persönliche Dienstpersonal des Patienten. Sie unnötig zu scheuchen oder sie mit ständigen Beschwerden zu schikanieren führt letztendlich zu gar nichts und schafft nur eine gereizte Atmosphäre.

*Ein »guter« Kranker ist wie ein guter Gast: Beide wissen sich zu benehmen, kennen ihre Grenzen und sehen im Personal dienstbare »Geister«, denen Dank gebührt.*

Hat der Patient endlich sein Leiden überwunden, so ist es nur eine höfliche Geste, sich vor dem Verlassen des Krankenhauses beim Personal zu bedanken. Oft gibt es auch eine »Kaffeekasse« auf der Station, in die man als Dank für die Pflege eine Summe nach eigenem Ermessen geben kann. Ist man sich unsicher, wie man seinen Dank zum Ausdruck bringen kann, sollte man die Oberschwester fragen, was auf ihrer Station üblich ist. An ihre Auskunft sollte man sich halten.

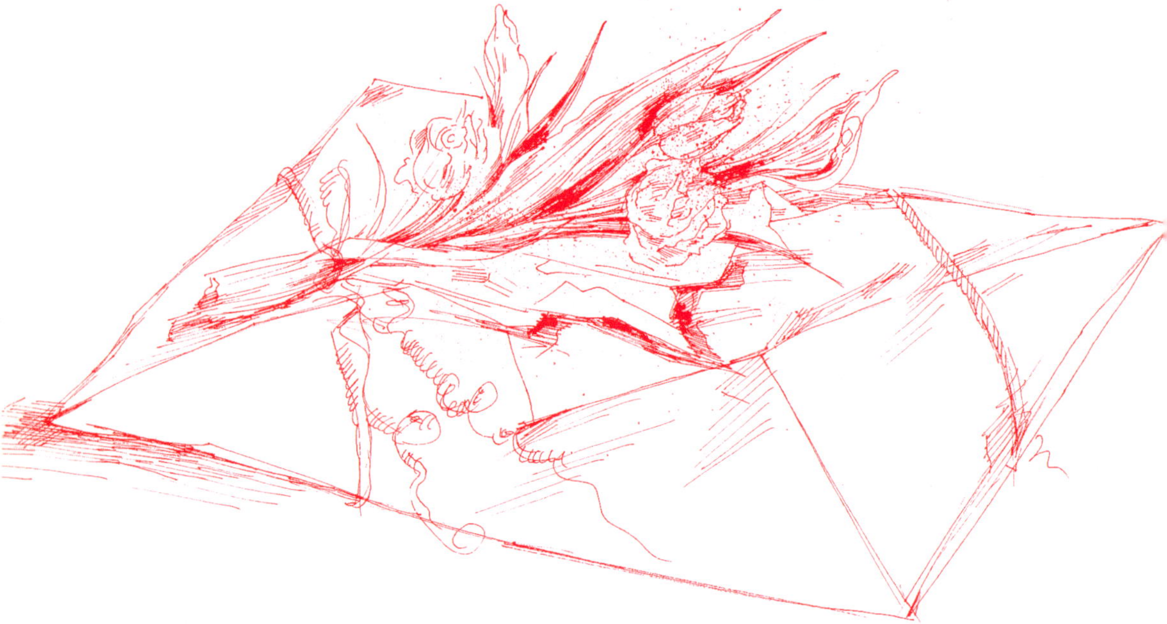

# Höflichkeit im Trauerfall

## Papierkram und schwere Gänge

Mit dem Tod ist es, so könnte man meinen, wie mit einer Geburt: Kommt oder geht ein lieber Mensch, so folgen unweigerlich schier endlose Gänge auf Ämter und Behörden, müssen Urkunden und Schriftstücke erstellt werden, scheint die Bürokratie gnadenlos zuzuschlagen.

*»Was wäre das Leben ohne Tod? Wäre der Tod nicht, es würde keiner das Leben schätzen, man hätte vielleicht nicht einmal einen Namen dafür.«*
(Jakob Bosshart)

Mag sein, daß es etwas makaber klingt, aber höfliche Menschen ersparen schon vor ihrem Ableben den Hinterbliebenen so manche Unannehmlichkeit. Versicherungsunterlagen, wichtige Papiere, Testament und schriftliche Absicherungen sollte jeder Mensch während seines ganzen Lebens so geordnet halten, daß im Falle seines plötzlichen Todes seine Angehörigen von umständlichem Suchen und langem Schriftverkehr verschont bleiben.
Gewiß sind die vielen Formalitäten notwendig. Für die Hinterbliebenen jedoch stellen sie sich oft als unüberwindliche Hürden dar, können als Störung ihrer stillen Trauer empfunden werden.

*Von der Wiege bis zur Bahre – Formulare, Formulare…*

Viele der unangenehmen Gänge können von einem Beauftragten der Familie (Freund oder entfernter Verwandter) übernommen werden. Professionelle Beerdigungsinstitute organisieren darüber hinaus alles, was mit der Beerdigung und der Trauerfeier zusammenhängt.

*Auf eine Todesanzeige muß nicht geantwortet werden. Beisetzungen gelten als öffentliche Veranstaltungen, die keiner Zu- oder Absage bedürfen.*

Toten sagt man nichts Schlechtes nach. Man muß sie in Reden und Anzeigen aber auch nicht zu wahren Heiligen und Samaritern verklären.

Dennoch obliegen den Hinterbliebenen Aufgaben, die sie nicht delegieren können. So muß z.B. der Geistliche, der die Beerdigung vornimmt, vorher über das Leben, die Herkunft und das Wesen des Verstorbenen informiert werden. In seiner Trauerrede wird er darauf eingehen. Es versteht sich, daß negative Seiten des Verstorbenen dabei keine Erwähnung finden.

## Die Mitteilung an die Öffentlichkeit

Manche Familienangehörige wollen es nicht dem Beerdigungsinstitut überlassen, eine Todesanzeige für die Tageszeitung zu formulieren. Sie möchten selbst die Ehre des Toten in der Öffentlichkeit bewahren und Freunde und Bekannte des Verstorbenen auf diesem Weg über den Fortgang des lieben Menschen in Kenntnis setzen.
Ist es Wunsch der Hinterbliebenen, die Beerdigung im engsten Kreis zu vollziehen, kann eine Todesanzeige erst nach der Beisetzung veröffentlicht werden.

**Die formgerechte Todesanzeige**
Eine Todesanzeige sollte allzu blumige Phrasen vermeiden und eher

sachlich formuliert werden. Sie dient nicht dazu, das tiefempfundene Leid auszudrücken. Folgende Angaben sollte sie enthalten:

- Name und Alter des oder der Verstorbenen
- Bei Frauen zusätzlich den Mädchen- oder ggf. den Witwennamen
- Titel und Ehrenzeichen des oder der Verstorbenen
- Todesdatum
- Datum, Zeit und genauen Ort der Bestattung
- Anschrift des Trauerhauses
- Namen der nächsten Familienmitglieder in der Reihenfolge: Ehepartner, Kinder, Eltern, Geschwister, Schwiegereltern, Schwiegerkinder, Enkel (eventuell schreibt man auch nur »und Enkel« o.ä.)

***Kondolenzbriefe erweisen einem Verstorbenen die letzte Ehre – entsprechend sorgfältig sollte man sie formulieren.***

## Beileidsbriefe

Der Beileidsbrief (Kondolenzbrief) als schriftlicher Ausdruck der mitempfundenen Trauer wird sofort nach Erhalt einer Todesanzeige (ob persönlich oder öffentlich in der Zeitung) und immer handschriftlich verfaßt. Er soll eine Art Rückschau halten, Momente, die man mit dem/der Verstorbenen erleben durfte, noch einmal Revue passieren lassen.

Trauertelegramme dürfen nur verschickt werden, wenn es keine andere Form der Mitteilung gibt. Trotz vielfältiger Motive auf Beileidstelegrammen wirken sie doch immer ein wenig unpersönlich und so, als wäre der Absender in großer Eile gewesen.

Heute ist es üblich, dazu einen normalen Briefbogen zu verwenden; schwarzgerändertes Papier wird nur von den Verwandten des Verstorbenen benutzt. Der Briefumschlag sollte jedoch immer einen schwarzen Rand aufweisen.

## Die Beisetzung

Grundsätzlich unterscheidet man zwei Arten der Beisetzung:

- Feuerbestattung, bei der der Verstorbene verbrannt und seine Asche in einer Urne beigesetzt wird. Das Urnenbegräbnis kann unter Umständen zweigeteilt sein: nämlich dann, wenn der Verstorbene an dem Ort, wo er zuletzt gelebt hat, verbrannt, die Urne jedoch z.B. in seinem Geburtsort ihre Ruhestätte finden soll. Trauergäste werden in diesem Fall zur Feuerbestattung geladen, nicht zum Urnenbegräbnis.

*In Deutschland ist es den Angehörigen nicht gestattet, die Urne mit nach Hause zu nehmen oder für die Asche ein anderes Gefäß zu verwenden.*

- Beerdigung heißt, daß Angehörige, Freunde, Bekannte und Kollegen von dem Verstorbenen, der in einem Sarg unter der Erde seine letzte Ruhe findet, Abschied nehmen. Dabei versammeln sich die Trauergäste vor der eigentlichen Grabbeisetzung im Vorraum der Friedhofskapelle. Hier sollte ein Kondolenzbuch ausliegen, in das sich jeder Gast mit Namen und vielleicht einem kurzen Sinnspruch, der Ausdruck seiner Trauer sein soll, eintragen kann. So können die Angehörigen später sehen, wer an der Beerdigung teilgenommen hat und wem sie für seine Anteilnahme danken müssen.

### Trauer

- Todesanzeigen werden in der Regel nicht beantwortet.
- Formulieren Sie Traueranzeigen nicht zu blumig.
- Trauertelegramme werden nur im Notfall verschickt.
- Blumen und Kränze werden immer nur mit einer Trauerkarte verschickt.
- Schmuck hat auf Beerdigungen nichts zu suchen.
- Auch beim Leichenschmaus ist Zurückhaltung angebracht.

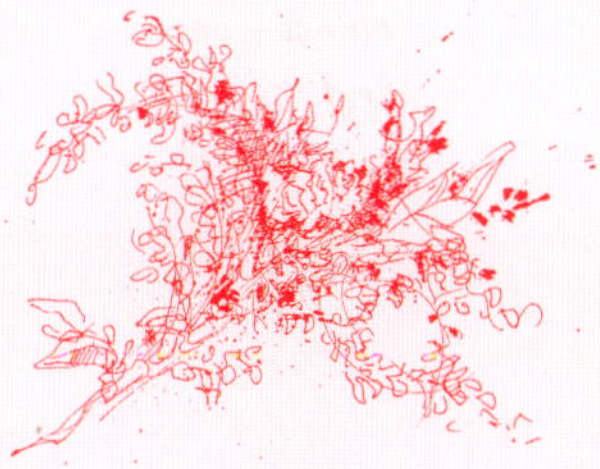

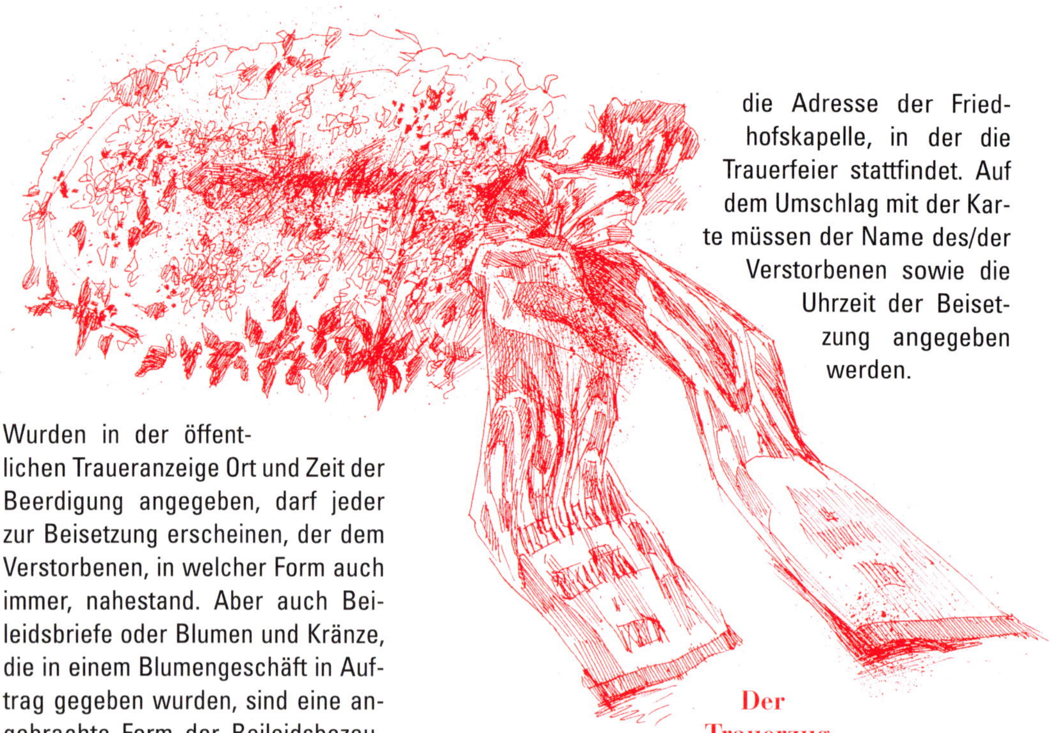

Der Trauerzug

die Adresse der Friedhofskapelle, in der die Trauerfeier stattfindet. Auf dem Umschlag mit der Karte müssen der Name des/der Verstorbenen sowie die Uhrzeit der Beisetzung angegeben werden.

Wurden in der öffentlichen Traueranzeige Ort und Zeit der Beerdigung angegeben, darf jeder zur Beisetzung erscheinen, der dem Verstorbenen, in welcher Form auch immer, nahestand. Aber auch Beileidsbriefe oder Blumen und Kränze, die in einem Blumengeschäft in Auftrag gegeben wurden, sind eine angebrachte Form der Beileidsbezeugung.
Wurde auf der Todesanzeige vermerkt, daß Trauergäste doch bitte von Beileidsbezeugungen absehen mögen und daß sie statt Kränzen und Blumen lieber auf das angegebene Konto einer wohltätigen Organisation spenden sollten, so sind diese Wünsche selbstverständlich von allen zu würdigen.

**Blumen und Kränze**

Kränze und Blumen müssen immer mit einer Trauerkarte versehen werden, auf der handschriftlich in knapper Form dem Beileid noch einmal Ausdruck verliehen wird. In der Regel dienen dazu vorgedruckte Karten, die nur noch mit dem Namen des Absenders versehen werden.
Auch ist darauf zu achten, daß Kränze niemals an die Adresse des Trauerhauses geschickt werden. Hier gilt

*Manchen ist eine Beerdigung so unangenehm, daß sie ihr unter allen Umständen aus dem Weg gehen möchten. Aber man sollte bedenken, daß die persönliche Anteilnahme schon so manchem Hinterbliebenen Trost und Zuversicht gespendet hat.*

Bei den meisten Beerdigungen wird der Sarg heute auf einem Blumenwagen, flankiert von Sargträgern, von der Kirche oder Kapelle zum Grab transportiert. Dahinter folgt der Geistliche, der die Zeremonie vornimmt. Dann kommen die nächsten Angehörigen des Verstorbenen, gefolgt von den entfernteren Verwandten und Freunden. Abordnungen aus dem Kollegenkreis, der Hausgemeinschaft oder des Sportvereins schreiten ganz am Ende des Trauerzuges.

Nach der Beerdigung gehört es sich, daß alle Trauergäste den direkten Angehörigen (Witwe/Witwer, Kinder, Eltern) ihr Beileid noch am Grab mit einem Händedruck und ein paar aufrichtigen Worten bekräftigen – es sei denn, dies wird in der Traueranzeige ausdrücklich nicht gewünscht.

## Die Trauerkleidung

(siehe auch erstes Kapitel, Seite 27)
In manchen Ländern der Erde ist die typische Farbe der Trauer Weiß. Hierzulande jedoch trägt man gesetztere Farben, vornehmlich Schwarz oder Anthrazit.

Zu einem schwarzen oder dunkelblauen Anzug gehört es sich für Männer, eine Krawatte zu tragen. Mancherorts erscheinen nur die engsten Angehörigen des Verstorbenen in klassischer Trauerkleidung (Volltrauer), entferntere Verwandte und Freunde tragen dezente Alltagskleidung. Diese sollte jedoch zumindest mit einem schwarzen Trauerflor am linken Arm des Mantels oder der Jacke ergänzt werden.

*Farben sprechen eine eigene Sprache. Bei Trauerfeiern ist nur Schwarz oder Anthrazit erlaubt.*

Auch das Tragen eines Trauerflors im Knopfloch des Jacketts gilt bei Männern als Ausdruck ihrer Ehrerbietung dem Verstorbenen gegenüber.

**Geschmacklos schmuck**

Früher galt es als geschmacklos, zur Trauerkleidung Schmuck zu tragen, Perlen waren gar verpönt. Diese Sitte hat sich heute etwas gelockert, jedoch sollten besonders die Damen darauf achten, nicht unbedingt durch gleißendes Geschmeide aufzufallen. Wenn Schmuck schon sein muß, so sollte er dezent gehalten werden, nach Möglichkeit sogar in Schwarz.

Man stelle sich einmal folgendes Bild vor: Die Trauergemeinde hat sich am Grab versammelt, man sieht ausladende Damenhüte in Rot, Blau und Gelb. Farbenfrohe Tupfer in Flie-

der, Rosé und Grün geben der Feier ein Flair von Fasching. Und so manche Träne befeuchtet von anderen unbemerkt die entzündeten Augenlider hinter den undurchsichtigen Ray-Ban-Sonnenbrillen...

**Trauerjahr und »Trauerarbeit«**

Aus früheren Zeiten stammt auch der Brauch, daß Witwen und Witwer mindestens ein halbes, mancherorts sogar ein ganzes Jahr lang Volltrauer trugen. Erst nach dem offiziellen Trauerjahr durften sie ihre schwarze Kleidung mit hellen Kragen oder ähnlichem auflockern, wollten sie nicht Grund zu Gerede in der Öffentlichkeit bieten. Während des Trauerjahres galt es auch als unmoralisch, sich neu zu binden oder sich nach einem neuen Partner umzusehen.

Diese Bräuche werden heute nur noch selten gepflegt. Inzwischen kann jeder selbst entscheiden, ob er seine Trauer sichtbar – in Form entsprechender Kleidung – mit sich herumträgt oder ob er es vorzieht, seine Gefühle auf ganz persönliche Art zu verarbeiten. Tiefschwarze Kleidung ehrt den Verstorbenen nicht stärker als Alltagskleidung, kann aber wiederum für den Trauernden äußeres Zeichen seiner Ausnahmesituation und Traurigkeit sein.

## Der Leichenschmaus

Noch einmal die früheren Zeiten: Es ist noch gar nicht so lange her, da war es üblich, alle Trauergäste nach der Beisetzung zum Leichenschmaus zu laden. Dieser konnte entweder in einem Gasthaus oder bei den Angehörigen zu Hause stattfinden. Dabei galt es als Pflicht, das Essen möglichst aufwendig zu gestalten, was so manche arme Witwe in den endgültigen Ruin getrieben hat.

*So lasset uns denn speisen und des Toten gedenken - doch lassen wir uns nicht zur Todsünde der Völlerei verleiten!*

**Dem »Jammertal« entronnen**

Ursprünglich galt der Leichenschmaus dem Angedenken des Toten. Die Hinterbliebenen wollten feiern, daß er die Mühen des Lebens überstanden und nun das Tor zu einer besseren Welt durchschritten hatte.

Heute muß der Leichenschmaus nicht mehr so üppig ausfallen. Ein Imbiß genügt vollkommen, und die

geladenen Gäste sollten es auch mit dem Feiern nicht zu toll treiben. Schließlich braucht die Witwe/der Witwer Zeit, allein mit der Trauer fertigzuwerden.

## Die Danksagung

Ob ein Dank persönlich ausgesprochen wird oder ob gedruckte Dankeskarten verschickt werden, bleibt jedem selbst überlassen. Auch können Angehörige eine (allgemeine) Dankesanzeige in der Zeitung drukken lassen – kein Trauergast sollte sich da herabgesetzt fühlen, sondern vielmehr Verständnis zeigen, daß die Hinterbliebenen unter Umständen so viel zu regeln haben, daß sie sich unmöglich auch noch um einzelne Briefe kümmern können. Danksagungen müssen nicht unmittelbar nach der Trauerfeier verschickt werden. Ein angemessener Zeitraum von einigen Tagen steht jedem Trauernden zu; vergessen sollte man die Danksagung aber keinesfalls. Jedoch wäre es eine höfliche Geste, besonders persönliche und herzliche Beileidsbriefe mit der Hand zu beantworten.

*Auch ein persönlich ausgesprochener Dank zeigt dem mitfühlenden Menschen, daß sein Beileid geholfen hat.*

*»Die heutigen Menschen glauben, daß man die Arbeit so einrichten müsse, daß sie möglichst viel Ertrag abwerfe. Das ist ein falscher Glaube. Man muß die Arbeit so einrichten, daß sie die Menschen beglückt.«*

(Paul Ernst)

## Kapitel 9

# Sicheres Auftreten im Beruf

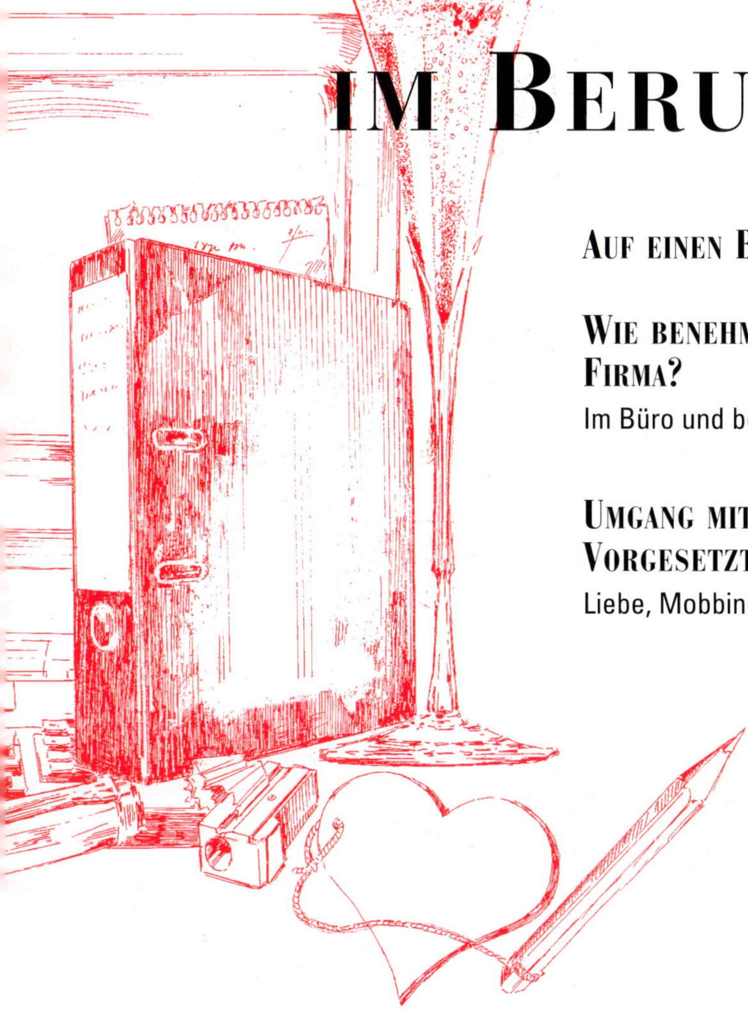

### Auf einen Blick

### Wie benehme ich mich in der Firma?

Im Büro und beim Betriebsausflug

### Umgang mit Kollegen und Vorgesetzten

Liebe, Mobbing, Autorität

# Die Firma als Ort sozialer Kontakte

## Die Vorstellung beim zukünftigen Arbeitgeber

Den ersten Kontakt mit seiner Arbeitsstätte bekommt man in der Regel beim Bewerbungs- oder Vorstellungsgespräch. Ich möchte an dieser Stelle nicht näher darauf eingehen, welche psychologischen Faktoren beim Einstellungsgespräch eine entscheidende Rolle spielen, dafür gibt es andere, für dieses spezielle Thema ganz sicher bessere Bücher. Nur auf eines möchte ich hinweisen: auf die Kleidung und auf die Pünktlichkeit.

Beides ist gerade am ersten Tag in der neuen Firma von großer Wichtigkeit. Man stelle sich nur einmal vor, ein von den Zeugnissen her aussichtsreicher Bewerber für den Posten eines Außendienstmitarbeiters in einem Versicherungsbüro würde zehn Minuten später als vereinbart auftauchen. Da helfen dann keine noch so plausiblen Erklärungen mehr, der Job ist weg. Und erscheint er zum Vorstellungsgespräch in ausgefransten Hosen, hat er ein fünf Tage altes Hemd an und trägt er sein Haar in langen, ungewaschenen Strähnen, dann kann er sicher sein, sich bald auf dem Arbeitsamt wiederzufinden. Auch wenn man sonst eher Abstand davon nimmt – zum Vorstellungsgespräch sollte man unter Umständen über seinen Schatten springen und sich auch mal eine Krawatte umbinden.

*Eine Arbeitsstätte besteht aus drei miteinander harmonisierenden Orten: dem Arbeitsplatz, der Kantine und der Toilette. Der erste wird am wenigsten frequentiert, am zweiten finden die wichtigsten sozialen Begegnungen statt, und am dritten herrscht meist ein solches Gedränge, als bekämen die Angestellten dort ihr Gehalt.*

*Zwei Punkte sind beim Vorstellungsgespräch wichtig: Pünktlichkeit und passende Kleidung.*

**Nicht übertrieben schick!**

Hier der Fall eines jungen Mannes, der sich um eine Lehrstelle im Bergbau bewarb. Seine Schulzeugnisse waren hervorragend, er hatte sogar einen Bürgen im Betrieb, von dem er dem Personalchef empfohlen worden war. Am Tag des Vorstellungsgesprächs erschien der 17jährige auf die Minute pünktlich – in einem dunkelblauen Samtjackett mit blankpolierten Schuhen und einer Hose mit messerscharfer Bügelfalte.

Um es kurz zu machen: Der Junge bekam die Lehrstelle nicht. Sein äußeres Erscheinungsbild paßte einfach nicht in die Vorstellungen des Personalchefs von einem zukünftigen Bergmann.

Pünktlichkeit ist gerade beim Einstellungsgespräch und am ersten Arbeitstag ein unbedingtes Muß. Die Kleidung sollte im Blick auf die äußeren Gegebenheiten der Arbeitsstelle wohlüberlegt sein. »Flippige« oder extrem individualistische Kleidung wird höchstens in sogenannten »Kreativberufen« (Designer, Werbegrafiker, Bildhauer etc.) geduldet, häufig sogar erwartet.

An dieser Stelle möchte ich noch einmal auf den wichtigen ersten Eindruck eingehen. Diesen gewinnt der Arbeitgeber in spe nicht nur aus Äußerlichkeiten; verdorben ist er eigentlich schon, wenn der Bewerber seinem zukünftigen Chef gleich forsch die Hand zur Begrüßung ent-

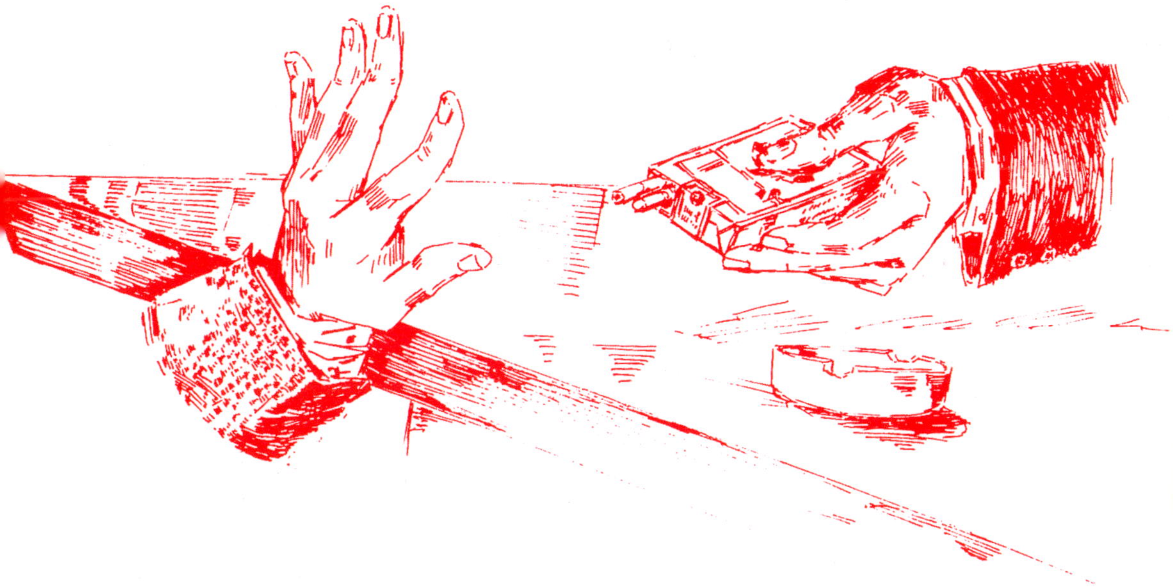

gegenstreckt. Menschen, die um Höflichkeit und gutes Benehmen wissen, warten, bis der Vorgesetzte diese Geste von sich aus anregt.

**Verhaltensregeln beim Vorstellungsgespräch**

- Man wartet so lange, bis der oder die Vorgesetzte bittet, den Raum zu betreten.
- Platz darf erst genommen werden, wenn er angeboten wurde.
- Rauchen ist ein absolutes Tabu! Selbst wenn es ausdrücklich erlaubt wird, sollte man für die Dauer des Gespräches darauf verzichten – es könnte sich ja um einen kleinen Test handeln...
- Zur Begrüßung sagt man grundsätzlich noch einmal laut und deutlich seinen Namen.

***Der erste Eindruck ist die unterste Sprosse auf der Karriereleiter.***

- Im Gespräch selbst sollte man den Namen des Gesprächspartners möglichst oft verwenden – niemand kennt ein schöneres Wort als seinen eigenen Namen (um so besser, wenn dem auch noch ein Titel vorausgeht!).

## Hürden am ersten Arbeitstag

Am ersten Tag in der neuen Firma wird der »Neue« in der Regel von einem älteren, erfahreneren Kollegen eingewiesen. Hierbei jedoch gleich mit seinem Wissen zu glänzen, anzugeben und den alteingesessenen Kollegen womöglich wie einen Schuljungen aussehen zu lassen, das wäre nicht nur unhöflich, sondern könnte auch gleich die Stimmung trüben. Besser ist es, mit seinem Wissen anfangs noch hinter dem Berg zu halten. Die Mitarbeiter werden sehr schnell herausfinden, ob jemand wirklich »etwas auf dem Kasten« hat oder nicht.

## Der Einstand

*Der Einstand ist in der Regel die erste Gelegenheit, seine neuen Kollegen einmal von einer anderen als der rein beruflichen Seite kennenzulernen.*

Es gehört sich und ist auch durchaus üblich, als »Neuer« einen Einstand zu geben. Dieser muß nicht in ein lukullisches Mahl ausarten, belegte Brötchen und angemessene Getränke genügen völlig.

Oft stellt sich die Frage nach dem richtigen Zeitpunkt für diesen Umtrunk. Eine feste Regel gibt es dafür nicht, es kommt ganz auf das Einfühlungsvermögen des »Neuen« an. Gleich am ersten Tag die Kollegen einzuladen wäre sicher falsch. Zu leicht könnte man den Eindruck erwecken, man wolle sich anbiedern. Allzulange aber sollte man es auch nicht hinauszögern – die neuen Kollegen könnten sonst meinen, sie hätten es mit einem notorischen Geizhals zu tun.

Am besten wartet man einen Zeitraum von bis zu sechs Wochen oder aber seine Probezeit ab. Dann ist man meistens so weit in den Kollegenkreis integriert, daß man die kleine Feier unbesorgt ausrichten kann. Man kann ja durchaus schon vorher sein Fest ankündigen. Man achte aber auch auf die am neuen Arbeitsplatz üblichen Gepflogenheiten, was die Zeit der Feier und den Alkoholgenuß betrifft.

## Im Arbeitsleben

- Geben Sie Ihren Einstand in der neuen Firma ein paar Wochen, nachdem Sie angefangen haben.
- Schlagen Sie beim Betriebsausflug nicht über die Stränge.
- Wälzen Sie niemals Ihre Arbeit auf Kollegen ab.
- Hüllen Sie Ihr Büro nicht in Parfüm- oder Nikotinwolken ein.
- Seien Sie pünktlich.
- Bleiben Sie immer kollegial.
- Halten Sie sich an die vorgeschriebenen Pausenregelungen.

### Problemzone Betriebsausflug

Einmal im Jahr zeigt sich, wie die lieben Kollegen wirklich sind. Da ist die »graue Maus« aus der Buchhaltung, Fräulein Mockenroth ihr Name, plötzlich für alle »die Gisela«. Kollege Sabberklein wird spätestens nach dem dritten Schoppen auf dem Rheindampfer wahnsinnig anlehnungsbedürftig (vorzugsweise bei Gisela), und sogar der Chef, sonst ein griesgrämiger Sturkopf, wird redselig, lacht und behandelt jeden so, als wären die Betriebsangehörigen einander gleichgestellt.

**Tip**
Fallen Sie nicht auf die Maskerade herein: Betriebsausflüge haben ihre eigenen Gesetze und Spielregeln, die nur an diesem einen Tag Gültigkeit besitzen! Am nächsten Tag gelten wieder normale Geschäftsgebaren, selbst wenn es noch so familiär zuging.

*Ob internes Betriebsfest oder groß angelegter Betriebsausflug – die Fallen, die jedem bei solchen Festivitäten gestellt werden, sind meistens nur schwer zu erkennen und fast nie zu umgehen.*

**Und der Tag danach...**
All die vielen Dus, die in bester Weinlaune angeboten werden, die Küßchen im Halbrausch, die Lacher und die ausgelassene Stimmung sollten niemals in den folgenden Arbeitstag gezerrt werden. So mancher Betriebsausflug geriet schon zum »schwarzen Tag«, weil die Sekretärin ihren Chef auch am folgenden Montag noch duzte oder weil Gehaltserhöhungen und Beförderungen in Aussicht gestellt wurden, von denen im nüchternen Zustand plötzlich keine Rede mehr war. Wem dieses oder ähnliches widerfährt, für den gibt es eigentlich nur eines: Schwamm drüber! Betriebsfeste sind Ausnahmesituationen – das sollte man nie vergessen.
Wer auf dem Betriebsfest ausgeflippt ist, sollte sich nicht scheuen und die Größe zu einem »Entschuldigung« zeigen. Damit beugt man auch von vornherein möglichem Klatsch und Tratsch vor!

# Kollegen und Vorgesetzte – Menschen wie du und ich

## Die lieben Kollegen

*Mit den meisten Kollegen und mit allen Chefs verhält es sich wie mit dem Wetter: Man muß sie eben nehmen, wie sie sind.*

Wir verbringen ungefähr die Hälfte unseres Lebens damit, Geld zu verdienen, arbeiten zu gehen. Folglich haben wir die Hälfte unseres Lebens mit Menschen zu tun, die wir zum Teil ganz gut leiden können, mit denen wir manchmal sogar Freundschaft schließen – und die wir zum Teil einfach nicht ausstehen können. Aber wir können ihnen nicht entkommen, wir sind ihnen ausgeliefert – und ihnen geht es genauso wie uns.

Jeder hat auch am Arbeitsplatz ein Recht auf freie Entfaltung seiner Persönlichkeit, auf schlechte Laune und darauf, während seiner beruflichen Tätigkeit zu pfeifen oder ganz einfach nur eine Zeitlang dumpf vor sich hinzustarren. Wer möchte das jemandem verübeln?

*Das eigene Verhalten trägt ganz entscheidend zum allgemeinen Betriebsklima bei.*

Wir alle sollten davon ausgehen, daß Höflichkeit auch am Arbeitsplatz dringend nötig ist. Gutes Benehmen macht nicht am Werkstor oder vor der Bürotür halt, jeder unserer Kollegen darf erwarten, mit dem gleichen Respekt und der gleichen Achtung behandelt zu werden wie wir selbst. Dabei ist es ganz egal, ob es sich um den Lehrjungen, die Sekretärin oder den Abteilungsleiter handelt.

Unhöflich wäre es beispielsweise, im Büro zu rauchen, wenn man genau weiß, daß die Kollegin am Tisch gegenüber allergisch auf den blauen Dunst reagiert. Aber auch das Tuscheln über Kollegen hinter vorgehaltener Hand, das heimliche Gekichere über die Krawatte des Büroboten, das gezielte Schlechtmachen einer Kollegin sind Dinge, die heutzutage leider immer öfter vorkommen. Ein solches Verhalten geht weit über die alltäglichen Unhöflichkeiten hinaus; es ist eine Frechheit, eine Beleidigung und führt letztendlich dazu, daß das Betriebsklima vergiftet wird, worunter dann alle Beteiligten zu leiden haben. Mit Taktgefühl und Rücksichtnahme dagegen läßt sich so manche schlechte Laune in ein Lächeln verwandeln.

**10 Gründe für Ärger im Büro**

- Lästiger Schweiß-, Parfüm- und Essensgeruch sowie Zigarettenrauch
- Schmutzig abgestellte Kaffeetassen und Gläser
- Kollegen, die ihr Telefon ununterbrochen läuten lassen und auch das ihres Büronachbarn in dessen Abwesenheit nie abnehmen
- Ständige Privatgespräche
- Ewiges Zuspätkommen des/der Kollegen
- Schreibtische, die aussehen, als hätte dort gerade eine Bombe eingeschlagen
- Kollegen, die sich nicht an die allgemeingültigen Pausen halten
- »Radfahrer«, die nach oben buckeln und nach unten treten
- Angeber und Schleimer, die ständig freiwillig Überstunden auf sich

nehmen, um sich beliebt zu machen
- Übereifrige Kollegen, die aus Ehrgeiz niemals Pause machen

## Mobbingküche und Intrigenschmiede

Jeder Arbeitnehmer sollte sich bei aller Höflichkeit immer eines vor Augen halten: Der Kollege, mit dem man sich blendend versteht, mit dem man sich abends auf ein kühles Bierchen trifft und der einem auch schon mal einen Teil der Arbeit abnimmt, könnte irgendwann zum schärfsten Konkurrenten werden – wenn es beispielsweise um Beförderungen oder Gehaltserhöhungen geht! Tatsächlich passiert es ab und zu, daß man von ebenjenem guten Kollegen plötzlich als charakterschwacher Alkoholiker angeschwärzt wird, der nicht mal in der Lage ist, seine eigene Arbeit vernünftig zu erledigen.

*Kollegen werden oft gute Freunde, doch sollte man sein Vertrauen nicht blind verschenken.*

Das soll nicht heißen, daß man am Arbeitsplatz grundsätzlich mißtrauisch sein und keinerlei soziale Kontakte pflegen sollte. Aber die Erfahrung hat gezeigt, daß Karrieristen verblüffend schnell zu Intriganten werden. Man sieht sich ihren üblen Nachreden hilflos ausgesetzt und fragt sich, was man eigentlich falsch gemacht hat.
Gegen solche Menschen läßt sich leider gar nichts unternehmen. Es gibt sie in jedem Betrieb, in jeder Firma und in jedem Büro. Am besten, man beachtet sie gar nicht und gibt ihnen keine Gelegenheit, ihre Netze zu

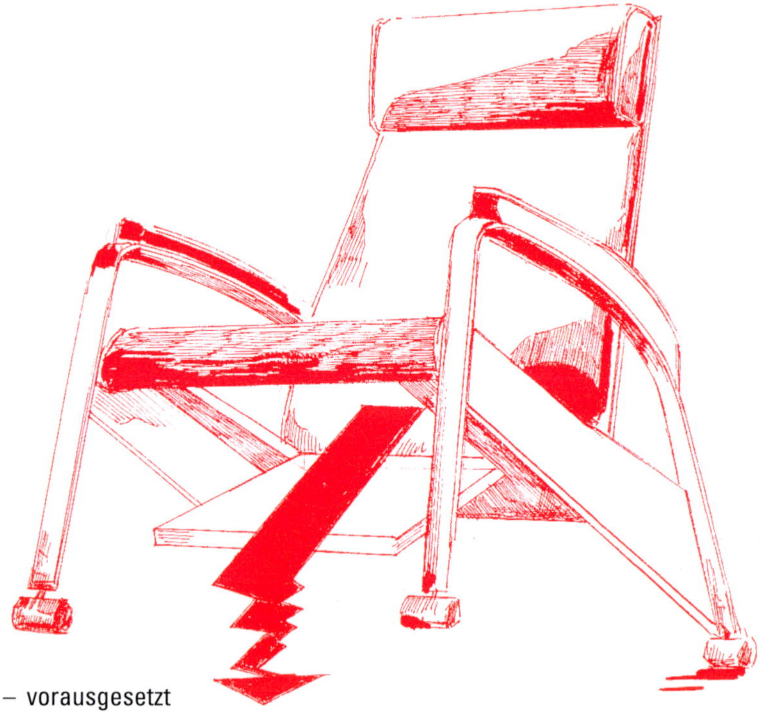

spinnen – vorausgesetzt natürlich, man hat sie rechtzeitig durchschaut.
Intrigen zu spinnen ist eine äußerst unhöfliche Manier. Wer meint, er habe ein solches Verhalten wirklich nötig, um von seiner Unfähigkeit abzulenken, der kann einem im Grunde genommen nur leid tun, hat er doch wahrscheinlich keine echten Qualitäten, mit denen er seine Profilierungssucht befriedigen kann.
Zu diesem leidigen Thema gehört auch ein Verhalten unter Kollegen, das in jüngster Zeit Schule macht: das Mobbing. Mobbing ist eine äußerst hinterlistige Art, ungeliebte Kollegen loszuwerden, sie anzuschwärzen und ihnen das Leben schwerzumachen. Nicht selten haben solche Gemeinheiten bei dem Betroffenen ernstzunehmende gesundheitliche Schäden zur Folge. Mobbing (von englisch to mob = herfallen über, sich stürzen auf, anpöbeln) kann Depressionen, Herz-Kreislauf-Beschwerden und Schlafstörungen auslösen.

***Schätzungen zufolge litten im Jahre 1993 rund 1,3 Millionen Menschen in Deutschland unter Krankheitssymptomen, die direkt auf ständige Drangsalierungen durch Kollegen zurückzuführen waren!***

Gewerkschaften, Betriebsräte, ganze Heerscharen von Vorgesetzten und sogar Arbeitsgerichte haben sich inzwischen mit diesem Phänomen auseinandersetzen müssen. Da wird z.B. hinter dem Rücken einer Kollegin so gezielt geklatscht und hergezogen, daß sie es ganz sicher mitbekommt; andere finden allmorgendlich ein unschönes Postskript auf ihrem Computerbildschirm vor, in dem sie von einem unbekannten Absender als »Kuh«, »Ziege« oder »fette Pomeranze« betitelt werden; wieder andere werden gar vom Rest der sogenannten Bürogemeinschaft mit Mißachtung und eisigem Schweigen bestraft, ohne zu wissen, wofür.

**Tips für ein freundliches Betriebsklima**

Folgende Regeln und Ratschläge sollten beachtet werden, damit das Betriebsklima stimmt und ein höflicher Umgangston am Arbeitsplatz vorherrscht.

- Dokumente, Schreibtische und Computer der Kollegen sind tabu. Sie gehören zur Privatsphäre, in der kein anderer unerlaubt herumzuschnüffeln hat.
- Kommt es vor, daß man beispielsweise Berge von Rechnungsbelegen zu kopieren hat, so ist es nur höflich, einen Kollegen, der nur ein einziges Dokument kopieren muß, schnell mal vorzulassen.
- Lästern Sie niemals über kleine Unzulänglichkeiten von Kollegen. (Vielleicht sind Sie der nächste, den es trifft!)
- Lassen Sie privaten Ärger zu Hause. Die Kollegen können schließlich nichts dafür, daß Ihr Filius mal wieder eine Sechs in Latein geschrieben hat.

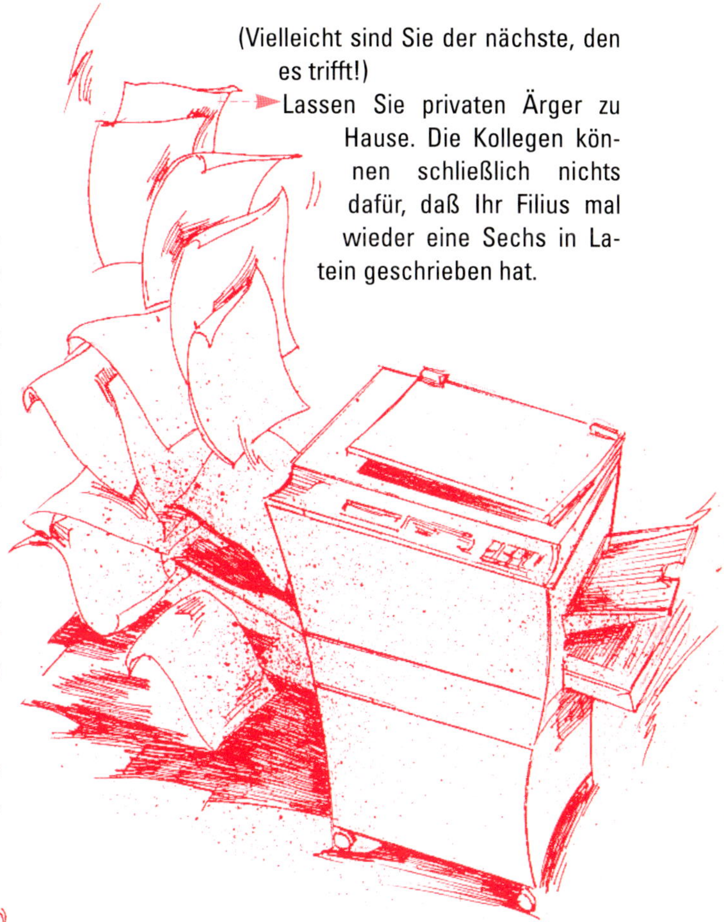

- Versuchen Sie, soweit es geht, gut gelaunt zu sein. Zeigen Sie aber auch, wenn es Ihnen einmal schlechtgeht – in einem guten Kollegenkreis wird jeder Verständnis dafür haben.
- Verabreden Sie sich gelegentlich auf einen Schluck in der Kneipe nebenan. Das muß ja nicht gleich in einem Vollrausch enden; in eher privater Atmosphäre lernt man seine Kollegen viel besser kennen.

► Achten Sie darauf, daß Sie nicht zu oft von Ihren Lieben daheim angerufen werden, und blockieren Sie auch selbst nicht ständig das Telefon mit Privatgesprächen. Zum einen geht das alles von Ihrer Arbeitszeit ab, zum anderen kann sich mancher Kollege durch die fernmündlich gegebenen Küßchen belästigt fühlen.

## Arbeitsflirt und Büroerotik

Wo nicht gerade geschlechtsspezifische Arbeiten – sofern es diese überhaupt noch gibt – ausgeübt werden, treffen unweigerlich Männer und Frauen aufeinander. Diese Konstellation kann sich unter Umständen sehr belebend und anregend auf das Arbeitsklima auswirken, aber auch zu schier unüberwindbaren Problemen führen.

*Liebe am Arbeitsplatz – Fluch und Segen zugleich. Es kommt immer darauf an, wie der einzelne damit umgehen kann.*

Man muß sich nur einmal vergegenwärtigen, daß fast 30 Prozent aller Ehen ihren Anfang am gemeinsamen Arbeitsplatz von Mann und Frau nahmen – von all den vielen Flirts, Techtelmechteln und Verhältnissen, die nicht vor dem Altar endeten, einmal ganz abgesehen. Fast könnte man den Eindruck gewinnen, Büro, Werkstatt und Aufenthaltsraum erfüllten die Funktion eines Eheinstituts, bei dem man auch noch Geld für seine bloße Anwesenheit bekommt. Ganz so ist es sicher nicht, aber etwas ist schon dran. Aber trotzdem gilt: Vorsicht!

**Die Affären des Michael Douglas**

Der Flirt am Arbeitsplatz, und sei er auch noch so harmlos gemeint, kann ungeahnte (und nicht selten auch fatale) Folgen haben.

Der amerikanische Schauspieler Michael Douglas hat dieses Thema gleich in zwei Filmen aufgegriffen: zuerst in »Eine verhängnisvolle Affäre« an der Seite von Glenn Close. In diesem Streifen spielt Douglas einen Geschäftsmann, der so ganz nebenbei eine heiße Beziehung mit einer Kollegin anfängt – die in einem Psychokrieg ohnegleichen endet.
Im zweiten Film, »Enthüllung«, spielt Demi Moore seine Partnerin, die ihn zur Liebe am Arbeitsplatz zwingt, ihn auf eine Art und Weise sexuell belästigt und erpreßt, wie man es einer Frau eigentlich gar nicht zutrauen würde (war bisher doch mehr eine Domäne der Männer).
Beide Filme zeigen eigentlich nur eines: Der Flirt am Arbeitsplatz kann gefährlich sein. Er muß aber natürlich nicht so enden.

*Affären am Arbeitsplatz sind mit Vorsicht zu genießen – kann man sich doch nach einer Trennung nicht aus dem Weg gehen.*

Selbstverständlich kann aus dem Funken der Verliebtheit, der bisweilen über Schreibtische und Hochraumregale springt, echte Liebe werden – eine Liebe, die sich nicht auf einen »Quicky« am Arbeitsplatz beschränkt, sondern auch die private häusliche Atmosphäre umfaßt. Doch gilt es hier bestimmte Faktoren zu bedenken, damit das Beisammensein am Arbeitsplatz nicht zur Qual wird.

**Damit die Wahl des Herzens nicht zur Qual wird**

- Oft können die lieben Kollegen es nicht lassen zu tratschen. Ignorieren Sie das Geschwätz der Neidhammel, wenn Ihnen Ihre Liebe wichtiger ist.
- Bedenken Sie bei aller Verliebtheit mögliche Konsequenzen. Was ist z.B., wenn die Liebe am Ende doch nicht hält, was sie anfangs verspricht? Zwei Herzen gehen auseinander, womöglich im Streit, aber Sie beide müssen auch in Zukunft zusammenarbeiten.
- Um nicht von Anfang an übelster Nachrede ausgesetzt zu sein, kann es vorkommen, daß man ein regelrechtes Versteckspiel treiben muß. Hält Ihre Liebe dieser Belastung stand? Wenn nicht: Gleich mit offenen Karten spielen!
- Mit wem immer Sie sich im Büro auf eine intime Beziehung einlassen – vorher sollten Sie abchecken, ob der/die Betreffende nicht bereits gebunden ist, um nicht die demütigende Rolle der/des »heimlichen Geliebten« übernehmen zu müssen.
- In manchen Betrieben gibt es sogenannte Betthasen des männli-

chen Kollegenkreises und pathologische »Sekretärinnen-Abgraser«, die aus irgendeinem geheimnisvollen Grund bisher ihre Finger ausgerechnet nach Ihnen noch nicht ausgestreckt haben. Lassen Sie Ihrerseits die Finger von solchen Typen!

► Der Vorgesetzte ist absolut tabu! Wer sich auf eine intime Beziehung mit seinem Chef einläßt, zieht alle »normalen« Gefahren eines Verhältnisses am Arbeitsplatz plus eine Fülle anderer mehr auf sich.

## Dein Chef, das unbekannte Wesen

Es kann vorkommen, daß ein Arbeitnehmer mit seinem Vorgesetzten persönlich gut befreundet ist. Nun können beide das Glück haben, in einer Firma zu arbeiten, in der das Betriebsklima allgemein eher freundschaftlich ist, ein Du also kaum weiter auffällt. Sie können aber auch Pech haben. Es soll noch immer Firmen geben, in denen es gar nicht gerne gesehen wird, wenn zwei Mitarbeiter miteinander befreundet sind, in denen selbst Eheleute einander siezen. Was dann?

*In extrem liberal geführten Betrieben fällt es neuen Kollegen oft schwer zu erkennen, wer eigentlich der Vorgesetzte – und damit letztendlich Verantwortliche – ist. Wie leicht kann man da ins Fettnäpfchen treten!*

Eine goldene Regel ist, daß der Vorgesetzte (Abteilungsleiter, Vorarbeiter, Betriebsleiter etc.) während der Arbeit mit dem Respekt zu behandeln ist, der ihm gebührt. Auch dann, wenn man am Abend zuvor noch gemütlich zusammen gegessen oder auf der Kegelbahn so manchen Pudel geworfen hat oder an der Theke noch das eine oder andere Bierchen zischte.

Der Vorgesetzte im Betrieb ist immer als Respektsperson zu behandeln, denn andere Kollegen sollen erst gar nicht in Versuchung kommen, den vertraulichen und freundschaftlichen Ton ihm gegenüber ebenfalls anzuwenden.

Grundsätzlich gilt: Wer einen Raum betritt, hat zuerst zu grüßen. Anders beim Chef. Kommt er ins Büro, ist er als erster zu grüßen, aber nicht übertrieben devot mit Bückling und niedergeschlagenen Augen. Ein einfaches »Guten Morgen, Herr Schmitz« reicht völlig aus.

In manchen Betrieben liegt die »Chefetage« getrennt von den eigentlichen Arbeitsräumen. Nun kann es natürlich immer mal vorkommen, daß ein Angestellter zu seinem Vorgesetzten ins Büro muß. Sicher ist es kein Fehler, sich in einem solchen Fall von der Sekretärin telefonisch anmelden zu lassen. Ganz wichtig aber ist, daß man vor dem Eintreten anklopft und auf ein »Herein« wartet. Daß man seinem Chef weder mit einer Zigarette in der Hand noch mit einem Kaugummi im Mund gegenübertritt, dürfte selbstverständlich sein.

*»Den Aufstieg einer Frau zu einer höheren Position hemmt nicht der Chef, sondern seine Sekretärin.« (Lore Lorentz)*

**Das Gespräch mit dem Vorgesetzten**

Wer ein ernstes Gespräch mit seinem Vorgesetzten führen möchte, sollte zwei wichtige Dinge beachten: Zum einen muß er eine gewisse innere Ruhe bewahren, zum anderen ein ansprechendes Äußeres aufweisen. Im Klartext heißt das: Das Jackett sollte zugeknöpft sein, die Haare sollten noch einmal geordnet

## Benehmen als Chef

- Seien Sie immer fair zu Ihren Angestellten.
- Packen Sie auch mal selbst mit an, wenn Not am Mann ist.
- Stellen Sie Untergebene nie im Kreis der Kollegen zur Rede.
- Geben Sie stets ein Vorbild.
- Halten Sie Überstunden so gering wie möglich.
- Versuchen Sie, ein gutes Betriebsklima zu schaffen.
- Sehen Sie Ihre Angestellten als gleichberechtigte Partner an.
- Zeigen Sie wo nötig Ihre Autorität.
- Lassen Sie sich nicht auf Tratschereien ein.
- Biedern Sie sich nicht an.
- Kleiden Sie Ihre strikten Anordnungen in höfliche Form: Als Bitte »kaschiert« werden sie sicher lieber befolgt.
- Klären Sie Unstimmigkeiten sofort in einem sachlichen Gespräch.

und unter Umständen die Hände gewaschen werden.
Auch darf man nicht gleich mit der Tür ins Haus fallen. Man wartet nach dem Gruß, bis der Chef das Gespräch beginnt. Wer mit seinem Anliegen gleich an den Schreibtisch vorstürmt, sich erbost auf die Tischplatte stützt und sich, ohne Atem zu holen, sofort alles von der Seele redet, hat schon verloren.
Der höhere Rang des Vorgesetzten gibt ihm das Recht, Sie so lange vor seinem Schreibtisch stehen zu lassen, wie es ihm gefällt. In diesem Fall ist »stehen« durchaus wörtlich gemeint – Platz dürfen Sie erst nehmen, wenn der Boß ihn anbietet.

## Guter Vorgesetzter – schlechter Vorgesetzter

Es gibt Vorgesetzte, die sind beliebt und werden allein ihrer Kompetenz wegen geachtet. Umgekehrt gibt es auch Vorgesetzte, die sind deshalb beliebt, weil sie von nichts eine Ahnung haben und schon deshalb nie in den Arbeitsablauf eingreifen. Und es gibt Vorgesetzte, die heimlich – manchmal sogar offen – gehaßt werden, denen sämtliche Angestellte nur zu gern aus dem Weg gehen und die Kriechen, Schleimen und schlechtes Betriebsklima geradezu provozieren. Was aber unterscheidet einen guten von einem schlechten Chef?
Natürlich kommt dies immer auch auf die Art des Betriebes an, in dem gearbeitet wird (hoffentlich wird es das auch!). Grundsätzlich aber sollte sich jeder Vorgesetzte, ob er nun Abteilungsleiter, Bürovorsteher oder

*Ein guter Vorgesetzter hat es nicht nötig, seine Führungsposition vor den Mitarbeitern auszuspielen. Sie zollen ihm allein aufgrund seiner Leistung den nötigen Respekt.*

Geschäftsinhaber mit ein oder zwei Angestellten ist, vor Augen halten, daß auch seine Mitarbeiter (»Untergebene« wird heute zum Glück nicht mehr gesagt) ein Recht auf anständige Behandlung und höflichen Umgang haben.
So wäre es z.B. reine Schikane, einen Angestellten zu sich zu bestellen, ihn erst einmal eine halbe Stunde warten zu lassen, ihn dann mit irgendwelchen Kleinigkeiten von der Arbeit abzuhalten und hinterher zu behaupten, er könne sein Soll nicht erfüllen.

### Überstunden – immer notwendig?

Mir ist der Fall einer Zeitschriftenredaktion bekannt, in der es üblich war, daß der Chefredakteur sich immer erst eine halbe bis zwei Stunden

nach dem offiziellen Feierabend bequemte, über die fertigen Seiten zu schauen. Und jedesmal war es prompt so, daß ihm das eine oder andere Bild nicht gefiel, daß ihn etwas an den Texten störte oder daß er generell mit den jeweils gewählten Themen nicht einverstanden war. Das Ende vom Lied: Sämtliche Redakteure mußten Überstunden machen, oft bis spät in die Nacht hinein, die ihnen nicht mal angerechnet wurden. Klar, daß das Betriebsklima in dieser Redaktion übel war.
Werter Herr Schmitz – oder wie auch immer Sie heißen –, so etwas gehört sich nicht und trägt sicher nicht dazu bei, daß Ihre Angestellten eine gute Meinung von Ihnen haben.
Selbstverständlich darf ein Vorgesetzter für die Zeit, die er seine Angestellten bezahlt, auch gute Arbeit verlangen. Zeit, die darüber hinaus für die Firma aufgewendet wird, sollte aber bitte schön in angemessener Weise entlohnt werden.

*Ein guter Vorgesetzter verfügt nicht über seine Mitarbeiter, sondern läßt ihnen genügend eigene Gestaltungsmöglichkeiten.*

Ein guter Rat für alle, die eine leitende Position besetzen: Bedenken Sie, daß Ihre Angestellten keine Sklaven sind. Gestehen Sie auch ihnen die Freiräume während der Arbeit zu, die Sie sich selbst gönnen.
So manchem Angestellten, dem bis dahin der Ruf vorauseilte, eine echte Niete zu sein, sollen schon Flügel gewachsen sein, nachdem er zum ersten Mal von seinem Chef gelobt wurde. Lob ist überhaupt ein Kunstgriff, der heute leider viel zu selten angewandt wird. Viele Vorgesetzte meinen, daß sie ihre Mitarbeiter nur

## Checkliste

- Nehmen Sie beim Vorstellungsgespräch sofort Platz?
- Glänzen Sie am ersten Arbeitstag gleich mit Ihrem Wissen?
- Gibt man den Einstand in der neuen Firma nach der Probezeit?
- Behält man ein auf dem Betriebsausflug angebotenes »Du« vom Chef auch am nächsten Tag noch bei?
- Halten Sie sich immer streng an die vorgegebenen Pausenzeiten?
- Schalten Sie im Betrieb privaten Ärger aus?
- Gehen Sie manchmal mit Ihren Kollegen noch zu einem kleinen Umtrunk nach Feierabend?
- Sollten Betriebsflirts bis zum Äußersten gehen?
- Grüßt jemand, der einen Raum betritt, in dem schon andere sitzen, zuerst?
- Fordern Sie von Ihren Angestellten sehr oft Überstunden?

Fünf Ja und fünf Nein als Antworten – dann ist dieser Test bestanden.

dann zu Höchstleistungen anspornen können, wenn sie die Zügel fest in der Hand halten und möglichst oft möglichst laut Kritik anbringen. Dabei ist längst erwiesen, daß genau der umgekehrte Weg allen Beteiligten einen echten Gewinn bringt. Aber Lob sollte ehrlich gemeint sein und im rechten Augenblick ausgesprochen werden – ebenso wie Tadel, den ein guter Chef niemals vor versammelter Mannschaft in einem Ton verteilt, der bestenfalls einem Generalstabsmajor zusteht. Aus solchen psychologischen Überlegungen heraus propagiert das moderne Management heute einen eher liberalen Führungsstil. Denn es ist nachgewiesen, daß Angestellte, die sich wirklich akzeptiert und in Entscheidungen der Firmenleitung eingebunden fühlen, einfach bessere Arbeit leisten.

*Im allgemeinen gilt: je informierter, desto motivierter.*

Je höher man in der Hierarchie der Arbeitswelt steigt, um so mehr »Radfahrer« werden den Weg kreuzen. Leute also, die so unschöne Beinamen wie »Aktenträger«, »Tintenlecker« oder »Schleimer« tragen. Vorgesetzte, die solche Menschen um sich scharen, sie gar fördern, zeigen eigentlich nur, wie schwach ihr Charakter ist. Chefs, die wirklich Format besitzen, brauchen keine »Bücklinge«, sie lassen sie links liegen.

## Ein »stilles« Geschäft

**Treffpunkt Toilette**

Unserem Herrn Schmitz ist einmal etwas passiert, was er selbst gar nicht peinlich fand, jemand anderen jedoch dazu veranlaßte, Herrn Schmitz künftig in einem anderen Licht zu sehen. Es begab sich, daß Herr Schmitz während seiner Arbeit einmal kurzfristig, einem menschlichen Bedürfnis nachgebend, jenes gewisse Örtchen aufsuchte, auf welches bekanntlich selbst der Papst alleine geht.

Als er nun gerade am dafür vorgesehenen Platz glückselige Erleichterung fand, wollte es der Zufall, daß just in diesem Augenblick seinen Chef ein ähnliches Bedürfnis überkam. Der Betriebsleiter betrat eiligst die Toilette, Herr Schmitz sah und erkannte ihn, begann, ohne in seinem Geschäft innezuhalten, zu grinsen und meinte, weil er doch glaubte, gewisse Regeln hätten an diesem Ort keine Gültigkeit: »Na, Chef, mal sehen, wer den kürzeren zieht?!«

Der Chef war so perplex, daß er ohne Verrichtung seiner dringenden Notwendigkeit auf dem Absatz kehrtmachte und die Angelegenheit auf einen späteren, ungestörten Zeitpunkt verschob.

Zum Thema »Begegnungen auf der Toilette« wußte selbst Herr von Knigge nichts zu sagen. Tatsächlich gibt es keine schriftlich fixierten Regeln, wie man sich an diesem Ort zu benehmen hat, wenn plötzlich neben einem der Chef auftaucht. Auch das Zusammentreffen mit Kollegen erfordert Benimmregeln. Eines jedoch dürfte jeder verstehen: Der Handschlag findet hier aus rein praktischen Erwägungen keine Anwendung.

*Sekt oder Selters – spätestens auf dem Pissoir werden solche Unterschiede zur Nebensächlichkeit.*

Ein diskreter Gruß sollte aber trotzdem ausgetauscht werden. Ein »Guten Morgen« oder ein »Hallo« genügt völlig. Schließlich kann auch dem Chef die Situation unangenehm oder peinlich sein, denn das hierarchische Gefüge ist hier gewissermaßen außer Kontrolle.

Meint aber nun jemand, trotz allem ein paar weiterführende Worte wechseln zu müssen, so sollte er damit auf alle Fälle bis zum Händewaschen warten. Beim Waschbecken kann auch ohne »Gesichtsverlust« wieder ganz normal miteinander geredet werden.

*»Ich bin auf dieser Welt viel herumgekommen. Fremde Länder sah ich, exotische Städte, einsame Gegenden. Und ich sah Menschen, deren Antlitz mir schien, als sei es nicht vom gleichen Planeten, auf dem zu leben ich verpflichtet bin. Eines jedoch ist mir von all den Reisen und Erinnerungen fest im Gedächtnis haften geblieben: wie gut es tut, wenn jemand dir Obdach gibt und dich durch seine Gastfreundschaft glauben macht, er sei dein Freund.«*

(J. J. Lien)

KAPITEL 10

# SATTELFEST AUF REISEN

# Fremde Länder – fremde Sitten

## Anderswo ist nicht zu Hause

**Deutschland über alles?**
Wenn Herr Schmitz auf Reisen geht, was, sieht man einmal von kurzen »Wochenendtrips« in den Nachbarort zur Verwandtschaft ab, recht selten vorkommt, dann sind die Menschen im Urlaubsland meist recht froh, wenn Herr Schmitz wieder weg ist.

*»Wem Gott will rechte Gunst erweisen, den schickt er in die weite Welt...«*

Dabei tut Herr Schmitz doch eigentlich nichts anderes als das, was Millionen von Touristen ebenfalls tun: Er schützt sich durch einen weißen Hut vor der Sonne und in Shorts und aufgeknöpften Hemden vor einem Hitzestau. Und daß man im Ausland nicht auf sein frisches Bier, seine Schweinshaxe und die tägliche Zeitung verzichten will, ist doch klar, oder?
Herr Schmitz ist sogar fest davon überzeugt, durch seine bloße Anwesenheit den Einheimischen im Urlaubsort einen missionarischen Gefallen zu tun. Ist er es doch, der ständig versucht, Spaniern, Franzosen, Italienern und Österreichern deutsche Sauberkeit, Gründlichkeit und Ordnung nahezubringen. Herr Schmitz wird auch nicht müde, all diesen »südländischen Nichtsnutzen und Tagedieben« eine Standpauke über die jeweiligen Preise im Restaurant zu halten. »Reinster Nepp«, so seine globale Erkenntnis, »bei uns zu Hause, da bekommt man für sein gutes Geld wenigstens noch gute Leistung!« Schließlich ist er sicher: »Die sollen was leisten für unsere deutsche Mark!«

*Seit einigen Jahren können Deutsche, die sich im Urlaub des Kindesmißbrauchs, etwa in Thailand, Manila, Peru, Sri Lanka oder Afrika, schuldig gemacht haben, auch nachträglich noch in ihrem Heimatland angeklagt und verurteilt werden.*

Es mag sein, daß Sie recht haben, verehrter Herr Schmitz. Aber wenn Ihnen im Ausland nichts recht zu machen ist, warum bleiben Sie dann nicht einfach zu Hause?
So verschrobene Typen wie unseren Freund Herrn Schmitz gibt es sicher mehr als genug. Sie haben die deutschen Urlauber in manchen Gegenden der Welt zur Witzfigur werden lassen, fast zu so etwas wie einem lästigen Übel, dem man einfach nicht ausweichen kann. Als Tourist sollte man sich, um den angekratzten Ruf wenigstens ein bißchen zu richten, an die Gepflogenheiten und Sitten des Gastlandes halten.
Dazu gehört beispielsweise, daß man keine italienische Kirche leicht bekleidet, womöglich im Bikini, betritt. In einigen Ländern schickt es sich auch nicht, ungefragt die Foto- oder Videokamera zu zücken und wild draufloszuknipsen. Es gibt Menschen, die sich dadurch in ihrer Würde (Artikel 1 des Grundgesetzes der Bundesrepublik Deutschland: »Die Würde des Menschen ist unantastbar!«) verletzt fühlen könnten.

Bei uns gilt es als unhöflich, auf jemanden mit dem bloßen Finger zu deuten. Warum sollte diese Geste anderswo akzeptiert werden? Auch fremdländische Kinder wollen nicht wie Püppchen behandelt werden. Das tantenhafte »Ach nein, ist das kleine Negermädchen aber süß« mit anschließendem Tätscheln und Lieb-

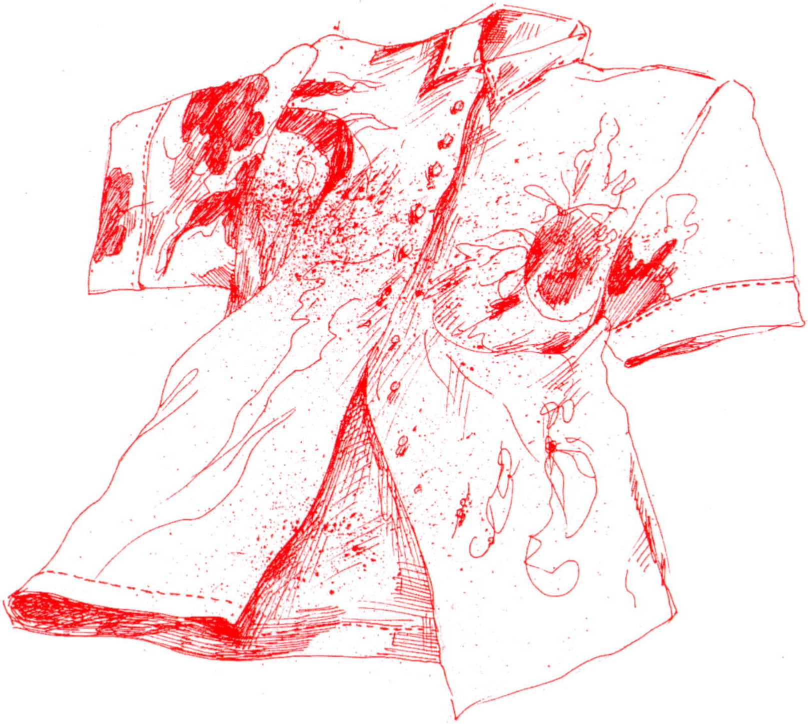

kosen wirkt auf die Mitreisenden lächerlich, auf die Eltern des Kindes peinlich und arrogant (ganz abgesehen davon, daß die Bezeichnung »Neger« an sich schon eine Beleidigung darstellt!). Man stelle sich nur die gleiche Situation einmal andersherum vor: Da kommt eine Touristin aus Ghana nach Wuppertal, sieht ein einheimisches Baby und...

## Kleidung im fremden Land

Oft fallen Touristen schon allein aufgrund ihres äußeren Erscheinungsbildes als solche auf. Da spannen T-Shirts über weißen Schwabbelbäuchen, Kameras baumeln lässig über offenen Hawaiihemden, und schneeweiße Beine lugen, in Anzugsocken steckend, unter viel zu weiten Shorts hervor.

*Die Fremde beginnt immer da, wo man nicht zu Hause ist. Ein Bayer, der auf Sylt Urlaub macht, ist dort ebenso fremd wie ein Düsseldorfer, der die schönsten Tage des Jahres auf Barbados verbringt.*

**Nackte Haut bedecken**

Diese typische Touristenkleidung mag ja ganz praktisch sein, ist aber selten wirklich angebracht. So stellt es beispielsweise einen groben Verstoß dar, wenn Frauen in islamischen Ländern mehr Haut als nötig zeigen (Oben-ohne-Baden ist in vielen Ländern sogar strafbar!). Auch die Herren der Schöpfung sollten darauf achten, im fremden Land nicht durch ihre Kleidung unangenehm aufzufallen. In kurzen Hosen und T-Shirt ein buddhistisches Kloster in China zu betreten wäre äußerst unschicklich. Im Iran sollten selbst Touristinnen in der Öffentlichkeit einen Schleier, zumindest aber ein Kopftuch tragen.

**Tip**

Wer ganz sichergehen will, daß er am Urlaubsort nicht durch seine Kleidung Mißfallen erregt, sollte sich vor Reisebeginn in seinem Reisebüro oder beim jeweiligen Konsulat erkundigen, welche Kleidung empfohlen wird. Auf diese Art ist man zumindest in diesem Punkt davor gefeit, daß der Traumurlaub blitzschnell zum Alptraum wird.

## »Du nix sprechen Deutsch?«

### Unnötiges Kauderwelsch

Im Elsaß wurde ich einmal Zeuge einer Szene, wie ein deutscher Urlauber in radebrecherischem Französisch einen Einheimischen nach dem Weg fragen wollte. Der Tourist erklärte mit Händen und Füßen und in einem fürchterlichen Kauderwelsch, daß er im Krieg schon mal in Frankreich gewesen sei und daß er Land und Leute quasi in- und auswendig kenne.

*Der wahre Kosmopolit beherrscht auch die Sprache seines Urlaubslandes. Bevor man aber nur radebrecht, sollte man lieber einen Sprachkundigen zu Hilfe nehmen.*

Der Elsässer hörte und schaute sich das Ganze offensichtlich amüsiert an, bis er schließlich lächelnd und beinahe akzentfrei fragte: »Entschuldigen Sie, aber könnten Sie mir das alles noch einmal in Deutsch erklären?«

Das Bemühen, sich in der Landessprache auszudrücken, ist anzuerkennen, doch sollte man – wenn die elementaren Kenntnisse nicht vorhanden sind – versuchen, einen Dolmetscher zu finden. Viele glauben umgekehrt, nur weil sie eben ihre Staatsgrenze hinter sich gelassen haben, daß niemand sie versteht. Aber auch in Frankreich, Spanien, Italien, der Türkei und selbst in Hongkong sollte man sich davor hüten, in

## Im Urlaub

- Halten Sie sich immer an die Kleidungsvorschriften im fremden Land.
- Eignen Sie sich zumindest elementare Kenntnisse der Landessprache an, um sich verständigen zu können.
- Auf jeden Fall sollten Sie einige Kennwörter wie »Danke« oder »Bitte« und Begrüßungsformeln in der Landessprache beherrschen.
- Richten Sie sich nach fremden Sitten und Gebräuchen des Gastgeberlandes.
- Meckern Sie nicht am landesüblichen Essen herum.
- Führen Sie sich nicht als »König im fremden Land« auf.

seiner Heimatsprache über Land und Leute zu schimpfen. Überall kann sich schließlich jemand finden, der auch der deutschen Sprache mächtig ist – und dann kann's ganz schön peinlich werden!

### Sitten und Gebräuche

Wer in ferne Länder reist, muß zwangsläufig damit rechnen, daß andere Kulturen auch andere Sitten haben. Diese muß sich ein Urlauber nicht rundum zu eigen machen, aber zumindest sollte er sie respektieren und sich ihnen anpassen.
In südlichen Ländern ist es z.B. Brauch, während der Mittagshitze Siesta zu halten. Ob in Griechenland, Spanien oder Tunesien – wenn die Sonne im Zenit steht, geht im öffentlichen Leben so gut wie gar nichts mehr. Diese Ruhe kann bis zum Nachmittag oder frühen Abend anhalten. Sich darüber zu beschweren oder trotzdem einen Einkaufsbummel über den Basar machen zu wollen wäre vollkommen zwecklos.

*Die Höflichkeit gebietet es, sich an landesübliche Sitten anzupassen – sei es in der Auswahl der Kleidung oder im entsprechenden Benehmen – auch wenn manches für uns ungewohnt sein sollte.*

Ähnlich verhält es sich bei bestimmten orts- oder landesüblichen Festen und Feiern. Wer etwa im spanischen Pamplona ausgerechnet zu der Zeit, in der die berühmten Stierkämpfe in den Straßen des Ortes stattfinden, auf seine Nachtruhe pocht, sollte sich im nächsten Urlaub vielleicht doch besser nach einer ruhigen Pension im Schwarzwald umsehen.
Um in einem fremden Land keinen groben Fauxpas zu begehen, hier nun einige Gepflogenheiten und Besonderheiten, deren Beachtung den

Gastgebern zeigt, daß sie respektiert werden und daß der Gast sich im Ausland zu benehmen weiß.

*Fremde Länder, fremde Sitten*

**Das richtige Benehmen im Ausland**

► Frankreich: Croissants und Weißbrot werden auch im Restaurant mit der Hand gebrochen und verspeist. Das gezierte Essen mit Messer und Gabel würde nur affektiert und aufgesetzt wirken. Käse (Fromage) wird nie in ganzen Stücken von der Platte genommen, sondern scheibchenweise geschnitten und gegessen.

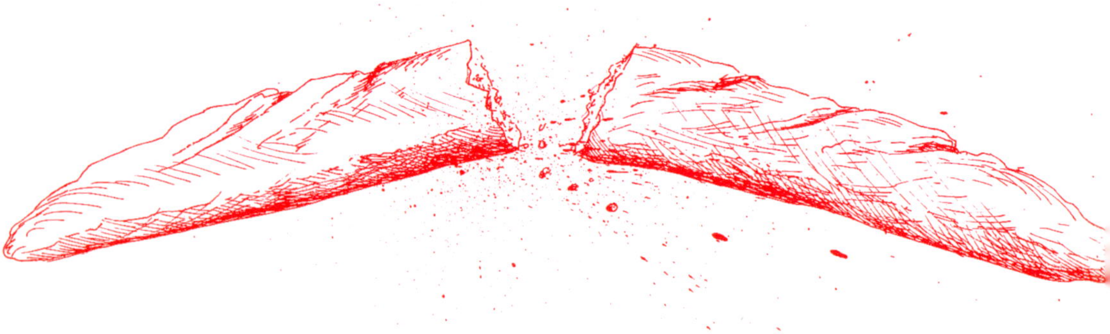

► Holland: Der Genever (Jenever), ein äußerst bekömmlicher Wacholderbranntwein, gilt als eine Art Nationalgetränk und höflicher Willkommensschluck. Man sollte das angebotene Glas niemals ablehnen; der Gastgeber könnte sich beleidigt fühlen.

► Mexiko: In der Öffentlichkeit, besonders aber in Cafés und Restaurants, sind Hosen für Damen heute noch unschicklich. Eine Kuriosität: Einem mexikanischen Glauben zufolge bringt es Unglück, einen Salzstreuer von Hand zu Hand zu reichen. Besser, man stellt ihn vorher auf dem Tisch ab.

► Österreich: In der Alpenrepublik wird sehr großer Wert auf den Umweltschutz gelegt. Pflanzen, die bei uns kaum Beachtung finden, können dort unter Naturschutz stehen. Also Finger weg von schönen Blüten!

► Spanien: Trotz ihres südländischen Temperaments hassen Spanier es,

wenn sich ein Fremder im Restaurant ungefragt an ihren Tisch setzt – diese Art der Kontaktaufnahme gilt bei den Iberern als aufdringlich und unhöflich. Rechnungen im Restaurant werden übrigens nie geteilt, zahlen darf immer nur einer – selbst wenn man die Zeche nachher aufteilt.

► Schweden: In ganz Skandinavien ist es üblich, beim Betreten einer Wohnung die Schuhe auszuziehen. Deshalb immer an frische Socken ohne Löcher denken! Die Straßenverkehrsordnung schreibt vor, auch tagsüber im Auto mit eingeschaltetem Licht zu fahren.

► Thailand: Wer zu Tisch sitzt und sich schneuzen muß, sollte schnell aufstehen und den Raum verlassen. Derartige Geräusche gelten im Land des Lächelns als äußerst unfein. Thailändische Kinder sollten, auch wenn sie noch so niedlich sind, nie am Kopf angefaßt werden. Dort nämlich sitzt ihre Seele, die unter keinen Umständen berührt werden darf.

*Unkenntnis kann peinlich sein, schlimmstenfalls bestraft werden.*

► Tunesien: Zuviel blanke Haut wird nicht gerne gesehen. Dies gilt ganz besonders für die Moscheen, die der Besucher nur mit bedeckten Schultern und Knien betreten darf.

► Türkei: Oben-ohne-Sonnen und FKK sind absolut verpönt. Wer es trotzdem tut, muß mit übelsten Beschimpfungen, schlimmstenfalls sogar mit massivem behördlichen Ärger rechnen.

► USA: Im Restaurant wartet der Gast, bis jemand kommt, der ihn an den Tisch führt. Sich auf eigene Faust einen Platz zu suchen kann bedeuten, daß man schlichtweg übersehen und nicht bedient wird. Im Taxi muß man immer hinten einsteigen – nur potentielle Gangster nehmen neben dem Fahrer Platz!

# Im Hotel zu Gast

Schon bei der Anmeldung fängt es an:
Normalerweise wird sich der Urlauber zumindest bei Reisen in fernere Länder über ein Reisebüro im gewünschten Hotel anmelden lassen. Es kann aber natürlich auch vorkommen, daß man diese Buchung selbst übernimmt.
Um in beiden Fällen Mißverständnisse zu vermeiden, die den Gastgebern Mühe und Arbeit bereiten, die Reisenden sogar bares Geld kosten können, hier nun einige Hinweise, wie Hotelbuchungen und Anmeldungen reibungslos vonstatten gehen:

*»ser fereerte Geste: unser Zimmer haben all fliessent warmwasser und friche hanttucher! wenn sie saubere hattucher haben willen dann legen sie die auf den Boden!«*

(Handzettel im Hotelzimmer eines griechischen Hotels)

**Tips für die richtige Hotelbuchung**

- Vom Reisebüro oder vom Hotel bekanntgegebene Stornierungszeiten sind einzuhalten.
- Sollte die Reise aus irgendeinem Grund nicht angetreten werden können, muß man dem Veranstalter oder dem Hotel rechtzeitig Bescheid sagen.
- Bei persönlichen Buchungen in einem Hotel sollte man sich immer einen Durchschlag geben lassen, bis die Reservierungsbestätigung kommt.
- Die Ankunftszeit sollte gegebenenfalls mit später als 18 Uhr angegeben werden, damit das Zimmer nicht weitervermietet wird.

## Die Hotelreservierung ist kein Freibrief für schlechtes Benehmen

Immer wieder beklagen sich Hoteliers und Zimmermädchen zu Recht über den fehlenden Anstand einiger Gäste. Nirgends wird soviel gestohlen wie in Hotels. Das fängt bei Aschenbechern an, geht über Handtücher, Wassergläser und Bademäntel bis hin zu Radios und sogar Bibeln. Regelmäßig werden auch die kleinen Flaschen aus der Minibar geplündert und später mit Leitungswasser wieder aufgefüllt. Dieses äußerst unhöfliche Verhalten ärgert nicht nur die Inhaber des Hotels und das Personal. Es trägt auch unmittelbar dazu bei, daß die Hotelpreise immer mehr in die Höhe schnellen.

## Im Hotel

- Buchen Sie Ihre Reservierung rechtzeitig.
- Benehmen Sie sich im Hotel so wie bei sich zu Hause.
- Behandeln Sie Hotelpersonal nicht als Ihre persönlichen Angestellten.
- Stehlen Sie keine Aschenbecher, Kugelschreiber oder Handtücher.
- Beweisen Sie auch beim Trinkgeld Höflichkeit.
- Überlegen Sie einmal, ob Sie einen Teil des Trinkgeldes nicht bereits bei Ihrer Ankunft verteilen.

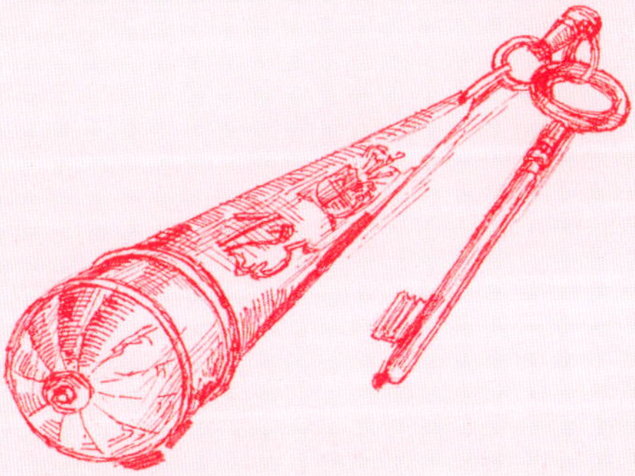

Die Einstellung »Sollen die doch froh sein, daß ich überhaupt in ihrem Hotel absteige« ist nicht nur schamlos und überheblich, sondern zeigt auch, wie sehr es dem Betreffenden an Lebensart gebricht.

Grundsätzlich sollte sich jeder Hotelgast an die einfache Regel halten: Auch im Hotel benimmt man sich immer so, wie man es von anderen bei sich zu Hause erwartet!
Schließlich ist man Gast, und als solcher unterliegt man gewissen Regeln der Höflichkeit und des Anstandes. Man wischt sich beispielsweise seine Schuhe nicht an der Gardine ab, tritt Zigarettenkippen nicht auf dem Fußboden aus, hält sich an die allgemeinen Ruhezeiten und hinterläßt keine Initialen mit dem Datum seines Aufenthalts auf der Tapete. Schließlich käme wohl auch niemand auf die Idee, sich zu Hause so zu benehmen.

*Auch im Hotelzimmer gelten die Regeln des Anstands. Man sollte sich mindestens so gut wie im eigenen Zuhause benehmen.*

### Auch Personal verdient Dank und Anerkennung

Portier, Empfangschef, Kellner und Zimmermädchen, sie alle müssen sich oft viel von Gästen gefallen lassen – das reicht von der unfreundlichen Ansprache bis zur Demütigung.

Jeder sollte sich vor Augen halten, daß Angestellte eines Hotels keine Leibeigenen sind. Meist geben sie sich die größte Mühe, um den Gästen ihren Aufenthalt so angenehm wie möglich zu machen. Und der Dank? Nicht selten (manche Touristen führen sich in Ländern der Dritten Welt noch gerade wie Kolonialisten auf!) werden sie herablassend behandelt, beschimpft und angemeckert, man macht sich über sie lustig, und gerade Zimmermädchen leiden mitunter darunter, daß männliche Hotelgäste sie anscheinend als Freiwild betrachten und ihnen hemmungslos in den Po kneifen oder sonstige eindeutige Angebote machen. Natürlich freut sich jeder Hotelangestellte über Trinkgeld. Aber ich meine, es kommt weniger darauf an, unbedingt den spendablen Großkotz zu spielen. Wichtiger ist allemal ein anständiges »Danke« und »Bitte«. Freundlichkeit ist nicht mit Geld wettzumachen, schließlich kann man Menschen nicht kaufen. Kein noch so großzügig bemessenes Trinkgeld ersetzt menschliche Wärme und den Respekt, den jeder verdient.

***Das Hotelpersonal bestimmt zu einem nicht geringen Anteil, wie angenehm der Urlaub ist – das sollte man sich immer vor Augen halten.***

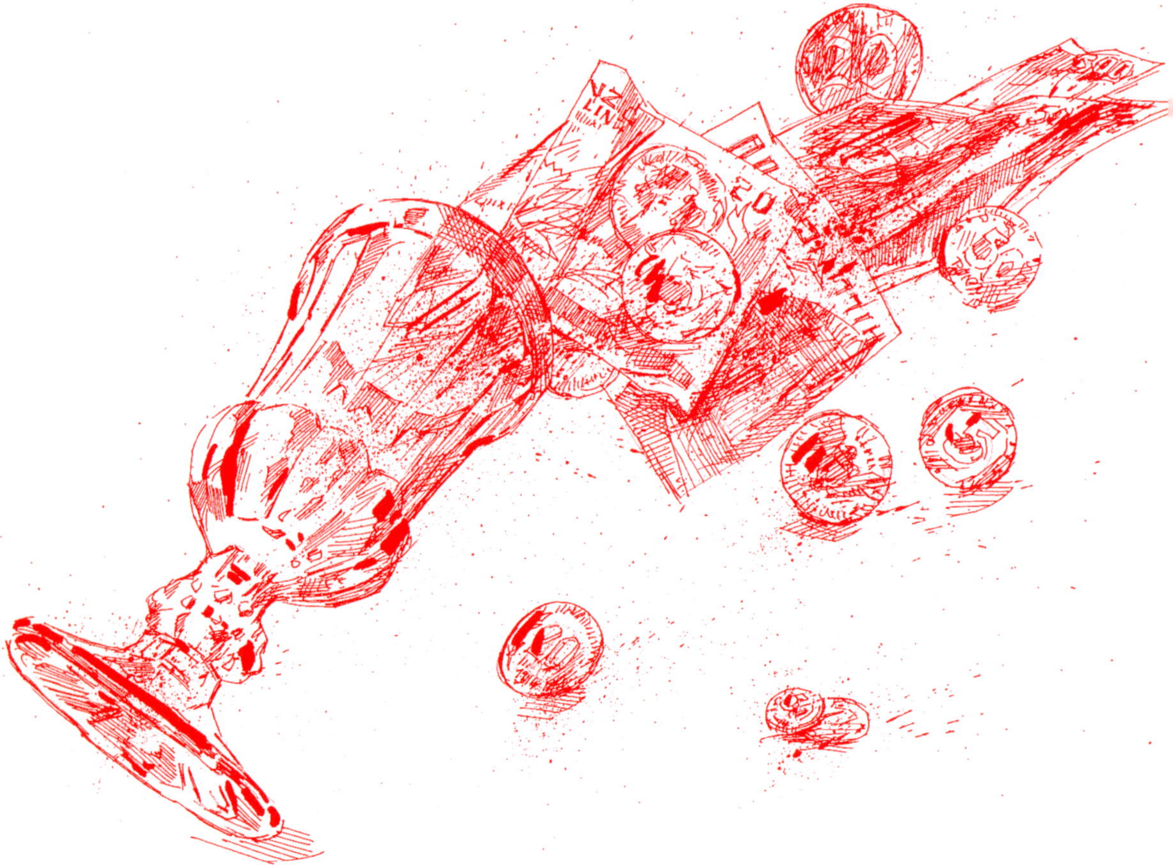

# Trinkgeld – nicht überall gleich

## Geste der Gefälligkeit

Der Begriff »Trinkgeld« wurde im Mittelalter ganz wörtlich verstanden: Der Laufbursche oder die Dienstmagd erhielt für eine außergewöhnliche Gefälligkeit einen kleinen Betrag, der zum Vertrinken gedacht war. Heute gibt man Hotelpagen, Kellnern, Frisören und Taxifahrern in den meisten Fällen Trinkgeld, um ihr Gehalt ein bißchen aufzubessern.

Aber gerade Auslandsreisende können dabei auch ganz schön ins Fettnäpfchen treten. In Holland ist Trinkgeld z.B. unüblich; wenn es überhaupt gegeben wird, dann nur in wirklich außergewöhnlichen Fällen. Französische Taxifahrer erwarten ebenfalls keine Extragabe, während ein Kofferträger im gleichen Land nicht eher das Zimmer verlassen wird, als bis er einige Franc zugesteckt bekommen hat.

Ganz allgemein haben sich einer Studie des ADAC zufolge auch die Trinkgelder der Weltwirtschaftslage angepaßt. Mit anderen Worten: Die Gäste sind sparsamer geworden, und die Dienstleistenden erwarten auch nicht mehr soviel wie noch vor wenigen Jahren. Wer auch im Ausland einen erstklassigen Service geboten bekommen möchte, sollte sich an die folgenden Richtlinien halten.

*»Trinkgeld: in Betrieben des Hotel- und Gaststättengewerbes dem Bedienungspersonal… vom Gast gewährte Vergütung…«*
(Brockhaus)

*Ob in Franc, Drachmen, Lira oder Schilling – Trinkgeld ist immer gern gesehen!*

*Angaben in ausländischer Währung sind natürlich Währungsschwankungen unterworfen – daher am besten vor der Reise einen aktuellen Reiseführer zu Rate ziehen.*

### Wem gibt man wo wieviel?

- Frankreich: Restaurant: 20 bis 50 Franc; Kofferträger: 20 Franc; Zimmermädchen: 10 bis 20 Franc.
- Großbritannien: Restaurant: 5 bis 10 Prozent der Rechnungssumme; Kofferträger: 2 Pfund.
- Griechenland: Taxi: auf den nächsten 10er aufgerundet; Restaurant: 5 Prozent der Rechnungssumme; Kofferträger: 500 Drachmen; Zimmermädchen: 1000 Drachmen bei der Abreise).
- Holland: Nur üblich, wenn der Service wirklich außergewöhnlich gut war.
- Italien: Taxi: auf die nächsten 1000 Lire aufgerundet; Restaurant: 5000 bis 20.000 Lire (je nach Qualität); Hotel: 2000 bis 10.000 Lire (je nach Qualität); Zimmermädchen: 10.000 Lire.
- Österreich: Taxifahrer und Kellner: 10 Prozent des Rechnungsbetrages; Kofferträger und Zimmermädchen: 10 bis 20 Schilling.
- Schweiz: Taxifahrer: 10 bis 15 Prozent des Fahrpreises; Restaurant: aufgerundet; Kofferträger und Zimmermädchen: 5 Franken.
- Spanien: Taxifahrer und Kellner: 5 bis 10 Prozent des Rechnungsbetrages; Kofferträger und Zimmermädchen: 100 Pesetas.
- Türkei: Kellner und Kofferträger: 20. 000 bis 100.000 Türkische Lira (je nach Qualität des Restaurants bzw. des Hotels).
- In Thailand gibt man in Hotels und Restaurants 10 % Trinkgeld, niemals jedoch weniger als 2 Baki.
- In den USA ist in den Restaurants kein Bedienungsgeld im Preis enthalten: Man läßt deshalb etwa 15 % des Rechnungsbetrages am Tisch liegen.

L



M



N



O



P

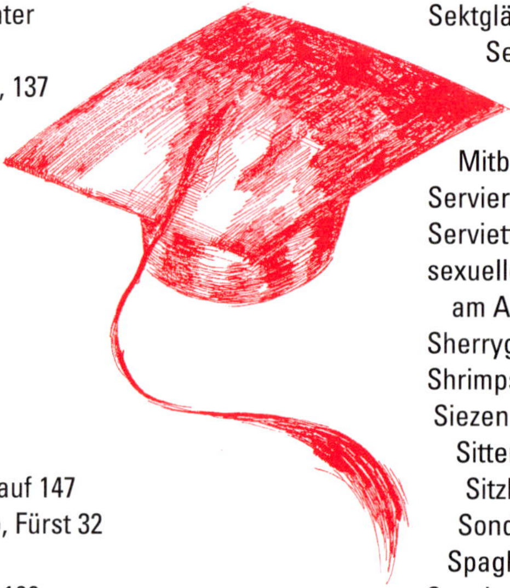

## T

## U



## V



## W



## Z

2. Auflage 1996


**Redaktion:**
Sandra Klaucke, Thomas May

**Redaktionsleitung:**
Dr. Reinhard Pietsch

**Illustrationen:**
Beate Brömse

**Produktion:**
Manfred Metzger

**Umschlag und Gestaltung:**
Heinz Kraxenberger, München

**Druck und Bindung:**
Westermann Druck Zwickau GmbH

Printed in Germany

Gedruckt auf chlor- und säurefreiem Papier
ISBN 3-7787-3504-7